Beuroner Profile | Band 3

MARIUS REISER

VON WOLFARTSWEILER ÜBER DEN ORIENT NACH ROM

P. Athanasius Miller OSB (1881–1963)

P. Athanasius Miller (1881–1963).

Beuroner Profile | Band 3

Marius Reiser

Von Wolfartsweiler über den Orient nach Rom

P. Athanasius Miller OSB (1881–1963)

Beuroner Kunstverlag

Umschlag: P. Athanasius Miller als Professor in Sant'Anselmo.

1. Auflage 2023

Druckerei: orthdruk/Białystok
Printed in Germany

ISBN 978-3-87071-394-2

INHALT

VORWORT

Als ich im Auftrag des Erzabts von Beuron gefragt wurde, ob ich nicht die Biographie über P. Athanasius Miller schreiben wolle, wußte ich nicht viel über diesen Beuroner Pater. Wohl hatte mir schon vor Jahren P. Benedikt Schwank sein vergnügliches Büchlein über die sieben Schwaben und ihre Reise ins Kloster in die Hand gedrückt: Das müsse ich unbedingt lesen, es sei Pflichtlektüre für die Novizen gewesen; sogar der Papst habe es gekannt. Und P. Benedikt erzählte mir auch einiges über den Verfasser, Professor für Altes Testament in Sant'Anselmo in Rom, den er noch gut gekannt hatte, und bedauerte es sehr, daß dieses Original so in Vergessenheit geraten sei. Aber P. Benedikt konnte ich nun nicht mehr befragen, denn er war bereits im Oktober des Jahres 2016 im hohen Alter von 93 Jahren verstorben. Woher also das Material für eine Biographie nehmen? Außerdem ist mein Fach das Neue Testament, nicht das Alte oder die Kirchengeschichte; in Rom war ich nur eine Woche lang und nicht über 40 Jahre wie P. Athanasius. Die Stadt und die klösterliche Welt, in der er sich die meiste Zeit seines Lebens bewegte, ist mir als Laien nur von außen bekannt.

Man gab mir ein Verzeichnis der publizierten Schriften meines Kandidaten und stellte mir den ungeordneten Nachlaß aus dem Archiv hin. In der Kiste waren einige Urkunden wie die über die Verleihung des Bundesverdienstkreuzes und der Ehrenbürgerschaft seines Heimatdorfes, Schul- und Studienzeugnisse, Schriftstücke und Dokumente, mit denen ich zunächst gar nichts anfangen konnte; eine zwölfseitige, gedruckte Würdigung seines Lebenswerkes in italienischer Sprache (die ich erst lernen mußte), die sechsseitige Totenchronik des Klosters und an den Erzabt adressierte Beileidsschreiben; des weiteren Aufzeichnungen über Reisen im Orient und ein gedrucktes, aber offenkundig nur in einem Exemplar existierendes Büchlein über eine Reise ins Zweistromland mit dem Titel: „Im Bannkreis des Euphrat und Tigris"; schließlich alte Photos ohne jede Erklärung und zahlreiche Manuskripte – hauptsächlich Predigten und Exerzitienvorträge

– in mir fremder Handschrift, einige davon in italienischer Sprache. Dazu kamen noch zwei, drei Briefe. Einer davon, als „letzter Brief" bezeichnet, war an den Kollegen in Beuron, P. Johannes Schildenberger, gerichtet. In dessen Nachlaß fanden sich noch 10 weitere. Aber ich verstand nur teilweise, wovon die Briefe handelten, die darin erwähnten Namen waren mir unbekannt. Die Sache schien eigentlich aussichtslos.

Aber irgendetwas in mir sagte: Mach es! Besuche bei der Familie im Heimatort Wolfartsweiler ganz nahe bei Kloster Sießen erbrachten eine Kurzbiographie in einer Broschüre über die Geschichte des Dorfes und weitere Photos aus der freundlichen Verwandtschaft, auch die Anekdote mit den Nylonstrümpfen. Aber es wurde mir schnell klar: Wir sind zu spät dran. Mehr als zwei Generationen nach dem Tod des Verstorbenen sind nur noch vage Erinnerungen an ihn da. Von den vielen Anekdoten, die es von diesem Original einmal gegeben haben muß, sind nur noch ganz wenige bekannt. Über das Internet stieß ich auf 22 seiner Briefe aus dem Nachlaß eines Neffen, der Archivdirektor im Stuttgarter Staatsarchiv geworden war. Leider klafft in diesem interessanten Briefwechsel, der Ende 1923 einsetzt, eine Lücke in der Zeit von Mitte 1928 bis Anfang 1945. Nach 1949 bricht er ab. Der Archivar in Beuron versorgte mich mit Briefen aus den Nachlässen von zwei Erzäbten: Benedikt Baur und Benedikt Reetz. Offensichtlich pflegte der in Rom weilende Pater mindestens einmal im Monat an seinen Erzabt in Beuron zu schreiben, und oft sehr originell. Und wenn er in Rom war, mit einer Schreibmaschine. Jetzt konnte ich aufatmen: Mit über 200 Briefen war die Sache nicht mehr ganz aussichtslos. Damit war wenigstens die Zeit ab 1939 sozusagen lückenlos dokumentiert.

Die Arbeit hatte immerhin einen großen Vorzug: Es gab Entdeckungen zu machen. So entdeckte ich in der Württembergischen Landesbibliothek ein Exemplar der billig broschierten Erstauflage des Büchleins über die sieben Schwaben. Durch eine Briefstelle aufmerksam gemacht, fahndete ich nach einer Deutschen Wochenschau von Anfang 1944 und hatte schließlich Erfolg. Vom deutschen Filmarchiv in Berlin erhielt ich eine DVD dieser

Wochenschau. Darauf sieht man, wie P. Athanasius aus der Hand deutscher Militärs das Verzeichnis der aus Montecassino geretteten Schätze entgegennimmt, als „Vertreter des Vatikans", wie es im Kommentar hieß. Einige bemerkenswerte Briefe und Dokumente lieferte das Münchener Archiv der Jesuiten. Sie werfen neues Licht auf die Zusammenarbeit mit Augustin Bea. Auch einige Frauenklöster, besonders Sießen und Veroli, steuerten hilfreiches Material bei. Und ich zweifle nicht daran, daß in so manchen Benediktiner- und Benediktinerinnenklöstern, besonders in der Schweiz, wo P. Athanasius regelmäßig weilte, noch weitere Dokumente und Briefe in den Archiven lagern. Doch wie P. Athanasius einmal an seinen Kollegen in Beuron schreibt, um ihn zum Abschluß einer größeren Arbeit zu bewegen: „Es ist auch eine Kunst, einmal Schluß zu machen."

Eine Biographie soll nicht nur eine Aufzählung von Daten, Ereignissen und Leistungen sein, sie soll ein möglichst anschauliches Lebens- und Charakterbild, ein Porträt entstehen lassen. Schon deshalb habe ich mich bei der Darstellung bemüht, den Dargestellten möglichst viel selbst zu Wort kommen zu lassen. Das war umso mehr geboten, als auch der Großteil seiner publizierten Schriften heute nur noch schwer zugänglich ist. Schade, daß er nicht mehr erzählende Schriften hinterlassen hat, denn er ist ein ausgezeichneter Erzähler. Doch angesichts seiner vielfältigen Tätigkeitsfelder hatte er für das Veröffentlichen nur wenig Zeit. So müssen wir mit dem Vorhandenen vorlieb nehmen.

Vielen Helferinnen und Helfern bin ich zu Dank verpflichtet. In erster Linie dem Kloster Beuron, vor allem Erzabt Tutilo Burger, sodann Erzabt em. Hieronymus Nitz († 2020) für ein Interview, dem großzügigen Leiter des Beuroner Kunstverlags, P. Mauritius Sauerzapf, außerdem P. Albert Schmidt, P. Sebastian Haas-Sigl, P. Franziskus Berzdorf, Br. Jakobus Kaffanke und Br. Wolfgang Keller. Was hätte ich ohne den geduldigen und findigen Bibliothekar, Br. Petrus Dischler, getan? Und was ohne den immer hilfsbereiten Archivar, Herrn Christopher Schmidberger? Dank gilt weiter Abt Pius Engelbert und Archivar P. Bartholomäus Denz von der Abtei

Gerleve; Dr. Peter Schiffer vom Hauptstaatsarchiv Stuttgart, den Bundesarchiven in Koblenz und Berlin und Herrn Ralf Empl, der den Kontakt vermittelte; Frau Maria Gelder vom Stadtarchiv Bad Saulgau; Frau Monika Neulist vom Diözesanarchiv Rottenburg; Sr. Adelheid Scheloske SAC, Limburg; Sr. M. Benita Gramlich, Sießen; Sr. Monika Groth vom Generalat der Missionsbenediktinerinnen von Tutzing in Rom; Clemens Brodkorb, Archivar der Jesuiten in München; Frau Ute Saccardi vom Lesesaal der Württembergischen Landesbibliothek, Stuttgart; Fr. Lukas Bohn, Blindenmarkt; Karin Mutschler, Wolfartsweiler. Von der Familie Miller in Wolfartsweiler seien stellvertretend Max Miller († 2020) mit Frau und Hans Miller genannt. Für Gespräche, die Vermittlung des Kontakts nach Veroli und Beistand bei Übersetzungen aus dem Italienischen danke ich Herrn Claudio Rossi, Beuron. Für das reiche Material über Veroli und das von P. Athanasius gegründete Priorat danke ich der Äbtissin, Mutter Maria Aloysia Ferrante. Für Ausflüge an die heimatlichen Wirkungsstätten von P. Athanasius und Fotos danke ich Herrn Hans Riester, Storzingen. In allen kniffligen Fragen der theologischen Wissenschaft und der Kirchengeschichte half mir mein Kollege aus Mainz, Leonhard Hell, weiter. Ihm verdanke ich auch manchen Literaturhinweis. Last not least gilt mein Dank Frau Notburg Geibel für Gespräche, Ausfahrten und ihr unermüdliches Antreiben.

Heidesheim, Christi Himmelfahrt 2023
Marius Reiser

Ehrungen für P. Athanasius Miller in seinem Heimatort Wolfartsweiler.

EINFÜHRUNG

P. Athansius kam am 22. September 1881 in Wolfartsweiler, einem Dorf in Oberschwaben bei Saulgau, heute in Bad Saulgau eingemeindet, als Maximilian Miller zur Welt. Mit 20 Jahren trat er ins Kloster Beuron ein. Zum Theologiestudium schickte man den begabten Studenten an die Benediktinerhochschule Sant'Anselmo in Rom. Dort lehrte er später selbst 25 Jahre lang als Professor Altes Testament. Drei Orientaufenthalte mit vielen Reisen führten ihn bis ins Zweistromland. Von 1949 bis 1962, dem Jahr vor seinem Tod, war er Sekretär der Päpstlichen Bibelkommission, ein Amt von hoher Verantwortung. 1955 wurde ihm als dem ersten Deutschen, der dieses Amt inne hatte, das Große Verdienstkreuz der Bundesrepublik Deutschland verliehen, zwei Jahre darauf die Ehrenbürgerschaft von Wolfartsweiler. Die Straße vor seinem Elternhaus wurde nach ihm benannt. Eine treffende Schilderung seiner Persönlichkeit bietet sein Ordensbruder, P. Pius Engelbert, der ihn noch gekannt hat, in seiner Geschichte der Hochschule Sant'Anselmo:

> Unter den in diesem Buch skizzierten Professorengestalten ist P. Athanasius Miller wohl derjenige, der von allen, die ihn gekannt haben, als Mensch am meisten geschätzt und geliebt worden ist. Dafür gibt es zahlreiche Zeugnisse zu seinen Lebzeiten und ebensolche nach seinem Tode. Wer ihm in seinem Leben begegnete, der traf auf einen gütigen und bescheidenen Menschen, der um seine Fehler wußte, dem der Schalk aus den Augen blitzte, einen wie selbstverständlich frommen Mönch, der das aber nie zur Schau stellte, einen Priester und Seelsorger, der nicht ohne Grund in Rom ein gesuchter Beichtvater von Kardinälen, Bischöfen, Äbten und unzähligen Klosterfrauen war. Persönlich anspruchslos, hat er mit Erlaubnis seiner Oberen vor allem in den Kriegsjahren vielen Armen, vor allem vielen mittellosen Frauenklöstern mit beträchtlichen Dollarsummen geholfen, die er aufzutreiben verstand. Bei aller Bereitschaft zu helfen zeichnete ihn aber gerade in der Seelsorgsarbeit ein

nüchterner Zug für die Realität aus. Bekannt war sein Ausspruch: „Auch hinter hundert Kommunionen kann der Teufel sitzen.“[1]

Der bekannte Ausspruch wird auch mit einem interessanten Zusatz zitiert: „... Aber gegen Gehorsam und Demut ist er [der Teufel] wehrlos!“[2] Heute ist der „Psalmen-Miller“, wie er wegen seiner weit verbreiteten und sehr beliebten Psalmenübersetzung genannt wurde, weithin vergessen. Die 3. Auflage des Lexikons für Theologie und Kirche enthält keinen Artikel über ihn. Auch in anderen Nachschlagewerken, wo man seinen Namen vermuten würde, sucht man ihn vergebens. Das biographisch-bibliographische Kirchenlexikon kennt ihn nicht, die im Aufbau befindliche Biographia Benedictina, ein online-Lexikon, bietet erst seit kurzem einen Artikel über ihn.

Am bekanntesten ist er eigentlich immer noch als Verfasser einer „abenteuerlichen Geschichte“ mit dem Titel: „Die sieben Schwaben oder die Reise ins Kloster“, die er freilich unter dem Pseudonym „M. Schwäble“ veröffentlichte. Diese autobiographische Erzählung war im Kloster Beuron, wie mir P. Benedikt Schwank (1923–2016) einmal erzählte, für Novizen „Pflichtlektüre“. Der Kunstverlag hat das Büchlein 2011 neu aufgelegt und im Anhang auch das ausführliche Porträt des Autors aus der Beuroner Totenchronik hinzugefügt. Mit dieser Erzählung gehört der Autor in die oberschwäbische Literaturlandschaft und hätte einen Platz im Literarischen Forum Oberschwaben ebenso verdient wie im Literaturnetzwerk Oberschwaben.[3] Seine übrigen Schriften, die teils in abgelegenen Publikationen vergraben oder nur noch antiquarisch lieferbar sind, hätten uns immer noch viel zu sagen. Das allgemeine Vergessensein paßt zwar zu seiner Bescheidenheit, aber nicht zur Schuldigkeit einer Nachwelt, die Grund zum Dank und Gedenken hätte. Vielleicht kann die vorliegende Biographie das Interesse an dieser bemerkenswerten Persönlichkeit neu wecken.

---

1 P. Engelbert, Sant'Anselmo in Rom, 186.

2 So zitiert von P. Benedikt Schwank in seinem Nachruf: EuA 39 (1963) 252.

3 Vgl. Peter Renz, Oberschwäbische Literaturlandschaft, in: E.L. Kuhn und P. Renz (Hg.), Geschichten aus Oberschwaben, Tübingen 2009, 9–28. Das Literaturnetzwerk Oberschwaben hat sich erst 2018/19 zusammengefunden und ist im Aufbau begriffen.

KINDHEIT UND JUGEND

Über die Kindheit des späteren Paters wüßten wir fast nichts mehr, wenn er sich darüber nicht selbst geäußert hätte im genannten Büchlein über die sieben Schwaben und ihre Reise ins Kloster. Da es sich bei dieser Erzählung um wirkliche Erlebnisse des Jahres 1896 handelt, stellt der Verfasser die Sieben zu Beginn kurz vor, allerdings nicht mit ihren eigentlichen Namen, sondern mit Übernamen. Sich selbst bezeichnet er als den Gondelschwaben und erklärt dazu:

> Der Gondelschwab war ein „Schulteßasohn"; das muß gleich von Anfang an gesagt werden. Seine Heimat lag an den Quellen des Krähbach. Das ist ein kleiner Nebenfluß der Donau. Gondelschwab nannte man ihn wegen seiner Schuhe, die breit und lang waren, vorne zierlich umgebogen, einer Gondel sehr ähnlich sahen. Der Gondelschwab [der damals gerade 15 Jahre alt geworden war] hatte ein vielbewegtes und an Erinnerungen reiches Leben hinter sich. Als Knabe kletterte er fürs Leben gern. Dabei fiel er aber einmal kopfüber in die gefüllte Mehltruhe und kam nicht mehr heraus. Eine Nachbarin, die ihn strampeln sah, zog ihn heraus und goß ihm Wasser in den Mund, wobei er vorübergehend erstickte, später aber wieder zum Leben kam. Beim achttägigen Trauerläuten zu Ehren des Kaisers Friedrich biß er aus lauter Freude über die „Gipfel" [Kipfel] und „Wecken", welche nachher die Läuter erhalten sollten, ins schwingende Glockenseil, daß ihm kurzerhand ein halbes Dutzend Zähne aus dem Munde flogen, darunter auch der Weisheitszahn. Später hörte er einmal die Predigt eines Paters und hatte sich nun so tief die Idee in den Kopf gesetzt, auch ein Pater werden zu wollen, daß sie ihm nicht mehr herausgeklopft werden konnte. Bei dem Examen, das er aber zur Aufnahme machen sollte, fiel er kläglich durch, weil er neben anderem dummen Zeug auch die Sahara mit der Sara verwechselte. Schließlich gelang es ihm aber doch, hineinzuschlüpfen, wie im folgenden berichtet wird.[1]

1 Dieser Abschnitt aus den „sieben Schwaben" zitiert nach der 2. Auflage von 1925, 9f. Die folgenden Abschnitte finden sich in der Ausgabe von 2011 auf den Seiten 10–14.

Das war in der Erstveröffentlichung im „Katholischen Sonntagsblatt" von 1921 und in den ersten Auflagen des Büchleins alles, was der Leser über den pseudonymen Verfasser erfuhr. Der Vater, Leonhard Miller (1837–1906), war in der Tat Bürgermeister des Dorfes Wolfartsweiler, im übrigen Landwirt. Sein Namenspatron war zugleich der Patron der Dorfkirche. Der „Kaiser Friedrich", dem das erwähnte Trauerläuten galt, war der dritte seines Namens. Er starb nach 99tägiger Herrschaft am 15. Juni 1888. Damit ist die zitierte Episode datiert. Die verlorenen Zähne waren zum Glück Milchzähne, der Weisheitszahn wird wohl im übertragenen Sinn zu verstehen sein. Wolfartsweiler hatte damals etwa 275 Einwohner. Diese Zahl hat sich bis heute nicht verändert.

Für die 5. Auflage von 1957 erweiterte der Autor diesen autobiographischen Passus erheblich. Die Erweiterung stammte aus dem ursprünglichen Manuskript, war jedoch vom Chefredakteur des Katholischen Sonntagsblattes im Jahr 1921 als zu starker Tobak für „etwas schwache Seelen" herausgekürzt worden.[2] Dieser rücksichtsvolle Chefredakteur war der seinerzeit berühmte Monsignore Konrad Kümmel, selbst Verfasser volkstümlicher Erzählungen.[3] Der 36 Jahre später nachgetragene starke Toback beginnt mit Informationen über die Familie:

> Sonst stammte der Gondelschwab aus einer großen Familie. Zehn Kinder standen wie Orgelpfeifen um den Tisch, wenn's zum Essen ging und alle grad beisammen waren.
>
> Einmal seufzte die Mutter: „Du lieber Gott, was soll i au mit meine Kinder anfanga?" Da, eines Tages wußte sie es. Es war an ihrem Namensfest. Alle kamen und gratulierten: „Daß d'e lang lebst und g'sund bleibst und in Himmel kommst." Da sagte Mutter am Schluß: „So jetzt woiß i, was i mit ui anfang. Der Heiland hat gsagt, „Gebet dem Kaiser,

2 So nach dem Vorwort des Verfassers zur 4. Auflage 1950 und zur 5. Auflage 1957. Das zitierte Wort Konrad Kümmels von den „etwas schwachen Seelen" muß in der Korrespondenz über den Abdruck der „Sieben Schwaben" gefallen sein.

3 Vgl. H. Tüchle, Kümmel, Konrad: Neue Deutsche Biographie 13 (1982) 214.

Die Mutter mit ihren 5 Klosterkindern gegen 1930.
Von links nach rechts: Br. Isaak, Beuron; Sr. Evarista, Sießen; Sr. Athanasia SAC, Limburg; Sr. Monika, Sießen; P. Athanasius, Beuron.

> was des Kaisers ist, und Gott, was Gottes ist"; also fünf von ui gont ins Kloster und fünf bleibet in der Welt." Und so hommer's gmacht, und alle sind glücklich geworden, die im Kloster wie die in der Welt, weil d'Mutter es so wella hot!

Die Mutter Anna Maria, geborene Weiler (1852–1930), stammte aus Ursendorf, das heute zu Hohentengen gehört. Sie war die zweite Frau von Leonhard Miller. Er hat sie Ende Januar 1871 geheiratet, schon bald nach dem Tod der ersten Frau (am 20. Oktober 1870). Diese erste Frau hieß ebenfalls Anna Maria und war eine geborene Mesmer aus Wolfartsweiler. Von ihren sieben Kindern starben fünf schon kurz nach der Geburt. Von den neun Kindern der zweiten Frau, zu denen auch Max gehörte, überlebten alle bis auf eines.[4]

4 Im Familienbuch von Wolfartsweiler nicht eingetragen ist die am 11. Mai 1890 geborene Tochter Julia. Sie starb als Sr. Athanasia SAC am 26. Februar 1969.

Die Mutter der zehn Kinder muß eine großartige und fromme Frau gewesen sein. Das zeigt sich schon an der Zahl der Klostereintritte aus der Familie. Max hatte einen zehn Jahre älteren Bruder namens Chrysostomus (1871–1939), der Erstgeborene aus der zweiten Ehe des Vaters, der als Bruder Isaak ebenfalls ins Kloster Beuron eintrat und dort in der Landwirtschaft arbeitete. Die jüngste Schwester namens Julia (1890–1969) trat als Sr. Athanasia 1913 in die Gemeinschaft der Pallotinerinnen in Limburg ein und arbeitete in einem Haus für körperlich und geistig behinderte Menschen in der Nähe von Aachen. „30 lange Jahre diente sie den Ärmsten der Armen mit mütterlicher Liebe und restlosem Einsatz all ihrer Kräfte", heißt es in der Klosterchronik.[5] Darin wird sie als „echtes Schwabenkind mit edlem Herzen und goldenem Humor" charakterisiert. Das paßt zweifellos zur Familie. Auf dem elterlichen „Gutshof" habe sie eine „frohe Kind- und Jugendzeit" verlebt. Zwei weitere Schwestern traten bei den Franziskanerinnen im benachbarten Kloster Sießen ein.[6] Derselben Gemeinschaft schlossen sich auch drei der Nichten, Töchter seiner Schwester Theresia und Hugo Kemmer, an. Ein gleichnamiger Neffe, auf den wir noch stoßen werden, wurde ein hochgelehrter Weltpriester, ging aber in den Staatsdienst.

> Der Gondelschwab machte den Anfang [der Kinderreihe, die ins Kloster ging]. Am Siebenschmerzenfest in der Heimat predigte einmal ein Pater von Beuron. Der hat den Gondelschwab, welcher auf den Beichtstuhl hinaufgeklettert war und Maul und Augen aufriß, so begeistert, daß er nachher stracks zur Mutter lief und sagte: „So oiner will i wer'a und koin anderer."

Die Berufung wird hier also wie so oft von einer überzeugenden Persönlichkeit geweckt. Daran denkt man in der heutigen Kirche viel zu wenig.

---

5 Ich danke der Archivarin, Sr. Adelheid Scheloske SAC, für den Auszug aus der Chronik und weitere Dokumente und Informationen.

6 Es waren Emma / Sr. Evarista (1883–1943) und Barbara / Sr. Monika (1888–1966). Ich danke der Archivarin Sr. M. Benita Gramlich (Sießen) für Informationen und Dokumente.

Das „Siebenschmerzenfest“ – gemeint sind die sieben Schmerzen Mariens – wird heute am 15. September gefeiert. Damals aber, das heißt: vor 1913, lag es noch auf dem Freitag vor dem Palmsonntag. Es wird wohl der Festtag des Jahres 1890 oder 1891 gewesen sein, als Max wie üblich nach der Erstkommunion Ministrant geworden war.

> Die Mutter war's zufrieden, ging mit ihm gleich zum Pfarrer und sagte, was der Bub im Kopf häb. Der Pfarrer, von Bubsa [Bubsheim] auf dem Heuberg, freute sich und sagte, er wolle dem Bub Stunden geben, dann komme er schneller voran und es koste nicht so viel.

Noch im 20. Jahrhundert begannen viele katholische Laufbahnen zum Priester damit, daß der Ortspfarrer einem begabten Buben Stunden gab, das hieß vor allem: Lateinstunden. Solange Latein die Kirchensprache war, fing alles Wirken in der Kirche mit dem Erlernen dieser Sprache an. Und man darf nicht vergessen: Latein war auch Umgangssprache. Die theologischen Vorlesungen an den kirchlichen Hochschulen wurden noch lange auf Latein gehalten, in Rom bis in die siebziger Jahre hinein.[7]

> Also ging's los, aber mit Hindernissen. Im Winter mußte der Gondelschwab den ganzen Tag in d'Schul sitzen und im Sommer mit den anderen Geschwistern auf's Feld zum „Bänderlegen“ [zum Garbenbinden] gehen. Weil er dabei zu viel an die Stund beim Pfarrer dachte, in die er nachher gehen mußte, darum gab es oft recht schiefe, ungrade Garbenreihen, was kein echter Bauer vertragen kann. Dafür bekam er dann vom Vater den „Bindnagel“ hintenauf mit den Worten: „Du witt a studierter Herr wäre und ka'scht nit amol deine Bänder grad lega.“ Da sann der Gondelschwab auf Selbsthilfe. Hinter der Scheune lag im Sommer das große Güllenfaß [Jauchefaß], ganz leer und sonnenverbrannt. Eines Tages hob er den Deckel ab und versuchte, ob er da drinnen nicht Zuflucht finden könnte. Und es ging ausgezeichnet. Er wartete, bis der Vater, der vergebens nach dem Max schrie, den Hof verlassen hatte, hob

7 Vgl. B. Lang, Eine Weltsprache verschwindet. Latein in der katholischen Kirche im 20. Jahrhundert: Gymnasium 118 (2011) 57–67.

dann den Deckel ab, verschwand in dem Güllenfaß, und das Studium begann. Dem Vater sagte er, der Herr Pfarrer habe die Stunde verlegt. Schon nach kurzer Zeit konstatierte dieser dank des neuen Studio eine wesentliche Besserung an seinem Schüler.

Die schöne Geschichte, wie es dann doch einmal schief ging, kann man in den „Sieben Schwaben" nachlesen. Darauf folgt das Examen für das Kloster. Diese Episode wurde in der oben zitierten ersten Buchausgabe ebenso wie die Initialzündung bei der Predigt eines Beuroner Paters nur knapp referiert, jetzt kommt die eigentliche Geschichte. Der Proband ist 12 Jahre alt. Er hatte abgesehen von dem Lateinunterricht lediglich die katholische Volksschule in Wolfartsweiler besucht (1888–1894). In dieser Schule wurden die Kinder aller Klassenstufen von einem einzigen Lehrer unterrichtet. Sie wurde erst 1969 aufgelöst.

Nach einiger Zeit schrieb der Herr Pfarrer nach Beuron, er hätt en Bua, der gern Pater werden möchte; er sei nicht dumm und hätt auch schon etwas Latein studiert. Flugs kam die Antwort: Man möge den Buben mal bringen, dann könne man ja sehen... Also fuhr der Gondelschwab mit dem Herrn Pfarrer nach Beuron. Man ging ins Kloster, wurde in ein Zimmer geführt und brachte das Anliegen vor. Bald erschien ein Pater, der furchtbar dreinschaute, und dem die Backen und der Lefzga [die Lippe] runterhingen. Er nahm den Gondelschwaben mit ins Kloster hinein und ließ den Pfarrer draußen warten.

Zuerst kam die Religion dran, wobei der Gondelschwab keine Antwort schuldig blieb. Dann kam Latein, wobei es schon beträchtlich haperte. Dann kam Geographie, von welcher Wissenschaft der Gondelschwab in seinem ganzen Leben noch nie etwas gehört hatte. „Weißt du, wo die Sahara ist?" „Jawohl, das war die Frau von Abraham." Nun erhob sich der Pater, faßte den Gondelschwab am Arm und führte ihn, ohne ein weiteres Wort zu verlieren, zum Pfarrer zurück. „Nehmt den Bub nur wieder mit heim, der ist für uns zu dumm!"

Daheim gab's dann verschiedene Donnerwetter. Der Vater sagte: „Ich hab immer g'sait, er soll Weltpriester werde; dann könne a paar von dene Mädle zu ihm ins Pfarrhaus." Und der Pfarrer hat g'sait: „Ich hab ihm immer beibringa wölla, er soll zu den Franziskaner, für die Benediktiner sei er viel zu dumm." Und d'Mutter hat g'sait: „Ich hab immer g'sait, er soll nach Oinsiedla [Kloster Einsiedeln in der Schweiz]; der Pater Aemilian, mei Beichtvater, hätt ihn ohne Examen umsonst aufgenomma."

Mit diesem Beichtvater der Mutter ist wohl P. Aemilian Rosenberger (1843–1928) gemeint. Er stammte aus Zimmern in Württemberg und war Lehrer an der Stiftsschule von Einsiedeln, „den wir den père aimable nannten wegen seiner ‚Süssigkeit', der aber oft recht schwäbisch polternde Donnerwetter über den Köpfen der Schüler erkrachen liess", wie einer seiner ehemaligen Schüler bezeugt.[8]

So gings hin und her. Schließlich wurde beschlossen, den Bub nach Saulgau in die Lateinschule zu schicken, was auch geschah. Nach ein und ein halb Jahr gings wieder nach Beuron.

Unter einer Lateinschule verstand man seit dem Mittelalter eine Schule, die im Unterschied zur gewöhnlichen Volksschule auf einen geistlichen Beruf vorbereitete und vor allem Latein, aber auch andere Fächer unterrichtete. Es handelte sich also um eine gehobene Schule, die ungefähr bis zur Unterstufe des späteren Gymnasiums führte. Viele Lateinschulen wurden im Laufe der Zeit zu Gymnasien ausgebaut. Von der Lateinschule in Saulgau existiert noch ein Zeugnis, datiert vom 6. Juni 1896. Darin heißt es: „Max Miller von Wolfartsweiler hat sich durch fortgesetztes gutes Betragen, durch sehr großen Fleiß und Aufmerksamkeit die volle Zufriedenheit seiner Lehrer erworben und schöne, erfreuliche Fortschritte in den einzelnen Unterrichtsfächern erzielt." Unter diesen Fächern waren Latein und Französisch, Geschichte und Geographie. Das Schlußurteil lautet: „Sein ganzes religiös-sittliches Verhalten läßt auf gute Anlage zum geistlichen

8 P. Romuald Banz, Charakterköpfe aus der Stiftsschule Einsiedeln: Schweizer Schule 20 (1934) 781–784, hier 782.

Antonius-Kapelle in Mengen-Ennetach.

Stande schließen.“ Die darauf folgende zweite Prüfungsvorstellung in Beuron ist vor allem bemerkenswert für die Art ihrer Vorbereitung und ihren überraschenden Ausgang.

Jetzt aber kommandierte der Gondelschwab. Nur die Mutter durfte mit, sonst niemand. In Mengen, wo man den Zug bestieg, ging man zuerst zu einer Wallfahrt ins „Saukäpele“, wohin der Gondelschwab als Ministrant sooft die Weiber seiner Heimat geführt hatte, um recht viel „Schweineglück“ zu haben.

Dann gings auf den Zug. Während der Fahrt wurden drei Rosenkränze gebetet: einer, daß die liebe Muttergottes den alten Brummer von Pater, der vor zwei Jahren den Gondelschwaben hatte durchfallen lassen, ans End der Welt versetze oder ihm für die Zeit ein bißchen Podagra schicke oder, wenn er seitdem bereits in die ewigen Weiden eingegan-

Christus an der Geißelsäule,
Mengen-Ennetach

gen wäre, eine recht große Seligkeit. Der zweite Rosenkranz wurde um ein gutes Examen gebetet und der dritte zum Danke für das gute Examen. So hatte der Herr Praezeptor von Saulgau gesagt: man solle beim lieben Gott nicht nur immer bettla und bitta, sondern auch glei danka; dann könne der liebe Gott begreiflicherweise nimmer anders. Ob es nun der Segen vom „Saukäpele" war oder die Rosenkränze; es kam zu gar keinem Examen. Der Gondelschwab mußte nur seine Zeugnisse von Sulga [Saulgau] einsenden. Und die Antwort lautete: „Auf nach Prag in die dritte Klass'!"

Das „Saukäpele" ist eine dem hl. Antonius geweihte Kapelle in Mengen-Ennetach. Der „Sau-Done", wie er im Volksmund hieß, wurde von den

Bauern bei Krankheiten des Viehs, besonders der Schweine angerufen. Diese Kapelle existiert noch heute. Der überlebensgroße Christus an der Geißelsäule allerdings, der zur Zeit „des Gondelschwaben" in dieser Kapelle stand und vom Autor in einer Anmerkung eigens erwähnt wird, hat inzwischen eine eigene Halbkapelle an der nördlichen Friedhofsmauer erhalten.[9] Mit dem ausgefallenen Examen endet der autobiographische Teil über die Kindheit. Geschichten und Streiche aus dieser Zeit hat P. Athanasius oft und gerne erzählt. Zum Glück sind wenigstens die literarisch festgehaltenen für die Nachwelt aufbewahrt.

Die Liebe zu seiner Mutter leuchtet aus diesen Geschichten deutlich hervor. Als ihm im November 1951 im Rahmen eines Festaktes in Sant'Anselmo eine Festschrift überreicht wurde, stellte er in seiner Dankrede seine Mutter an die erste Stelle, weil sie ihm schon schon als Kind von fünf Jahren biblische Geschichten zu erzählen pflegte. Wir werden noch näher darauf zu sprechen kommen. Heute fehlt selbst Theologiestudenten zusehends die Kenntnis der biblischen Geschichten. Woher soll unter diesen Umständen eine Liebe zur Heiligen Schrift kommen? Die Wallfahrten der Mutter nach Einsiedeln in der Schweiz sollten dem Sohn auch auf der Abenteuerreise nach Prag zustatten kommen. Denn vor der Zollrevision beim Grenzübergang nach Böhmen kann er von ihren Erfahrungen her seinen Kameraden erklären, wie es da zugeht.[10] Und in der Not betet er nicht von ungefähr zur Muttergottes von Einsiedeln.[11]

Als es „Auf nach Prag!" hieß, schrieb man das Jahr 1896. Mit Prag war das Kloster Emaus in Prag gemeint, genauer die dortige Oblatenschule. Nach Prag waren Beuroner Mönche im Jahr 1880 gelangt, nachdem sie im Zuge des Kulturkampfes aus ihrem Kloster vertrieben worden waren. Kai-

9 Vgl. Josef Späth, Chronik der Pfarrkirche zu Unserer Lieben Frau und Cornelius und Cyprian Ennetach, hg. vom Kath. Pfarramt Ennetach 1995, 103. 268–270; Alfons Müller, Alte Häuser und Höfe in Ennetach. Eine Häuserchronik, Meßkirch 2012, 15. Die Forschungen und Unterlagen verdanke ich Hans Riester, Storzingen.

10 M. Schwäble, Die sieben Schwaben 32.

11 Ebd. 61. 69.

ser Franz Joseph I. übergab ihnen das alte, von Kaiser Karl V. gegründete Kloster, das sie zu einem geistigen und liturgischen Zentrum machten. Der Autor unseres Büchleins bemerkt dazu: „Auch bei den Tschechen war es wegen der Feierlichkeit seines Gottesdienstes, der seelsorgerlichen Gewissenhaftigkeit und der Frömmigkeit und Wissenschaft seiner Mönche hoch angesehen.“[12] Beuroner Künstlermönche unter der Leitung des führenden Kopfes, Desiderius Lenz, malten die gotische Kirche aus. Dabei entstand auch ein Marienleben, „eine der monumentalsten Bildwände der christlich-abendländischen Kunst“.[13] Diese Bildwand wurde im 2. Weltkrieg und seinen Nachwehen zerstört. Nur die vier Bilder im Chor sind noch vorhanden. Zwischen 1882 und 1918 gab das Kloster eine eigene Zeitschrift heraus, die „Sankt Benediktus (oder Benedikts)-Stimmen“. In dieser Zeitschrift erschienen später die ersten Aufsätze des fertigen Paters Athanasius. Sie wurde mit der von Beuron herausgegebenen „Benediktinischen Monatsschrift“ weitergeführt. Die Geschichte der Oblatenschule wie des deutschen Klosters Emaus endete mit dem 1. Weltkrieg im Jahr 1918.[14]

Die Gründung der Oblatenschule war im Jahr 1887 erfolgt, als die Beuroner Mönche nach dem Kulturkampf wieder in ihr Heimatkloster zurückkehren konnten. Es war ein Gymnasium mit sechs Klassen, legte das Schwergewicht auf die lateinische Sprache und sollte zugleich auf das Klosterleben vorbereiten. Dorthin pflegte man geeignet erscheinende Buben aus dem Schwabenland zur Schule zu schicken. Daß sie in unserem Fall nicht wie üblich von einem Magister abgeholt wurden, lag an besonderen Umständen, die der Verfasser unserer Geschichte nicht näher erläutert.[15] So sah man sich in Beuron gezwungen, die sieben Kandidaten des Jahres 1896 unter der Füh-

12 Ebd. 8 Anmerkung.

13 H. Krins, Die Kunst der Beuroner Schule. Wie ein Lichtblick vom Himmel, Beuron 1998, 73.

14 Vgl. V. Fiala, Ein Jahrhundert Beuroner Geschichte, in: Beuron 1863–1963, 39–230, hier 106–108. 183f.

15 M. Schwäble, Die sieben Schwaben 8.

Der Neffe Max Miller als Archivdirektor in Stuttgart um 1965.

rung des ältesten unter ihnen auf die Reise zu schicken. Der älteste aber war Max Miller, der zum Zeitpunkt der Reise gerade 15 Jahre alt geworden war.

Diese Zugreise der Sieben ist der am besten dokumentierte Teil seines Lebens, eben weil er sie in dem genannten Büchlein „Die sieben Schwaben oder die Reise ins Kloster" ausführlich und mit viel Humor schildert.

> Auf dem Wege [nach Ulm] machte man Halt im Laupheimischen; dort war ein Bruder des Gondelschwaben Lehrer. Hier sollte ebenfalls noch Abschied gefeiert werden, was auch geschah, und zwar so lustig, daß jedes Heimweh von nun ab verschwunden war.[16]

16 Ebd. 18.

Unter dem „Laupheimischen“ ist das Dorf Baustetten in der Gemeinde Laupheim zu verstehen. Der dortige Bruder war Johann Baptist (1863–1932), der erste Sohn der ersten Frau des Vaters. Er war Hauptlehrer und später Rektor der dortigen Volksschule. Eines seiner elf überlebenden Kinder, ebenfalls ein Max Miller (1901–1973), war ein hochbegabter Bub, der wie sein Onkel Priester wurde, sich dem historischen Fach zuwandte und 1951 zum Archivdirektor des Hauptstaatsarchivs in Stuttgart avancierte. 1969 erhielt er das Große Verdienstkreuz des Verdienstordens der Bundesrepublik Deutschland und zwei Jahre darauf wurde er zum Päpstlichen Ehrenprälaten ernannt.[17] Onkel und Neffe blieben sich zeitlebens verbunden. Das beweisen nicht zuletzt die 22 Briefe des Onkels, die sich im Nachlaß des Neffen fanden. Beim Goldenen Priesterjubiläum des Onkels war der Neffe der Festprediger.

In Ulm fahren die sieben Klosterschüler mit dem Zug nachmittags um zwei Uhr ab. Die Reise geht dann über Regensburg und Pilsen durch die Nacht nach Prag. Der Schaffner vergißt, ihnen die Station Wyscherat anzuzeigen, in deren Nähe das Kloster liegt, und so stehen die Sieben morgens um sieben plötzlich mutterseelenallein außerhalb des hunderttürmigen Prag und wissen nicht, wie sie ihr Ziel finden sollen. Wie sie es mit Gottes Hilfe und einer frommen Gräfin namens Anna Waldstein dann doch finden, ist in der Erzählung nachzulesen.

Über seine schulischen Erfolge im Kloster Emaus schreibt P. Athanasius am Ende des Büchleins:

> Der gute P. Prior hatte ihn ein bißchen zu hoch hinaufgesetzt, und so kam er anfangs nur schwer mit. Der gute Pater Basilius wollte das schüchterne Schwobabüble nicht mutlos machen. So schrieb er hinter seine Schularbeiten nicht „ungenügend“, wie es sich gehört hätte, sondern „eben noch so kaum genügend“. Sonst hätte sich der Gondelschwab

17 Näheres über ihn bei Gregor Richter, in: Baden-Württembergische Biographien 1, Stuttgart 1994, 236–240.

beim Rektor melden müssen. Aber eines Tages „klöpfte“ es auch bei ihm, obwohl er noch weit von den Vierzig war.[18]

Im Zeugnis der 3. Klasse für das erste Halbjahr 1896/97 steht bei den meisten Fächern noch „gut“ oder „ziemlich gut“ (das heißt: nicht ganz gut). Im Zeugnis des zweiten Halbjahrs hat er sich bereits verbessert: beim Fach Latein steht „gut“, bei Griechisch „gut – sehr gut“. Ein glattes „sehr gut“ steht nur bei Fleiß, Religion und Turnen. Diese drei Einser halten sich in fast allen folgenden Zeugnissen durch. Eine schöne Trias. Das gilt auch für die Oblatenschule Seckau in der Steiermark, die Max Miller von 1899 bis 1901 besuchte.

Auch dieses Kloster war – wie Emaus in Prag und aus denselben Gründen – 1883 von Beuroner Mönchen neu besiedelt worden. Der Gründerabt war der äußerst regsame und tüchtige Ildefons Schober, gebürtig aus Pfullendorf in Oberschwaben (Landkreis Sigmaringen). Er eröffnete eine Oblatenschule, in der außer Latein, Griechisch und Englisch auch Philosophie und Theologie gelehrt wurden. Sie wurde 1926 in ein Abteigymnasium umgewandelt. Es besteht bis heute. Am 21. September, dem Tag vor seinem 20. Geburtstag, wurde Maximilian Miller ins Noviziat in Beuron aufgenommen, und bereits zwei Jahre später, am 15. Oktober 1902, legte er seine Profeß ab. Damit war das Ziel „So oiner will i wer’a und koin anderer“ glücklich erreicht.

18 M. Schwäble, Die sieben Schwaben 72.

STUDIUM UND ERSTER AUFENTHALT IM HEILIGEN LAND

Nach seiner Profeß studierte der frischgebackene Benediktiner gemäß dem üblichen Studiengang für Theologen zunächst zwei Jahre Philosophie. Dieser Teil des Studiums war für die Beuroner Kongregation in der Abtei Maria Laach eingerichtet. Sie war 1892 von Beuroner Mönchen neu besiedelt worden. Seit 1901 war dort Fidelis von Stotzingen Abt.[1] Die Bekanntschaft mit diesem tüchtigen Schwaben – er stammte aus einer reichsfreiherrlichen Familie, von Steißlingen, zwischen Singen und Stockach gelegen, – sollte noch eine wichtige Rolle für die „Karriere" des Studenten aus Wolfartsweiler spielen. Von Stotzingen kümmerte sich als Abt um fähige Dozenten für das Philosophiestudium in der Laacher Anstalt. Doch wichtiger noch wurde die Tatsache, daß er 1913 zum Abtprimas in Sant'Anselmo in Rom gewählt wurde und in diesem Amt verblieb bis zu seinem Tod Anfang des Jahres 1947. Daß P. Athanasius im Jahr 1922 an dieses Haus zum Professor berufen wurde, bestimmte den Rest seines Lebens. Denn Rom sollte für genau 40 Jahre seine zweite Heimat werden.

Aus der Laacher Zeit ist, soweit ich sehe, nur eine einzige, aber sehr bezeichnende Einzelheit überliefert. Eines Tages, so berichtet P. Benedikt Schwank, machte Frater Athanasius einen Spaziergang um den Laacher See, begleitet von einem Mitbruder, der an schwermütigen Stimmungen litt. Um ihn aufzuheitern, erzählte ihm Athanasius eben jene Geschichte von den sieben Schwaben und ihrer Reise ins Kloster, die er selbst erlebt hatte. Das habe dem Schwermütigen so gut getan, daß er gesund wurde.[2] Das ist ein schöner Fall von therapeutischem Geschichtenerzählen.

---

1 Einge gute Würdigung bietet S. Haering, Fidelis von Stotzingen, Abt von Maria Laach (1901–1913) und Abtprimas der Benediktinischen Konförderation (1913–1947), in: A. Häußling / A. Sander (Hg.), Laacher Lesebuch zum Jubiläum der Kirchweihe 1156–2006, St. Ottilien 2006, 241–246.

2 So P. Benedikt Schwank in seinem Nachruf: EuA 39 (1963) 252.

Zum Theologiestudium wurde der Dreiundzwanzigjährige 1904 nach Rom geschickt an jenes Haus, das man seinerzeit meistens St. Anselm nannte, heute jedoch Sant'Anselmo heißt. Das Gebäude erhebt sich malerisch auf dem Aventin.[3] Es sollte als internationales Studienhaus für Benediktiner der ganzen Welt dienen. Seine Gründung erfolgte auf Drängen von Papst Leo XIII. Der Papst wollte damit die Gemeinschaft und Gelehrsamkeit unter den Benediktinern befördern. Daneben hoffte er auch auf die Heranbildung von Mitarbeitern für ein großes Ziel, von dem er träumte: die Wiedervereinigung der Ostkirche mit Rom.[4] Zur feierlichen Einweihung der eindrucksvollen Gebäude am 11. November 1900 waren sämtliche Äbte des Ordens eingeladen. Das Ereignis erregte weltweites Aufsehen.

Der Leiter dieses Hauses trägt den Titel Abtprimas. Auf diesem Titel bestand Papst Leo XIII. Das Amt des Abtprimas ist in mehreren Hinsichten eigenartig. Gewählt wird er bei einer Versammlung aller benediktinischen Oberen, dem Äbtekongreß, und ist dann das symbolische Oberhaupt der Benediktiner weltweit. Er besitzt kaum jurisdiktionelle Befugnisse gegenüber den Kongregationen und Klöstern, soll aber ihren Zusammenhalt fördern. Zugleich ist er Abt eines Klosters ohne eigene Mönche, dafür aber eines Professorenkollegs und wechselnder Studenten, hauptsächlich Benediktinern. Freilich studierten schon vor dem Ersten Weltkrieg auch Studenten aus anderen Orden an dieser Hochschule. So ist Sant'Anselmo zwar streng genommen kein Kloster, aber das Leben im Kolleg hat monastischen Charakter mit gemeinsamem Chorgebet. Heute ist die weitaus überwiegende Zahl der etwa 680 Studierenden, unter denen auch Frauen sind, nichtbenediktinischer Herkunft. Die Vorlesungen wurden bis in die siebziger Jahre hinein auf Latein gehalten.

---

3 Vgl. P. Engelbert OSB, St. Anselm, Rom (Führer), Regensburg 2008; ders., Sant'Anselmo in Rom; G. Österle OSB, Beuron und die Anfänge des Studienkollegs St. Anselm in Rom, in: Beuron 1863–1963, 268–280; B.A. Eckerstorfer OSB, Weltweite Verbundenheit unter den Klöstern. 125 Jahre Benediktische Konförderation in Sant'Anselmo gefeiert: EuA. Monastische Welt 3 (2018) 337–340.

4 Vgl. P. Engelbert, Sant'Anselmo, 15–19.

Benediktinerhochschule Sant'Anselmo in Rom.

Die Hochschule bot einen sechsjährigen Studiengang an. Dieser begann mit zwei Jahren scholastische Philosophie, Mathematik und Naturwissenschaften. Darauf folgten vier Jahre dogmatisch-scholastische Theologie, Hebräisch und Griechisch, Bibelauslegung, Patristik, Moral, Kirchengeschichte, Kirchenrecht, Liturgie, christliche Archäologie und gregorianischer Choral. Eine Spezialität des Hauses war die Möglichkeit, orientalische Sprachen wie Aramäisch, Syrisch und Arabisch zu lernen. Das Studium wurde mit einer großen, anspruchsvollen Prüfung abgeschlossen, die man als Doktorat bezeichnete. Ein Doktortitel war damit nicht unbedingt verbunden. Zum Erwerb des Doktorgrades war noch eine Dissertation von wenigstens 60 Seiten Umfang erforderlich; sie mußte in lateinischer Sprache abgefaßt sein und konnte, wenn sie dem Akademischen Rat wertvoll genug erschien, auch gedruckt werden.[5]

5 Vgl. P. Engelbert, Sant'Anselmo, 102f.

Hier verbrachte unser Student die Jahre 1904 bis 1908. Unter seinen Lehrern ist besonders P. Hildebrand Höpfl OSB (1872–1934) zu nennen, ein echter Gelehrter, der, nach zwei Jahren in Beuron, seit 1903 in St. Anselm Altes Testament lehrte.[6] Er begeisterte den Beuroner Mönch für sein Fach. In den Zeugnissen des Studenten aus den Jahren 1904/5 lautet die Note durchweg: „eminenter". Das ist die Höchstnote. In den Jahren 1905/6 wechseln sich „summa" und „eminenter" ab, ebenso in den folgenden beiden Jahren. Den Abschluß bildete das Doktorat. Noch vor dem Abschluß seiner Studien in St. Anselm wurde der Student in den Semesterferien am 22. September 1907 zum Priester geweiht, übrigens zusammen mit Othmar Merkle, der ja ebenfalls zu den sieben Schwaben von 1896 gehört hatte, und war damit Pater Athanasius oder Pater Athanas, wie ihn seine Mitbrüder kurzerhand nannten. Im Jahr darauf hat er seine Dissertation fertiggestellt. Sie ist im Nachlaß erhalten, in Schönschrift geschrieben, umfaßt 130 Seiten und trägt den Titel: „Dissertatio de Inspirationis biblicae Natura", also eine Untersuchung über die Natur der biblischen Inspiration. Veröffentlicht wurde sie freilich nicht. Doch das Thema sollte den Verfasser später als Sekretär der Päpstlichen Bibelkommission noch viel beschäftigen. Wenn er am Artikel eines Kollegen einen „völlig verwaschenen Inspirationsbegriff" kritisiert, weiß er, wovon er spricht.[7]

Da ihn seine Oberen für das Lektorat in Bibelwissenschaften an der Beuroner theologischen Hochschule vorgesehen hatten, schickte man ihn zur Weiterbildung noch für zwei Semester an die Universität Straßburg. Dort war Michael Faulhaber, der spätere Bischof von München, sein Lehrer. Faulhaber war als Professor Spezialist für biblische Poesie und Kirchenväterexegese. Bei ihm hörte P. Athanasius im Wintersemester 1908/9 eine

6 Vgl. P. Engelbert, Sant'Anselmo, 129–132.

7 So in einem Brief an P. Johannes Schildenberger vom 13.4.1958 mit Bezug auf: Dom Célestin Charlier, Mönch der Abtei Maredsous: Methode historique et lecture spirituelle des écritures: Bible et Vie chrétienne 18 (1957). Ein Buch Charliers wurde von Beuroner Mönchen ins Deutsche übersetzt: Der Christ und die Bibel, Heidelberg 1959. Zur Inspiration vgl. ebd. 207–222.

Vorlesung über den Propheten Jesaja und besuchte auch sein Seminar. Daneben belegte er einen Syrischkurs bei dem berühmten Orientalisten Enno Littmann. Im Semester darauf saß der spätere Psalmen-Miller in Faulhabers „Einführung in die poetische Literatur des Alten Testaments", dazu kamen wie schon im vorigen Semester orientalistische und judaistische Kurse bei Julius Euting und Samuel Landauer. Er konzentriert sich in diesen beiden Semestern also ganz auf Altes Testament und Orientalistik. Nach dem Jahr in Straßburg kehrte er nach Rom zurück und ergänzte seine Studien noch etwa ein halbes Jahr lang an dem soeben errichteten Päpstlichen Bibelinstitut der Jesuiten, als einer der ersten Studenten an diesem Haus.

Nach diesen Studien und zur Vorbereitung auf das Beuroner Lektorat gewährte man ihm einen ersten Orientaufenthalt. Er konnte zusammen mit Ildefons Schober, der zwei Jahre zuvor zum Erzabt von Beuron gewählt worden war, nach Jerusalem reisen. Die beiden kannten sich zweifellos noch von Seckau her, und als Oberschwaben dürften sie sich gut verstanden haben. Der Anlaß der Reise, jedenfalls für den Erzabt, war die Einweihung der Dormitio-Abtei in Jerusalem durch den lateinischen Patriarchen am 10. April 1910. Schon seit vier Jahren waren Beuroner Mönche auf dem Sion, und Beuroner Mönche sind bis heute dort. Die Gründung geht auf eine Initiative des „Deutschen Vereins vom Heiligen Land" zurück. Dieser trat an Kaiser Wilhelm II. mit der Bitte heran, er möge doch das Gelände der *Dormitio* auf dem Sion für seine katholischen Untertanen vom Sultan erbitten und erwerben, was dieser aus Anlaß seiner Orientreise 1898 auch tat. Der Kaiser kannte die Beuroner Erzäbte und war den Benediktinern sehr gewogen.[8]

Die kleine Reisegruppe kam bereits am 16. März in Jerusalem an.[9] Zu ihr gehörte auch Abt Laurentius Zeller von Seckau, gebürtig aus Riedlingen. Er berichtet über die Ereignisse der nächsten Tage im 5. Teil seiner

8 V. Fiala, Ein Jahrhundert Beuroner Geschichte 156–160; A. Kienle, Der Grenzgänger von Beuron. Willibrord Benzler OSB (1853–1921), Beuron 2019, 33–53.

9 Vgl. die Wiener Zeitung „Das Vaterland" vom 2.4.1910, S. 8.

Reise-Chronik. Am 1. April, einem Freitag, brach er zusammen mit P. Athanasius und einem Mitbruder aus der Dormitio zu einem zweitägigen Ausflug nach Jericho auf, mit Pferd und Wagen. Am Mittag fährt man vor dem Hotel Bellevue vor. Am Nachmittag erreicht man nach anderthalbstündiger Fahrt das Tote Meer. Aber infolge von Regengüssen war der Weg durchweicht und der Wagen bleibt stecken. So muß man das letzte Stück Weges zu Fuß zurücklegen. Auf dem Wagen, der mit Hilfe zufällig anwesender Arbeiter wieder flott gemacht worden war, kehrt man abends nach Jericho zurück. Am Samstag liest man in einer Kapelle der Franziskaner die Messe und fährt dann Richtung Jordan. Ein Kahn ermöglicht es, den eigentlichen Strom zu erreichen „und wenigstens die Hand in die Wasserfluten zu tauchen, die einst den Leib unseres Heilandes bespülten". Das nächste Ziel ist der Berg der Versuchungen. Man steigt den steilen Pfad zum griechisch-orthodoxen Felsenkloster hinauf, das auf halber Höhe wie ein Schwalbennest an der Felswand klebt. Zum Glück war man auf der Herfahrt dem griechischen Generalkonsul von Jerusalem begegnet. Denn nur mit seiner Empfehlung erhält man Einlaß, auch in die Kapelle der Versuchung, in der der Stein gezeigt wird, auf dem Jesus bei der ersten Versuchung gesessen sein soll. Abends um sieben Uhr ist man dann wieder in Jerusalem. Das waren für P. Athanasius die ersten Exkursionen im Heiligen Land.

Der folgende Tag war der Weiße Sonntag. Erzabt Ildefons ging in die Grabeskirche, „um im nebenanliegenden Franziskaner-Klösterchen zu übernachten und einen Teil der Nacht im Gebet auf dem Kalvarienberg und im Hl. Grab zubringen zu können und in der Frühe daselbst die hl. Messe zu lesen." In den nächsten Tagen war er dann viel durch Besuche und Gegenbesuche in Anspruch genommen. Am Mittwoch traf Prinz Eitel-Friedrich als Vertreter des deutschen Kaisers ein und wurde mit Glockengeläut und allen Ehren empfangen. „Unter den Klängen der Militärmusik, geleitet von einer Tscherkessen-Eskorte, die eigens für diesen Anlaß von Damaskus nach Jerusalem kommandiert war, fuhr er durch die Stadt, die ihm beim Jaffa-Tor einen Triumphbogen errichtet hatte, und zum Viktoria-Augusta-

Hospiz auf den Ölberg." Am Samstag fand die Einweihung der protestantischen Himmelfahrtskirche auf dem Ölberg statt, der sich ein Empfang anschloß.

Am Sonntag erfolgt dann die feierliche Einweihung der Kirche auf dem Sion und ihrer einzelnen Altäre durch den Patriarchen, assistiert von Äbten und Bischöfen. Um 11 Uhr treffen die Königlichen Hoheiten ein. Der Erzabt von Beuron hält eine zwanzigminütige Ansprache, dann wird am neugeweihten Hochaltar die erste Hl. Messe gefeiert. Es schließen sich Ehrungen und Ordensverleihungen an, dann fahren Ihre Königlichen Hoheiten unter dem Hurra der Pilger in die Stadt zurück, „um das vom Gouverneur von Jerusalem zu ihren Ehren gegebene Frühstück, zu dem auch Reverendissimus Vater Erzabt geladen war, einzunehmen. Für dasselbe war ein Zelt vor dem Damaskus-Tor aufgeschlagen." Am Montag morgen ist man bei den französischen Mitbrüdern auf dem Ölberg zu Tisch geladen und am Abend hält Prinz Eitel-Friedrich noch eine Tafel, zu der etwa 120 Personen Einladungen erhalten hatten. So gingen die festlichen Tage zu Ende.

P. Athanasius blieb nach den Einweihungsfeierlichkeiten noch bis zum September des folgenden Jahres im Heiligen Land und vertiefte seine Studien an der École biblique in Jerusalem. Für Palästina, das damals unter türkischer Herrschaft stand, war es eine unruhige Zeit. Die zweite Auswanderungswelle (Alija) brachte viele Juden ins Land, und die Spannungen zwischen Arabern und Juden verschärften sich. 1909 war als erste jüdische Stadt Tel Aviv gegründet worden. Im selben Jahr wurde der Sultan in Konstantinopel durch die „Jungtürken" entmachtet, aber Palästina blieb unter türkischer Oberherrschaft. Erst nach dem Ersten Weltkrieg übernahm Großbritannien im Auftrag des Völkerbundes das Mandat für Palästina.

In den anderthalb Jahren seines Aufenthalts war P. Athanasius offenbar viel allein unterwegs und lernte dabei auch einen merkwürdigen Sonderling und Freund der Benediktiner auf dem Sion näher kennen, dem er nach dessen Tod im Jahr 1915 einen langen Nachruf widmete: P. Zephyrin Biever. P. Zephyrin betreute in dem östlich des Toten Meers gelegenen Madaba katholisch gebliebene Beduinenstämme, später Tabgha und übernahm schließlich im Jahr 1908 die Araberseelsorge im Hirtendörfchen Bet-Sahur bei Bethlehem. In seinem Nachruf erwähnt P. Athanasius ausdrücklich, daß „unsere hochwürdigsten Äbte", als sie zur Einweihung der Dormitio nach Jerusalem pilgerten, auch diesem Sonderling einen gemeinsamen Besuch machten.[10]

Eine Frucht dieses Aufenthalts im Orient war eine erste Publikation, die nicht zufällig in den St. Benedikts-Stimmen erschien, der Hauszeitschreift des Klosters Emaus, dem er seit seiner Schulzeit dort verbunden blieb. Sie erzählt ein Abenteuer, das er in der Heiligen Nacht des Jahres 1910 erlebte. Und es ist so gut und frisch erzählt, daß man darin den geborenen Erzähler sofort erkennt. Aber natürlich nicht nur den geborenen Erzähler, sondern auch den tief, ja kindlich frommen Priester. Diese schöne Geschichte spiegelt Verhältnisse einer vergangenen Zeit wider und muß deshalb als geschichtliches Dokument gelten. Da sie für die heutigen Leser nicht mehr zugänglich ist, soll sie hier vollständig abgedruckt werden. Ihre schlichte Überschrift lautet: „Weihnachten in Bethlehem". Das Abenteuer beginnt in der frisch eingeweihten Kirche der *Dormitio*:

> Die letzten Klänge der Mitternachtsmesse in der Sionskirche waren verklungen, so voll und kräftig, als ob eine stattliche Schar von Sängern und nicht bloß ein kleines Häuflein von nur fünf Mönchen den Chor gebildet hätten. Freilich hatte die überaus vorteilhafte Akustik des Gotteshauses, die jeden Ton verstärkt und wohltuend abrundet, das ihrige dazu getan. Dann war es aber auch die heilige Begeisterung, die Feststimmung, was der Stimme Kraft und einen frischen, frohen Akzent gegeben. Und wie hätte es auch anders sein können auf die immer eindringlicher werdende Mahnung der hl. Liturgie hin: „Stoßet in die Trompete auf Sion, denn der Herr der Heerscharen kommt."
>
> Et Verbum caro factum est et habitavit in nobis, „Und das Wort ist Fleich geworden und hat unter uns gewohnt," sprach der Obere am Al-

10 Vgl. A. Miller, P. Zephyrin Biever †: SBSt 40 (1960) 337–344.

tare und alles beugte mit ihm voll Ehrfurcht in Anbetung die Kniee vor dem Gottkinde, das in dieser hl. Nacht zur Welt gekommen.

Ite, missa est. – Leise verließ ich den Chor und erbat mir einen guten Reisesegen. Mitten in der hl. Nacht – wohin? Nach Bethlehem, „um zu sehen, was dort der Herr uns bereitet hat." Weihnachten, vielleicht nur einmal im Leben in Jerusalem, so nahe bei Bethlehem feiern und nicht selbst das Kindlein im Stalle sehen – wer könnte das über sich bringen!

Ein Bruder war mir als Begleiter zugeteilt. Draußen sollten Esel bereit stehen für die nächtliche Pilgerfahrt, denn von Jerusalem nach Bethlehem sind es gut zwei Stunden Weges. Aber von den Eseln ist nichts zu sehen;[11] stockfinstere Nacht, schwere Wolkenmassen hängen am Himmel; in der Ferne zucken Blitze und rollt der Donner; schon fallen einzelne Regentropfen nieder. Was tun? Heilige Nacht – Bethlehem so nahe – und das Kindlein im Stalle nicht schauen! Da zuckt es im Süden über Bethlehem wie Wetterleuchten auf; aber nicht erschreckend wirkt der Feuerschein. Nein, wie der milde Glanz des Sternes, der einst die hl. drei Könige nach dieser Richtung führte, so dringt dies Leuchten in die Seele, ermunternd: Auf nach Bethlehem! Schnell verschaffen wir uns eine kleine Laterne, dann klopfen wir energisch den Torhüter aus dem Schlafe. Auf sein Kopfschütteln und seine Einwendungen können wir nicht achten. Was versteht der arme Muselmann von Bethlehem, was weiß er von der Sehnsucht, das Kindlein im Stalle zu sehen!

So, nun sind wir draußen. Die Lenden hoch geschürzt und die Laterne in der Hand klettern wir behutsam den steilen Fußpfad des Sions hinab. Glücklich erreichen wir die große, breite Bethlehemstraße. Nun kann's vorangehen – aber nur wenige Schritte: die tiefliegende Brükke über das Höllental[12] ist in einen See verwandelt, der weder rechts noch links einen Durchgang gestattet. Es mußte also bereits während

11 Der Grund dafür ist nicht etwa die Unzuverlässigkeit der Besitzer, sondern die Tatsache, daß Esel bei einem anziehenden Gewitter keinen Schritt tun. (Mitteilung von Herrn Claudio Rossi, Beuron)

12 Mit dem Höllental ist das Hinnomtal gemeint. Vgl. M. Küchler, Jerusalem, Göttingen 2007, 755–757.

der Metten tüchtig geschüttet haben. Wie wird dann erst der übrige Teil der Straße aussehen! Sollen wir umkehren? Bethlehem so nahe, und es in der hl. Nacht nicht sehen?

Nein, das geht nicht. Also mutig durch „viele Wasser“;[13] „nemo facile Jesum videt“, sagt ja der hl. Ambrosius so schön: „Jesum bekommt man nicht mit so leichter Mühe zu sehen.“[14]

Auf der anderen Seite des Tales angekommen, marschiert einer von uns beiden mit der Lampe voraus, um den Weg durch die Wassertümpel der arg verwahrlosten Straße zu suchen. Wir gehen so eine gute halbe Stunde voran, fast beständig im Zickzack. Plötzlich fährt in nächster Nähe ein greller Blitzstrahl nieder, ein Donnerschlag, und der Regen bricht los, erst recht von oben, dann gar bald vom Winde gepeitscht, direkt ins Angesicht. Nun wollte die Reue kommen: Wären wir doch daheim geblieben! Aber, so nahe bei Bethlehem, und das Kindlein im Stalle nicht sehen! Wir schützen uns, so gut es geht, gegen die herabströmenden Wasser, den Regenschirm wie einen Schild vor uns haltend.

Auf einmal stoßen wir auf etwas Unerwartetes. Eine Kutsche steht mitten im Wege, und eine vermummte Gestalt verhandelt mit drei Wanderern, die gleich uns zu Fuß nach Bethlehem zu pilgern scheinen, aber ohne Licht und allen Schutz. „Zehn Franken!“ schreit der Mann vom Bock herab; „wir haben nur eine Meschidie (4 Franken),“ entgegnet einer im Namen aller. Es sind drei Dominikaner aus dem Stephanskloster [St. Étienne bei der École biblique]. Wie sie uns erblicken, macht sich laute Freude Luft über dieses sonderbare Zusammentreffen in der hl. Nacht.

Jetzt fassen alle wieder neuen Mut, wir lassen die Kutsche im Regen stehen und gehen weiter, denn zehn Franken hätten wir alle zusammen nicht aufgebracht. Einer unserer neuen Begleiter nimmt mir die Laterne aus der kalten Hand und marschiert mit Riesenschritten voraus. Die Straße wird ein bischen besser, denn es geht die Anhöhe von Mar-Elias

13 Vgl. Ps 77 (76), 20. Vulgata: in aquis multis.
14 Ambrosius, in Lc 18,35 (8,81) (CSEL 32/4, 433).

hinan.[15] Dafür strömt der Regen uns in Bächen entgegen. Alles schweigt. Ich bete still für mich meinen Rosenkranz und beschäftige mich in Gedanken mit dem Kindlein von Bethlehem. So vergeht rasch die Zeit. Jetzt haben wir die Höhe erreicht, vom Volke auch Habakukshöhe genannt. Hätte uns doch auch ein Engel am Schopfe nicht nach Babylon, sondern nach Bethlehem getragen.[16] Eitle Gedanken! Zu Jesus kommt man nicht so leichten Kaufs. Doch siehe: in der Ferne seitwärts taucht es auf wie lichter Nebel durch die schwarzen Wolkenmassen. Matter Lichterschein durchbricht das Dunkel der Nacht. Sei uns gegrüßt, o Bethlehem, du kleinste unter den Fürstenstädten Judas. Denn aus dir ist uns allen Heil und Trost gekommen.[17]

Zwar haben wir immer noch eine gute Stunde zu wandern, bis wir an unser Ziel kommen, aber nun sehen wir es wenigstens vor uns daliegen, und schon dringt der Schein der Weihnachtslichter, wenn auch erst schwach und matt, zu uns empor. Schon wälzen sich die dichten Wolkenmassen, die die Davidstadt umschließen und verdecken wollen, über den nahen Frankenberg, wo einst der Wüterich Herodes hauste,[18] dem toten Meere zu, um an den Kanten und Klippen der Moabiterberge elend zu zerfahren. Grollend folgt ihnen der Donner und die Blitze können sich in den Fluten des toten Meeres abkühlen. Aber über Bethlehem wird es licht und lichter. Der Regen hört auf, die Winde legen sich, alles schweigt ringsumher. – „Stille Nacht, heilige Nacht, alles schläft, einsam wacht nur das traute hochheilge Paar," kommt es unwillkürlich in unser Herz und über unsere Lippen, und die Melodien des so lieblichen, anheimelnden Liedes eilen hinüber nach Bethlehem als erster Gruß an's liebe Christkind.

Die Zeit verfließt nun rasch. Still betend und betrachtend schreiten wir dahin. Das Bewußtsein, dem heiligen Ziel so nahe zu sein, beschleu-

---

15 Mar Eljas ist ein kleines Kloster. Von dem genannten Hügel aus hat man einen guten Blick auf das etwa 3 km südlich liegende Bethlehem.

16 Vgl. Dan 14,33–39.

17 Vgl. Mt 2,6.

18 Der Name „Frankenberg" für den Kegel, auf dem das Herodeion stand, stammt aus der Kreuzfahrerzeit. Vgl. O. Keel / M. Küchler, Orte und Landschaften der Bibel 651.

nigt und erleichtert den Fuß. Zahlreiche Kutschen kommen jetzt des Weges. Sie bringen die frommen Pilger von Jerusalem und Umgebung heimwärts, die der Mitternachtsfeier in der heiligen Grotte beigewohnt haben. Andere folgen ihnen zu Fuß. Es ist 3 Uhr früh. Frohen Herzens betreten wir das Städtchen und durcheilen seine krummen Straßen und Gäßchen. Unsere Weggenossen verlassen uns, um bei guten Bekannten sich wieder einigermaßen in Stand zu setzen. Auch wir hätten's brauchen können. Denn wahrlich wir waren nicht gerade im besten hoffähigen Aufzuge, um von einem Fürsten so vornehmen Geschlechts empfangen zu werden. Aber wir haben keine Zeit zu verlieren, und das göttliche Kind wird mit uns nach solchem Marsche ein Nachsehen haben. Schnell huschen wir tiefgebückt durch die enge und niedrige Pforte in die Geburtskirche, den herrlichen Bau aus Konstantins Zeiten, steigen zur Grotte hinab und begrüßen kurz das Kindlein in der Krippe: „Dich grüßen wir, o Jesulein, schön's Kindelein, wir wollen all dein Eigen sein, herzliebstes Jesulein."[19]

Nach dieser unserer ersten Andacht und Huldigung suchen wir die anstoßende Kirche der Franziskaner [Katharinenkirche] auf, um bald einen Altar für die hl. Messen zugewiesen zu erhalten. Einzelne kleinere Gruppen haben sich um die Altäre verteilt, um in aller Stille und Andacht der Feier des hl. Meßopfers zu folgen. Seit Mitternacht werden an allen Altären von den vielen anwesenden Priestern ununterbrochen hl. Messen gelesen. Um 10 Uhr hatten die feierlichen Messen begonnen, dann sang der Patriarch von Jerusalem das feierliche Mitternachtshochamt. Während desselben liegt das Bildnis des göttlichen Kindes verschleiert auf dem Altare. Nach der hl. Wandlung wird es enthüllt und dann am Schlusse des Pontifikalamtes in feierlicher Prozession zur Geburtsgrotte getragen, allwo es während der ganzen hl. Weihnachtszeit von den Gläubigen verehrt wird. Das alles hatten wir nun nicht mit ansehen können, dafür aber auch nicht das schreckliche Gedränge und

19 Fränkisches Weihnachtslied. 1. Strophe: „Dich grüßen wir, o Jesulein, laß uns doch dein eigen sein. Laßt uns das Kindlein grüßen, ihm unser Herz aufschließen, Jesulein, o Kindelein!"

den Lärm der Volkmassen, ein Umstand, der schon manchem frommen Pilger vieles von seiner Freude und Andacht der hl. Nacht in Bethlehem genommen hat.

Jetzt, nachdem diese Feier zu Ende, war es so stille und heimlich in der Geburtskirche, die noch immer im vollen Lichterglanz erstrahlte. Nach etwa einer viertel Stunde schon konnte ich an den Altar treten, an den Altar des hl. Antonius von Padua, des trauten Spielgenossen des Kindleins von Bethlehem.

„Im Namen des Vaters und des Sohnes und des hl. Geistes. Amen. Ich will hintreten zum Altare des Herrn, zu Gott, der meine Jugend erfreut." Wie fühlbar wahr klangen doch heute in der hl. Nacht zu Bethlehem diese Worte! Wie eigentümlich erfaßte heute die ganze hl. Weihnachtsliturgie das Herz! Diese hochheilige Nacht, in der das wahre Licht den Völkern aufleuchtete – hier an dieser Stelle! Der Sohn des ewigen Vaters in holder Kindesgestalt, Maria und Josef, die es froh betrachten, die Hirten, welche fromm herbeieilen, der holde Engelsgesang, das Gloria in excelsis Deo – hier, hier hat sich das alles vollzogen. Voll innigen Dankes gegen Gott, alle Mühen und Strapazen des nächtlichen Marsches vergessend, feierte ich die ersten zwei hl. Messen.[20] Zahlreiche fromme Pilger empfingen die hl. Kommunion – eine besondere Freude, das göttliche Kind in Bethlehem in der hl. Nacht den frommen Gläubigen ins Herz zu legen!

Darnach begab ich mich wieder in die Sakristei, um auf das größte Glück zu harren, das mir heute zuteil werden sollte. Ich hatte mich nämlich frühzeitig schon seit einer Woche um eine hl. Messe für die hl. Nacht in der Geburtsgrotte selbst beworben und auch zugesagt erhalten. Aber noch mußte ich lange warten, bis die Reihe an mich kam. Sorgsam legte ich die hl. Gewänder ab, um unterdessen ein bischen zu ruhen. Es war 4 Uhr früh. Da kommt der Sakristan herbei und ruft den Namen des zunächst für die Grotte bestimmten Priesters. Er ist nicht da. Auch der folgende nicht. Wo waren sie? Wohl hatte ihre Frömmigkeit nicht vor

20 Nach alter römischer Tradition kann jeder Priester an Weihnachten drei Messen feiern: Christmette, Hirtenmesse und Hochamt.

dem grausen Wetter standgehalten. Rasch entschlossen lud er mich ein, die hl. Gewänder wieder anzulegen und ihm in die Grotte zu folgen.

Sollte mir das Glück wirklich so leichten Kaufes in den Schoß fallen, während andere bis abends 4 Uhr, ja 6 Uhr harren, ob etwa noch die Reihe an sie käme? Ja, das Ungeahnte wurde Tat. Vom Sakristan und meinem treuen Begleiter geführt, konnte ich in wenigen Minuten an den Altar der heiligen Grotte treten. Es war nicht leicht gewesen, denn dicht gedrängt standen die Pilgerscharen bis hinauf an die obersten Stufen, die zu ihr hinabführen. Mit Mühe gelingt es durchzudringen, da die zunächst stehenden Pilger die Gelegenheit benützen, das Meßgewand, das Kelchvelum oder was sie sonst erwischen können, voll gläubiger Frömmigkeit zu küssen. Beschämt erinnere ich mich dabei, was ich sein sollte: ein Jünger und Stellvertreter dessen, von dem das gute Volk sich sagte: „Wenn ich auch nur den Saum seines Kleides berühre, werde ich gesund."[21]

Voll hl. Freude stand ich nun an der heiligen Stätte, in der engen Seitennische des unterirdischen Stalles, in welcher die hl. Gottesmutter das neugeborene Kindlein in die Krippe legte und mit den frommen Hirten Wache hielt. Nur zwei Schritte seitlich befindet sich nach der Tradition der Ort der Geburt selbst. Er gehört den Griechen.

Die hl. Messe beginnt. „Ein Kind ist uns geboren, ein Sohn ist uns geschenkt, die Herrschaft ruht auf seinen Schultern und sein Name ist Engel des großen Rates."[22] Alle die heiligen Erinnerungen, die sich an diese Stätte knüpfen, ziehen abermals an der Seele vorüber. Dicht gedrängt umstehen die Gläubigen den Altar, so daß mein dienender Mitbruder kaum Platz findet. Tiefste Andacht malt sich in ihren Zügen, erglänzt in hellen Freudentränen und bricht mitunter laut über die Lippen. Treuherzig und voll Glauben wie einst die braven Hirten, blicken sie das abermals auf dem Altare mystisch geborene Gotteskind an. Was sie ihm alles zu sagen haben, wer weiß es!

---

21 Vgl. Mt 14,36 / Mk 6,56.

22 Vgl. Jes 9,5. „Engel des großen Rates" nach dem Text der Septuaginta. Introitus zur 3. Messe (Hochamt) am Weihnachtstag.

> Still geht die hl. Messe dem Ende zu. Wieder empfangen zahlreiche Pilger die hl. Kommunion. Voll des innigsten Dankes gegen Gott und voll der geistlichen Freude kehre ich in die Sakristei zurück. Noch eine gute Danksagung und wir scheiden von Bethlehem.
>
> Es ist 6 Uhr früh und unterdessen Tag geworden. Gott lobend und preisend ziehen wir wieder Jerusalem zu, uns gegenseitig erzählend, was wir alles in Bethlehem geschaut und gefühlt. An die Mühen und Strapazen der verflossenen Nach denkt keiner. Und waren sie auch groß – wir hatten das Kindlein im Stalle gesehen, und das war uns genug und mir mehr als volle Entschädigung.[23]

Unter dem Text steht nur noch: „Sion in Jerusalem. P. Athanasius Miller." Der Aufsatz ist also noch in Jerusalem, wohl kurz nach den Ereignissen, niedergeschrieben worden. Daher die Unmittelbarkeit und Frische. Er erwähnt „den nahen Frankenberg, wo einst der Wüterich Herodes hauste". Über diesen großenteils künstlich aufgeschütteten Bergkegel, auf dem Herodes der Große eine Luxusburg erbauen ließ, die er selbst *Herodeion* nannte, wo er auch begraben sein wollte und begraben wurde, hat P. Athanasius wenige Jahre später noch ein kleines Aufsätzchen geschrieben, das wieder in den St. Benedikts-Stimmen erschien.[24] Er stellt die armselige Geburtsgrotte des Friedensfürsten von Bethlehem der „Trutzburg" des „unglaublich argwöhnischen, eifersüchtigen und grausamen Blutmenschen" gegenüber. Die eine überwölbt eine Basilika, an der die Freude und Sehnsucht der ganzen Christenheit hängt. „Der Stolz des grausamen Tyrannen aber ist für immer unter den Ruinen seiner eigenen Paläste begraben." Darin sieht unser Autor ein überwältigendes Symbol der Wahrheit dafür, daß Gott die Gewaltigen vom Throne stürzt.[25] Der Gegensatz der beiden so nahe beieinander liegenden Orte drängt sich auf.[26]

23 A. Miller, Weihnachten in Bethlehem: SBSt 35 (1911) 463–468.

24 A. Miller, Bethlehem und Herodeion: SBSt 38 (1914) 6–9.

25 Vgl. Lk 1,52. Der Ort des Herodesgrabes an diesem Kegel, den P. Athanasius noch als verborgen geblieben bezeichnet, ist erst vor wenigen Jahren aufgefunden worden.

26 Er wird auch bei O. Keel / M. Küchler, Orte und Landschaften der Bibel 653 formuliert.

An das Erlebnis in der Heiligen Nacht des Jahres 1910 erinnert sich P. Athanasius genau 52 Jahre später zu Beginn der letzten Weihnachtspredigt, die er halten sollte, dieses Mal im Krankenhaus in Leutkirch. Er erzählt das damalige Abenteuer kurz und erklärt nebenbei, woher er damals das Wort des Ambrosius hatte, daß man Jesus nicht so leicht zu sehen bekommt: Dieses Zitat war am 24.12. in der *Dormitio* Teil der Lesung in der Matutin gewesen. Weiter erwähnt er, daß er das hl. Opfer noch weitere zweimal in der hl. Nacht in der Grotte von Bethlehem gefeiert habe. Das war in den Jahren 1914 und 1930. Der Hauptteil dieser letzten Weihnachtspredigt 1962 geht dann dem Thema des Friedens nach, ausgehend von dem Satz: „Friede den Menschen auf Erden, die eines guten Willens sind.“ Der Schlußgedanke ist: Wir müssen Friedensbringer sein, sonst haben wir kein Recht, uns unseres christlichen Namens zu rühmen.

Dem „Stall von Bethlehem“ hat P. Athanasius 1920 eine wissenschaftliche Untersuchung gewidmet.[27] Darin geht es ihm um die konkrete Gestalt der ursprünglichen Geburtsstätte Jesu. Er diskutiert verschiedene Deutungen und entscheidet sich insbesondere aufgrund der archäologischen und kulturgeschichtlichen Gegebenheiten dafür, daß es sich um eine Wohnhöhle mit vorgebauter Schafhürde handelte. Da war für die Mutter Gottes nichts „natürlicher, als eine der an den Wänden angebrachten Krippen als Bettchen herzurichten“. Abgeschlossen wird die Serie der Veröffentlichungen zum Weihnachtsgeheimnis mit einer Betrachtung zu den Tieren an der Krippe des Heilands. Sie zeigt den Zusammenhang mit Jes 1,3 auf. Danach erkennt der Ochs seinen Besitzer und der Esel die Krippe seines Herrn, Gottes Volk aber verkennt seinen Herrn und hat somit weniger Verstand als das stumpfsinnige Vieh. Das gelte auch für jene, die den kindlichen Glauben an das Weihnachtsgeheimnis verloren haben oder dieses Fest „nur äußerlich mitfeiern, nicht innerlich in der Gnade“. „Das ist die stumm-beredte Predigt, die diese beiden Tiere an der Krippe uns allen halten.“[28] Das Weih-

27 A. Miller, Der Stall von Bethlehem: BenM 2 (1920) 25–33.

28 A. Miller, Die Tiere an der Krippe des Heilands: BenM 8 (1926) 463f.

nachtsevangelium ist das einzige neutestamentliche Thema, das P. Athanasius in Publikationen behandelt. Es lag ihm offenbar besonders am Herzen.

Es fällt auf, daß er in der Frage der Geburtsstätte vom archäologischen Befund her argumentiert. Die biblische Archäologie im Heiligen Land war Anfang des 20. Jahrhunderts noch eine ganz junge Wissenschaft.[29] Im Jahr 1890 hatte der französische Dominikaner Marie-Joseph Lagrange (1855–1938) die École biblique in Jerusalem gegründet und mit ihr „das erste Forschungsinstitut auf dem Boden Palästinas selbst".[30] Nur muß man sich klar machen, was in diesem Fall „gründen" hieß. Lagrange eröffnete sein „Forschungsinstitut" in einem ehemaligen Schlachthaus von 13 auf 4 Metern, dessen wissenschaftliche Ausstattung aus einem Tisch, einer schwarzen Tafel und einer Landkarte bestand. Eine Bibliothek gab es nicht. Geld hatte man dem Gründer keines mitgegeben, und so begann er seine Gründung „mit der Hilfe von Frau Heilige Maria und Herrn Heiliger Stephanus [dem Patron des Schulgeländes mit einer alten Kirche, die noch in Trümmern lag] im Vertrauen darauf, daß Gott sie will". Das waren die Schlußworte der Eröffnungsansprache.[31] Der Schwerpunkt Archäologie stand nicht im Auftrag zur Gründung der wissenschaftlichen Bibelschule, und Lagrange selbst war kein ausgebildeter Archäologe. Aber er gab seiner Schule bewußt diese Ausrichtung, und bereits unter seinen ersten Schülern befand sich einer der später bedeutendsten Archäologen im Heiligen Land, Louis-Hugues Vincent. Ihm verdanken wir auch die erste große Biographie seines Lehrers.[32]

In der ersten Zeit unterrichtete Lagrange fast alle Sprachen und Sparten der Exegese selbst und begründete daneben eine wissenschaftliche Zeit-

---

29 Einen guten Überblick über die Geschichte der biblischen Archäologie bietet H. Haag, Das Land der Bibel. Gestalt, Geschichte, Erforschung, Stuttgart 1989, 126–161.

30 Ebd. 132.

31 M.-J. Lagrange, Discours prononcé le 15 novembre 1890 pour l'inauguration de l'École Biblique, in: Ders., L'Écriture en Église, hg. von M. Gilbert SJ, Paris 1990, 103–114. Auch abgedruckt in: L.-H. Vincent, Le père Marie-Joseph Lagrange, 621–631.

32 L.-H. Vincent, Le Père Marie-Joseph Lagrange. Ausgezeichnet dokumentiert ist B. Montagnes, Marie-Joseph Lagrange.

schrift als Organ der Schule, die Revue Biblique. Er begann als Alttestamentler und Orientalist und wechselte nach 1906 zum Neuen Testament. Der Grund dafür war, daß sein Genesis-Kommentar vor den Augen der römischen Zensoren keine Gnade fand. Den Zensoren mißfiel die Art seiner Exegese. Lagrange setzte sich nämlich für eine historische und kritische Untersuchung der Heiligen Schrift ein, die in ihren theologischen Aussagen freilich ganz im Rahmen der katholischen Lehre bleiben sollte. Er verteidigte die Auffassung, daß nicht alle geschichtlichen Erzählungen der Bibel historisch im modernen Sinn sein wollten und konnten. Die Urgeschichte der Genesis wolle keine Naturwissenschaft bieten. Für solche, heute selbstverständlichen Ansichten wurde er seinerzeit als „Hyperkritiker" verleumdet und in Rom denunziert. Sein Genesis-Kommentar ist bis heute nicht veröffentlicht.

Als P. Athanasius damals ins Heilige Land kam, steuerte die sogenannte Modernismuskrise ihrem Höhepunkt zu. Als modernistisch bezeichneten ihre Gegner damals liberale, traditionsfeindliche und häretisch erscheinende Auffassungen und Bestrebungen in Theologie und Kirche. Im September des Jahres 1910 wurde der sogenannte Antimodernisteneid eingeführt, den alle kirchlichen Lehrer ablegen mußten. Der Text des Eides war so gefaßt, daß ein großer Teil der historischen Kritik in exegetischen Untersuchungen als glaubensfeindlich erscheinen mußte.[33] Lagrange unterschrieb die Eidesformel ohne weiteres, obwohl er der Meinung war, daß man kritische Anfragen und Angriffe nicht mit Verurteilungen und Sanktionen bekämpfen sollte, sondern mit kritischen Antworten. Doch an seiner Treue zur Kirche wollte er keinen Zweifel lassen. Nach seinem Wechsel zum Neuen Testament schrieb er umfangreiche Kommentare zu allen vier Evangelien, zum Römer- und zum Galaterbrief, dazu zahlreiche Artikel und Rezensionen. Heute darf man behaupten, daß er der gelehrteste katholische Bibelwissenschaftler des 20. Jahrhunderts war, aber nicht nur der gelehrteste, sondern

33 Vgl. N. Trippen, Art. Antimodernisteneid: LThK³ 1 (1993) 761. Der Text des Eides erschien in Lagranges Revue Biblique 19 (1910) 481f.

auch der geradlinigste und demütigste. Henri de Lubac pflegte zu sagen, man solle Lagrange doch zum Kardinal machen.[34] Schade, daß es nicht geschehen ist. 1987 wurde sein Seligsprechungsprozeß eingeleitet.

An der École biblique verblieb P. Athanasius bis zum Herbst 1911.[35] Zu dieser Schule gehörten auch die drei Dominikaner, die ihn bei seiner abenteuerlichen Wanderung nach Bethlehem in der Heiligen Nacht freudig begrüßten und ein Stück Wegs begleiteten. Um dieselbe Zeit, zwischen 1909 und 1911, studierte dort auch ein belgischer Dominikaner namens Jacques-Marie Vosté (1883–1949). Mit ihm sollte P. Athanasius später in der Päpstlichen Bibelkommission zusammenarbeiten und ihm als Sekretär dieser Kommission nachfolgen.

Für die Schule war es freilich eine schwere Krisenzeit. Die Zahl der Studenten und Eleven ging spürbar zurück. Das hing nicht nur mit der genannten Modernismuskrise im allgemeinen zusammen, sondern speziell mit der Gründung des Päpstlichen Bibelinstituts der Jesuiten in Rom, an dem P. Athanasius unmittelbar vor seiner Ankunft in Jerusalem Vorlesungen besucht hatte. Der Gründungsrektor dieses Hauses, der Deutsche Leopold Fonck (1865–1930), war ein geschworener Feind Lagranges. Er hielt Lagrange für einen „Unheil bringenden Modernisten“ und versuchte, ihm und seiner Schule zu schaden, wo es nur ging. Er plante sogar ein jesuitisches Konkurrenzunternehmen zur École biblique im Heiligen Land selbst.[36] In menschlicher wie wissenschaftlicher Hinsicht konnte er Lagrange freilich nicht das Wasser reichen. Das muß P. Athanasius schnell aufgefallen sein, und so war er es, der später in der Päpstlichen Bibelkommission, zusammen mit ihrem Vorsitzenden Eugène Tisserant (1884–1972), der in den Jahren 1904/5 an der École biblique studiert hatte, und ihrem Sekretär Vosté, ebenfalls Eleve der École biblique, Lagranges Richtung in der katholischen

34 H. de Lubac, Meine Schriften im Rückblick, Einsiedeln / Freiburg 1996, 332.

35 D. Zähringer, P. Athanasius Miller von Beuron: BenM 25 (1949) 384–386, hier 384.

36 Vgl. B. Montagnes, Marie-Joseph Lagrange 317–340; L.-H. Vincent, Le père Marie Joseph Lagrange, 332–336.

Exegese zum Sieg führte. Das gelang, wie wir noch im einzelnen sehen werden, nicht zuletzt dadurch, daß sich der Wind im Päpstlichen Bibelinstitut drehte. Denn Professor für Altes Testament und Foncks Nachfolger im Rektorat dieses Hauses sollte Augustin Bea (1881–1968) werden. Bea war gleichen Alters wie P. Athanasius und stammte aus dem Dorf Riedböhringen in der Baar (zwischen Schwarzwald und Bodensee).[37] Er wird uns noch oft begegnen.

Unser wissensdurstiger Alttestamentler nutzte die anderthalb Jahre im Heiligen Land jedoch nicht nur zu gelehrten Studien und Vorlesungen an Lagranges Schule, sondern vor allem zu Exkursionen und Reisen. Dabei sammelte er Ausstellungsstücke und Anschauungsmaterial für seine Vorlesungen, die später den Grundstock eines kleinen Bibelmuseums in seinem Heimatkloster bildeten. Seine Photographien stellte er zu einer Lichtbilderserie für den Religionsunterricht zusammen.[38] Die Erläuterung zum letzten Bild, das eine Karawane in der Steppe zeigt, beginnt er mit der lakonischen Feststellung: „Das Reisen gehört im Orient, in dem weg- und wasserlosen Lande, nicht gerade zu den größten Annehmlichkeiten.“[39]

Von einer der Exkursionen, die offenbar im Herbst 1910 stattfand, berichtet P. Athanasius, wieder in den St. Benedikts-Stimmen, in Fortsetzungen.[40] Sie dauerte zehn Tage und wurde professionell organisiert von der École biblique unter der Führung von P. Félix-Marie Abel OP (1878–1953). Abel gehörte zur ersten Generation der Schüler Lagranges. Er schrieb grundlegende Werke zur Geographie und Geschichte Palästinas, dazu eine ausgezeichnete Grammatik des Bibelgriechischen, und arbeitete als Archäologe zusammen mit Louis-Hugues Vincent. Einen kompetenteren Führer hätte man damals kaum finden können. Die Teilnehmer waren bunt gemischt:

---

37 Vgl. M. Buchmüller (Hg.), Augustin Kardinal Bea; Stjepan Schmidt, Augustin Bea.

38 Erläuterungen zu 126 ausgewählten Lichtbildern für den Religionsunterricht, Stuttgart 1921.

39 Ebd. 47.

40 A. Miller, Auf Pfaden der Vorzeit: SBSt 38 (1914) 47–55. 94–103. 162–168. Als Abfassungsort ist Beuron angegeben.

Deutsche, Engländer und Franzosen, Italiener, Belgier und Amerikaner. Die Rundtour führte von Jerusalem über Hebron und Beerscheba nach Gaza. Der Bericht darüber ist wie immer lebendig und anschaulich. Im ersten Teil geht es hauptsächlich um die berühmte Abrahamseiche im Tal Mamre und den heiligen Bezirk, den eine Mauer von riesigen Quadersteinen umgibt, „die reinste Zyklopenmauer“.[41] Die Steine stammen sicher aus herodianischer Zeit, wovon unser Reisender aber noch nichts zu wissen scheint. Natürlich bleibt auch die Höhle von Machpela mit den Patriarchengräbern nicht unerwähnt, die seit den Tagen Saladins verschlossen und unzugänglich ist.[42] Hier sei nur ein kleiner Zwischenfall angeführt, der am Fuß des Karmel von Juda, bei einem berühmten Wasserreservoir aus römischer Zeit spielt:[43]

> Bei unserer Ankunft auf dem Karmel hatten wir gleich ein unliebsames, aber für den Orient recht charakteristisches Begegnis. Kaum hatten wir uns zu kurzer Mittagsrast niedergelassen, als Ibrahim [das erfahrene Faktotum der Karawane] ein großes Geschrei erhob. Eines unserer Tiere war abhanden gekommen. Alles Suchen und Rufen war vergebens. Die vielen Hirten, die bei ihren Herden an der Quelle lagerten, schauten so unschuldig drein, daß es unmöglich schien, bösen Verdacht zu schöpfen. Aber Ibrahim kennt seine Leute. Er packt den nächsten besten und prügelt ihn tüchtig durch. Alles Schreien und alle Unschuldsbeteuerungen helfen ihm nichts. Ibrahim hat kein Mitleid. Das ist einmal im Reich des Halbmonds das übliche Rechtsverfahren und es führt zum Ziel! Heulend weist der Gemaßregelte auf einen seiner Kameraden, der eben die Bergeshöhe hinansteigt. Nun geht's auf den los! Dieselbe Prozedur! Wiederum großes Geschrei und Geheul der geprügelten Unschuld. Aber vergebens. Ibrahim will sein Tier haben. Da deutet der Hirte nach einer kleinen Höhle auf halber Bergeshöhe und siehe, dort findet sich das Tier an einem großen Steine festgebunden.[44]

---

41 Ebd. 48.
42 Vgl. O. Keel / M. Küchler, Orte und Landschaften der Bibel, 688–696.
43 Vgl. ebd. 754.
44 A. Miller, Auf Pfaden der Vorzeit, 99.

In Hebron wird das Zelt der Karawane von drei türkischen Soldaten beschützt, ebenso in Beerscheba. Hier bleibt man zwei Tage, und die Teilnehmer der Exkursion werden vom türkischen Gouverneur sogar zur üblichen Limonade und zum Kaffee eingeladen. P. Abel benützt den Aufenthalt, um nach alten Inschriften zu fahnden, die in den Ruinen aus byzantinischer Zeit gefunden worden waren. „Er konnte jedoch keine Auskunft mehr über die Denkmäler erhalten. Die Marmortafeln waren bereits ‚amtlich' nach Jerusalem gewandert, um in der dortigen türkischen Altertumssammlung einen Platz zu finden. In Wirklichkeit wurden sie aber unter der Hand von den Beamten verkauft und der Fund kam wie gewöhnlich nicht dem Museum, sondern den Taschen seiner Wächter zugute."[45]

45 Ebd. 162.

LEKTOR IN BEURON UND ZWEITER ORIENTAUFENTHALT

Zu Beginn des Wintersemesters, im Oktober 1911, trat P. Athanasius das Amt des Lektors an der Theologischen Hochschule seines Heimatklosters an, zunächst als Dozent für die Einleitung in das Alte Testament, ab 1914 auch für die Exegese.

Die Theologische Hochschule Beuron hatte eine längere Vorgeschichte, die bereits im Jahr 1866 beginnt. Zur eigentlichen Gründung kam es jedoch erst 1887. Dazu verlegte man man die theologische Schule von Seckau nach Beuron. Für das philosophische und theologische Studium wurden ab jetzt fünf Jahre vorgeschrieben. Stärker als bisher sollte die *Summa Theologiae* des Hl. Thomas von Aquin berücksichtigt werden und die lateinische Sprache als Unterrichtssprache mehr zur Geltung kommen. Die Vorlesungen begannen für acht „Kleriker", wie in der benediktinischen Klostersprache die studierenden Mönche heißen. 1894 wurde ein neuer Studienplan aufgestellt und die Studienzeit um ein Jahr verlängert. Der Stundenplan sah vor, daß kein Kleriker mehr als 13 Wochenstunden Unterricht haben sollte und nie zwei Stunden unmittelbar aufeinander folgten. Ab 1898 wurde die Philosophie von Beuron weg nach Maria Laach verlegt. 1901 erreichte die Zahl der Kleriker mit 39 den Höchststand vor dem 1. Weltkrieg. Klagen über Mißstände gab es immer wieder. 1910 leisteten sämtliche Lektoren den Antimodernisteneid, selbstverständlich auch der im Jahr darauf ernannte Lektor P. Athanasius Miller.

Ein Wendepunkt in der Geschichte der Hochschule trat nach dem Krieg im Jahr 1919 ein. Das Beuroner Klerikat erhielt jetzt eine eigene Tagesordnung, so daß mehr Zeit für das Studium blieb. Vorlesungen gab es nur vormittags, die Nachmittage waren für Seminare und das Studium auf der Zelle vorgesehen. Der Donnerstag war ganz frei von Vorlesungen. Im selben Jahr wurde ein eigener Bau für die Hochschule errichtet, der Westtrakt des

Klosters, mit zwei Auditorien, einer Bibliothek, Studierzimmern und einer Klerikatskapelle, also einer eigenen Kapelle für die Studierenden. Sie dient heute als Archiv der Beuroner Kunstschule. Da der Unterrichtsbetrieb noch sehr schulmäßig war, forderte die Äbtekonferenz 1923, daß die Kleriker mehr Anleitung zum selbständigen Arbeiten und Denken erhalten sollten. Es wurde auch viel musiziert, gedichtet, Theater gespielt und gelegentlich gemalt. Die Höchstzahl von Studierenden wurde im Studienjahr 1935/36 erreicht: 56 Kleriker. Auch in anderen Orden, etwa bei den Jesuiten, war die Zeit zwischen den beiden Weltkriegen durch eine starke Zunahme der Eintritte gekennzeichnet. Nach dem 2. Weltkrieg mußte man wieder klein anfangen. Dafür schickten jetzt auch die bayrischen und österreichischen Benediktinerkongregationen ihre Mönche zum Studium nach Beuron. Doch im Jahr 1962 hatte die Hochschule nur noch 29 Studierende und fünf Jahre später wurde sie in den Ruhestand versetzt, in dem sie bis heute verharrt.[1] Auch diese Entwicklung ist für alle klassischen Orden typisch.

Dem neuen Lektor für das Alte Testament wurde im Jahr nach seinem Amtsantritt bereits das Amt des Klerikerpräfekten anvertraut. Damit war er neben seinem Amt als Professor der Obere für alle studierenden Mönche und hatte sich auch um ihr Studium zu kümmern. Das tat er mit großem Ernst und Pflichtgefühl. Einer seiner damaligen Schüler war sein späterer Nachfolger und Kollege in Beuron, P. Johannes Schildenberger (1896–1990). Ihm ist eine Anekdote aus dieser Zeit zu verdanken. Bei der Einführung in die Predigt habe P. Athanasius einmal gesagt: „Manche Prediger stellen den Himmel so dar, daß man gar nicht rein möchte.“ Das habe man von seinen eigenen Predigten nicht sagen können. Die seien immer wie er selber gewesen: „lebendig und religiös“.[2] Beispiele werden wir noch kennenlernen.

---

1 Ausführlich zur Geschichte der Studien und der Hochschule in Beuron: P. Drutmar Helmecke, Die theologische Schule der Beuroner Kongration, in: Beuron 1863–1963, 441–472.

2 Das berichtete P. Schildenberger bei einer Gedenkfeier zum 100. Geburtstag von P. Athanasius in Wolfartsweiler nach einem Bericht in der Schwäbischen Zeitung vom 10. November 1981.

1914 ergab sich eine weitere Gelegenheit für einen Orientaufenhalt. P. Athanasius begleitete den Abt von Gerleve, Raphael Molitor, einen gebürtigen Sigmaringer, nach Jerusalem zur Visitation des Klosters auf dem Sionsberg. Bei dieser Gelegenheit bereiste er auch Syrien und Ägypten. Wieder zeigten sich die Früchte in einer Reihe von Aufsätzen, die sich dieses Mal vor allem mit der biblischen Landwirtschaft befassen: mit dem Regen, dem Tau und dem Pflügen im Lande der Bibel, mit dem Säen und Ernten, mit Hirten und ihren Herden. Dabei bezieht er sich durchweg auf eigene Beobachtungen und Erlebnisse. Eines davon sei zitiert:

> In dem wilden, nicht ungefährlichen Wadi Zerka Main hatte ich mich an einem heißen Nachmittag mit einem Halbbeduinen aus Madeba [der von P. Zephyrin Biever aufgebauten Siedlung] eben an einer der warmen Quellen niedergelassen. Kaum war der Mundvorrat für ein bescheidenes Mittagsmahl ausgepackt und zurecht gelegt, da drängte sich auch schon eine jugendliche Hirtengestalt durch das dichte, blumenprangende Oleandergebüsch. Mit einem kurzen, herzlichen Arabergruß setzte er sich neben uns und harrte mit unnachahmlicher Würde und Geduld auf seinen Anteil. Er hatte aber auch seine Kameraden ringsum im wilden Gebirgstal durch Pfiffe verständigt, daß wieder mal ein guter Bissen zu erhaschen sei, und bald erschienen noch weitere Genossen seines ehrbaren Standes. Es war köstlich anzusehen, mit welchem Appetit die biedern Steppenführer die frisch gebackenen Brotfladen und die große, saftreiche Wassermelone verzehrten.[3]

Mit der Landwirtschaft war P. Athanasius von Kind auf vertraut, und die ganz anderen klimatischen und praktischen Bedingungen, wie sie im Heiligen Land herrschten, beobachtete er mit Interesse und Kennerauge. In der Schilderung bewährte sich wieder seine stilistische Meisterschaft. So schreibt er über den Tau:

3 A. Miller, Ich bin der gute Hirt: SBSt 41 (1917) 312–320. 346–352, hier 348f.

Die Monate Juli und teilweise August ausgenommen, fällt der Tau im Heiligen Lande in der Regel Nacht für Nacht und zwar so reichlich, als ob ein ergiebiger Regenschauer die Erde benetzt hätte. Gideon drückte das während der Nacht vom Tau befeuchtete Wollvließ aus und füllte damit eine Schale voll mit Wasser (Ri 6,38). Der Bräutigam im Hohenliede, der die Nacht im Freien zugebracht, spricht beim Morgengrauen zur Braut: „Tue mir auf, meine Schwester, denn mein Haupt ist voll Tau, meine Locken voll von nächtlichen Tropfen“ (Hld 5,2). Das Tauen im Gebirge zur Sommerszeit bietet ein geheimnisvolles, prächtiges Schauspiel dar. Da das Land selbst im Sommer über keine nennenswerte Feuchtigkeit verfügt, so bilden die Vorbedingungen zum Tauen die feuchten Westwinde vom Meere her. Schon gegen Abend häufen sich am westlichen Horizont Wolken an, die dann während der Nacht bei anhaltendem Winde ostwärts ziehen. Haben sie das Gebirge erreicht, so senken sie sich leise zur Erde, lösen sich in flüchtige Nebel auf, die nach allen Richtungen den Boden bestreichen und in Millionen perlender Tautropfen ihre kostbare, belebende Feuchtigkeit abgeben. Wie nach den Wolken des sehnsüchtig erwarteten Früh- und Spätregens, schaut der palästinensische Landmann zur heißen Sommerszeit nach diesen geheimnisvollen Tauwolken am westlichen Abendhimmel aus.[4]

Ebenso anschaulich handelt er in einem Aufsatz über die Bodenkultur Palästinas, wie sie sich im Gleichnis vom Sämann (Mk 4,3–8) widerspiegelt. Der Leser des Gleichnisses wundert sich vielleicht, daß beim Einsäen des Feldes Saatgut auf den Weg fällt, wo es von den Vögeln aufgepickt wird. Bei der Erläuterung dieses Sachverhalts benutzt der Autor wieder ein eigenes Erlebnis bei einer Exkursion:

In Palästina wird der Same in der Regel auf das ungepflügte Erdreich gestreut; dann erst kommt der Pflug und ackert den Samen unter den Boden. Wie sieht nun so ein ungepflügtes Ackerfeld, auf das der Same gestreut wird, oftmals aus? Erstlich kann es vorkommen, daß verschie-

4 A. Miller, Der Tau im Lande der Bibel: SBSt 40 (1916) 424–427, hier 425.

dene Wege quer über das Feld führen. In Palästina gibt es kein gesetzlich geregeltes System von Straßen und Feldwegen. Außer den paar Straßen, die das Land durchziehen und die allerwichtigsten Orte miteinander verbinden, ist das übrige Wegsystem gegeben durch etwaige trockene Talläufe, durch Mauern, welche Weinberge und Ländereien umsäumen, und dazwischen dem Wanderer einen Weg gestatten, im übrigen aber ganz durch die Willkür der Menschen. Jeder schafft sich selbst nach Belieben und Bedarf seine Wege; ob diese durch ertragfähiges Land führen, ist einerlei. Manchmal arbeiten aber auch die Fellachen (Bauern) Wege, welche durch Gewohnheit zu Recht bestehen, um, und so ist der Wanderer in vielen Fällen schlechthin genötigt, die Felder nach allen Richtungen zu durchqueren. Dies geschieht ohne jede Rücksicht, wenn sie abgeerntet sind. Aber auch zu anderen Jahreszeiten nimmt man unbekümmert um die Saaten seinen Weg über die Felder. Auf einer archäologischen Tagestour besuchte unser Trupp – etwa zwölf Pferde und einige Maultiere – eine östlich von Ramallah gelegene Ruinenstätte. Mehrere Stunden konnten wir die bequeme Landstraße nach Nablus benützen; dann aber hieß es landeinwärts, um das gesuchte Ziel zu erreichen. Anfangs bemühte sich unser Führer, seinem europäischen Empfinden Rechnung zu tragen und den bereits reifen Getreidefeldern auszuweichen. Schließlich ging es aber doch nicht mehr und so setzte denn der ganze Zug über die reifen Kornfelder weg. Die Fellachen waren eben mit der Ernte beschäftigt und ich fürchtete mit Recht, daß es einen ungemütlichen Streit absetzen werde. Allein nicht einer machte böse Miene; im Gegenteil, in herkömmlicher, naiver Weise frugen sie nach dem „Wohin und Woher“ und hatten sogar die Freundlichkeit, über weitere Kornfelder hinweg uns den Weg ans Ziel zu weisen.[5]

Zu den erwähnten Aufsatzthemen kommt die Frage der Behausung in einem Artikel über das arabische Zelt und und einem über das Wohnhaus im Lande der Bibel. Daran schließt sich noch der schon referierte Aufsatz über den Stall von Bethlehem an und ein weiterer über den Aufenthalt und

5 A. Miller, „Es ging aus der Säemann seinen Samen zu säen.“: SBSt 41 (1917) 117–121.

Als Sanitäter im 1. Weltkrieg in Karlsruhe
(P. Athanasius in der hinteren Reihe links außen).

die Reisen des hl. Hieronymus im Lande der Bibel. Diese immer noch lesenswerten kurzen Aufsätze erschienen alle in den Jahren von 1916 bis 1920.

Im August 1914 brach der erste Weltkrieg aus. Pater Athanasius wird als Sanitäter eingezogen und arbeitet vom 18. September bis zum 8. Dezember im Reservelazarett V der Spezialabteilung für Hautkrankheiten in Karlsruhe. Der vorgesetzte Arzt bedauert seinen Weggang sehr und stellt ihm folgendes Zeugnis aus:

> Herr Pater Athanasius Miller aus Beuron ... hat mit großem Eifer und Schaffensfreude sich freiwillig der Pflege der Verwundeten und Kran-

ken gewidmet, war stets und zu allem gerne hilfsbereit, so daß er sich in kurzer Zeit, besonders auch dank seiner Geschicklichkeit bei allen Hilfeleistungen, die Sympathien und den Dank der Verwundeten und des Pflegepersonals erwarb.

Doch im Juli des folgenden Jahres erlitt er einen vollständigen Nervenzusammenbruch. Er hatte sich offenbar doch zuviel zugemutet. Zur Genesung schickte man ihn nach Rottenmünster in Rottweil (Vinzenz-von-Paul-Hospital). Dort mußte er sich verschiedenen Kuren unterziehen, erholte sich aber nur sehr langsam. In dieser Zeit, als er, wie er selbst sagt, „nichts Gescheites mehr tun konnte", hat er sich durch die Niederschrift der Geschichte von den sieben Schwaben und ihrer Reise ins Kloster, die er einst seinem schwermütigen Kollegen in Maria Laach erzählt hatte, sozusagen selbst kuriert.[6]

Als der Kranke wieder soweit hergestellt war, kehrte er als Lazarettpfarrer nach Karlsruhe zurück. Von Beuron mußten 94 Brüder und 12 Kleriker ihren Kriegsdienst ableisten. In Beuron selbst wurde ein von eigenen Kräften betreutes Lazarett eingerichtet. Einige Gräber auf dem Soldatenfriedhof am Berghang Richtung Fridingen zeugen noch davon. P. Athanasius erhielt für seinen Einsatz als Sanitäter und Lazarettpfarrer am Ende die Verdienstmedaille. Erst im Januar 1919 konnte er den Unterricht in Beuron wieder aufnehmen. Bereits im Jahr darauf erschien seine deutsche Übersetzung der Psalmen, die ihm schnell den Namen „Psalmen-Miller" eintrug. Auf diese Übersetzung und ihre Bedeutung gehen wir in einem eigenen Kapitel ein.

Nach den Psalmen erschien 1921 die Erzählung von den sieben Schwaben, zunächst in acht Fortsetzungen im „Katholischen Sonntagsblatt", im folgenden Jahr dann als Broschüre im Duodez-Format (10 auf 15 cm) im Verlag „Deutsches Volksblatt" in der Reihe „Deutsche Dichter". Die Broschüre enthielt erstmals Zeichnungen. Sie wurden für die folgende, sehr schön aufgemachte zweite Auflage von 1925 neu und besser gefaßt. Vermutlich stammen sie von dem alten Freund des Autors, dem Bildhauer und

6 Vgl. M. Schwäble, Die sieben Schwaben 6.

Deutsche Dichter.

Schwäble

2738

Die sieben Schwaben oder Die Reise ins Kloster

Eine abenteuerliche Geschichte

Erzählt von M. Schwäble

d. D. oct k 2738

Stuttgart

Verlag Deutsches Volksblatt A.-G.

1922.

Titelblatt der broschierten Erstausgabe der „Sieben Schwaben“ von 1922
und Buchillustration „Der Gondelschwab“.

Schnitzer Othmar Merkle, der ja selbst zu den Sieben gehört hatte und noch wußte, wie sie ausgesehen hatten.[7]

Bereits im Vorwort der ersten Auflage hieß es: „Manche der freundlichen Leser haben angefragt, ob die Geschichte der sieben Schwaben Wahrheit oder Dichtung sei? Ihnen kann der Erzähler versichern, daß die Schilderungen auf voller Wahrheit beruhen, wenn auch der eine oder andere Zug etwas freier dargestellt ist.“ Gegen die Bezeichnung als Dichtung

7 Ein schönes Lebensbild dieses Sonderlings, der zeichnen konnte, aber vor allem Bildhauer und Schnitzer war, ist im Anhang der Ausgabe der „Sieben Schwaben“ im Beuroner Kunstverlag (S. 87–96) zu finden.

protestiert er auch im neuen Vorwort zur vierten Auflage, die 1950 erschien, und meint dann: „Wenn sie schon nicht ganz der Wahrheit entspricht, so nur, weil mancher Zug weggelassen ist, den – wie der Redakteur des ersten Druckes im Schwäbischen Sonntagsblatt schrieb – ‚etliche schwache Seelen' nicht vertragen würden." Diese Mißlichkeit repariert der Autor aber erst in der 1957 publizierten fünften Auflage, zu der Erzabt Benedikt Reetz sein Imprimatur gab. Dieser Erzabt war dem Autor besonders verbunden. Als Gastwirtssohn aus der Eifel begann er sein Studium in Sant'Anselmo im selben Jahr, als P. Athanasius dort seine Professur aufnahm.

PROFESSOR IN SANT'ANSELMO

1922 konnte Abtprimas Fidelis von Stotzingen P. Athanasius, der gerade das Schwabenalter erreicht hatte, als Professor für Altes Testament nach Sant'Anselmo berufen. Er hatte ihn wohl noch von seinem Philosophiestudium in Maria Laach her in Erinnerung, und sein Wirken in Beuron und seine Arbeit an den Psalmen mußten ihn zusätzlich empfehlen. Und sein Vertrauen wurde nicht enttäuscht. Der neue Professor wurde bald zum beliebtesten Lehrer an der Hochschule. Dazu trug nicht nur sein breites Fachwissen bei, sondern auch seine abwechslungsreiche Vortragsweise und sein Humor. Er würzte seine Vorlesungen mit Anekdoten und anschaulichen Einzelheiten über das Heilige Land, das er bereits gut kennengelernt hatte. Seinen Lehrstuhl behielt er bis zum Jahr 1949, als er Sekretär der Päpstlichen Bibelkommission wurde. Ein schönes Zeugnis über den Lehrer steht in der Totenchronik, die wohl sein ehemaliger Hörer Erzabt Benedikt Reetz verfaßt hat:

> Unvergessen sind seine Vorlesungen geblieben, von denen jede in ihrer Art ein Meisterstück war. Sein Hörsaal war immer bis zum letzten Platz besetzt. Sein Vortrag war einfach, voller Phantasie; auch die trockensten Berichte des Alten Testamentes bekamen durch sein Wort Leben. Wer P. Athanasius erlebt, gehört, beobachtet hat, wenn er zum Beispiel den Tod des Königs Eglon von Moab durch die Hand des Richters Aod [= Ehud] (Richter 3) schilderte, dem wird der Lehrer der hl. Bibelwissenschaften fest in der Erinnerung geblieben sein.

Vom Betrieb an einer Hochschule muß man sich auch einmal erholen. Dazu sind die Semesterferien da. Für die Erholung in den Sommer- und Herbstmonaten hat sich der neue Professor von Anfang an neben Besuchen in der Heimat die Schweiz mit ihren schönen Benediktinerklöstern ausgesucht. Unter ihnen war natürlich auch jenes, mit dem schon seine Mutter verbunden war. In einem Brief an seinen Neffen Max vom Anfang November 1923 – das Wintersemester hatte gerade begonnen – berichtet er:

> Ich war einen Monat in der Schweiz: Einsiedeln – Engelberg. Es ging mir aber nicht sehr gut. In Einsiedeln hatte ich schlechtes Wetter, dazu ein böses Geschwür. In Engelberg versagte mir in der gewaltigen Höhe Herz und Atem, so daß ich totmüde in die Niederungen des Vierwaldstädter Sees flüchten mußte. Hier in Rom geht es mir wieder ganz gut, obwohl ich recht achtgeben muß. Doch hab ich dieses Jahr wieder viele Hörer aber wenig Stunden, so daß ich mich schonen kann. Das Kolleg ist wieder voll besetzt und auch viele Auswärtige: Mercedarier, Konventualen, Redemptoristen, Salesianer, Kleriker aller Art.[1]

Sein erster Schweizer Urlaub ist ihm also „glänzend verkracht, obwohl es mir an nichts gefehlt hätte. ... Hoffentlich die letzte Dummheit in meinem Leben!“[2] Die Schweiz wird jedenfalls weiterhin sein Urlaubsland bleiben. Freilich sind diese Urlaubsaufenthalte immer auch mit Studien in den Bibliotheken und in späteren Jahren mit der Betreuung von Doktoranden verbunden. Dazu kamen „Konferenzen“, das heißt: Vorträge vor Klosterkonventen, Exerzitienkurse und „geschäftliche“ Aufträge, die nie näher genannt werden.

Daß dieser Lehrer auch einen Blick für die „Weltverhältnisse“ und die Politik hatte, beweisen gelegentliche Bemerkungen in seinen Briefen. So liest man in dem Brief vom Anfang November 1923: „Hier in Italien ist politisch alles in dulci jubilo, aber weniger als je ist dem Signor Mussolini zu trauen.“[3] Mussolini war Ende Oktober des Vorjahres zum Ministerpräsidenten ernannt worden. In einem weiteren Brief vom Ende desselben Monats liest man: „Wenn auch die Not der Zeit gross ist, wenn wir nur immer durchkommen und dabei Zufriedenheit und Gottvertrauen lernen, dann wird schon alles wieder recht werden.“[4] Diese Haltung mag uns naiv erscheinen, aber der Psalmen-Miller hat sie aus den Psalmen gelernt und bis

1 Brief an Max Miller vom 5.11.23.
2 Brief an Max Miller vom 27.11.1923.
3 Brief an Max Miller vom 5.11.1923.
4 Brief an Max Miller vom 27.11.1923.

zum Schluß bewahrt. Unmittelbar danach folgen im Brief wieder persönliche Angelegeheiten:

> Ich habe hier auch nicht das Paradies, schon deshalb nicht, weil dieses Jahr meine Nerven wieder stark spucken [sic!]. Ich kann augenblicklich nicht einmal Unterricht halten, sondern habe einen Teil meiner Vorlesungen an meinen Collegen abgetreten. Hoffentlich wird's bis Weihnachten besser. Gib nur recht auf deine Nerven acht, denn ich sage Dir, die Miserien sind gross und noch grösser der Zeitverlust.

Den Zusammenbruch von 1915 hat er wohl immer noch nicht ganz überwunden, ja er sollte ihn, wenn wir Erzabt Benedikt Reetz glauben dürfen, nie ganz überwinden.[5] Das Thema der gesundheitlichen Leiden taucht in den Briefen immer wieder auf. Dabei war der Psalmen-Miller alles andere als wehleidig. So schreibt er fünf Jahre später, kurz vor Weihnachten 1927, in einem Brief an seinen gleichnamigen Neffen:

> Mein Schuljahr hat schlimm begonnen. Voller Hoffnung ging ich nach Rom, da ich mich in den Ferien ordentlich erholt hatte. Am 7. Nov. gab ich die erste Stunde und am 9. musste ich für 5 Wochen das Krankenzimmer beziehen, aus dem ich letzten Sonntag entlassen wurde, um mich hier [in San Carlo, Frascati] noch einige Tage zu erholen. Meine Krankheit bestand zwar nur im „Wochendüpel". Er ist aber hier in Italien viel schlimmer, da er gern durch den Leib wandert, was bei mir auch geschah. Nun bin ich wieder frei und danke Gott für beides: die Krankheit und die Genesung. Da die Geschichte ansteckend ist, war ich die ganze Zeit von aller Welt abgeschlossen. ...
>
> Ich habe es in dieser Krankheit wieder mehr denn je eingesehen, wie thöricht [sic!] wir sind, wenn wir das geistliche Leben bei unserem Arbeiten und Studieren, so gut und löblich dies ist, vernachlässigen. Und leider ertappt man sich selbst im Kloster immer wieder auf dieser falschen Fährte.

---

5 So Erzabt B. Reetz in seinem Nachruf vom 28.4.1963 S. 2.

Im Hinblick auf das anstehende Fest fügt er noch hinzu:

> Wie gern würde ich wieder mal ein deutsches Weihnachten daheim feiern. Rom bietet dem Gemüte auch gar nichts! Und wenn wir in St. Anselm wenigstens nicht [gemeint ist: nicht wenigstens] die reiche Liturgie von Beuron hätten, wär's sogar fransig. An solchen Tagen merkt man am besten, wie Natur und Menschen zusammen gehören. Freilich, Beruf und Pflicht müssen besonders bei einem Ordensmann über Stimmungen gehen![6]

Daß ihm das Weihnachtsfest besonders lieb war, ist nicht nur eine deutsche Eigenart oder Sentimentalität. Das zeigen die bereits zitierten und referierten Aufsätze. An Weihnachten feiern wir das Herzstück des christlichen Glaubens. Trotzdem bleibt Ostern das christliche Hauptfest. Denn erst von Ostern her war das Weihnachtsgeheimnis überhaupt erkennbar. Das weiß der Ordensmann sehr wohl. Für ihn gehen Beruf und Pflicht über Stimmungen.

Ein deutscher Professor in Rom hat freilich nicht nur Lehrverpflichtungen; er muß auch immer wieder den Fremdenführer machen. Im Brief vom 10. April 1927 teilt er seinem Neffen mit: „Ich muß jetzt gerade wieder die Württemberger Herrschaften von Altshausen führen...". Gemeint ist Philipp Albrecht Herzog von Württemberg (1893–1975) und seine Frau. „Auch sonst ist augenblicklich das Schwabenland wieder sehr stark in Rom vertreten. An allen Ecken und Enden läuft man an welche hin und wenn nicht – wird man überlaufen". Es war Osterzeit. Da stand eine schwäbische Pilgergruppe ratlos herum und sieht einen Pater des Wegs kommen. Es war eben unser P. Athanasius, und einer aus der Gruppe nimmt seinen ganzen Mut und seine ganze Bildung zusammen und fragt ihn: „Ubi escht via ad Sanctum Petrum?" Die Antwort lautete: „Do gangat'r grad do num und noch links, noch sehet'r s glei."[7]

6 Brief an Max Miller vom 14.12.1927.

7 Mündliche Überlieferung von P. Albert Schmidt.

Grabstein für Pfarrer Anton Frey von Friedberg.

In einem Brief vom Mai des Folgejahrs (1928) geht es um den Pfarrer von Friedberg, das heute wie Wolfartsweiler ein Teilort von Bad Saulgau ist. Die Kirchengemeinde Wolfartsweiler war eine Filiale von Friedberg; der Pfarrer von Friedberg hatte also beide Gemeinden zu betreuen. Seinerzeit war dieser Pfarrer Anton Frey (1865–1949). Er amtierte von 1891 bis 1937 und lebte danach im Ruhestand im Pfarrhaus von Wolfartsweiler. In den beiden Vorjahren hatte er P. Athanasius zum Friedberger Fest am Fest Schmerzen Mariäe (15. September) zu Predigten eingeladen.[8] Jetzt will er nach Rom kommen:

8 Vgl. Brief an Max Miller vom 22.6.1927.

Eines Tages kam ein Brief von ihm, ich möchte ihm auch den Plan einer Rom- und Italienreise entwerfen und entsprechende Winke dazu geben, und kurz darauf kam er wirklich selbst. Ich war bei seiner unverkennbaren Eigenheit gespannt, wie es ihm in Italien und besonders Rom gefallen würde. Es hat ihm nun aber so gefallen, dass er bereits nächstes Jahr wiederkommen will! Ich habe ihm freilich jeden freien Augenblick gewidmet. Von Saulgau aus schrieb er mir noch einmal: alles sei schön gewesen in Italien, aber über Rom gehe nichts! In gewissem Sinn hat er Recht.

Der Brief fährt dann fort mit einer Begebenheit aus Politik und Kirche:

Augenblicklich tagt in Rom das grosse „Mädchen Sport- und Turnfest". Der heilige Vater [Pius XI.] scheint sehr spät von der Sache vernommen zu haben; hat aber dann gleich einen gesalzenen Brief dagegen erlassen. Der Brief hat eingeschlagen. Einmal unterblieben die von ihm am meisten gerügten Übungen mit Gewehr (!); ferner hat ihn auch der Himmel unterstützt, denn das Wetter ist geradezu trostlos wie im Januar! Wie ich nachträglich höre, darf der Brief ausserhalb Italiens nicht veröffentlicht werden. Ich hab ihn mir aber gut aufgehoben. Kannst ihn später mal lesen; denn er kommt unter diesen Umständen sicher auch nicht in den Acta Apostolicae Sedis![9]

Mit letzterer Annahme hat sich P. Athanasius getäuscht. Der Brief erschien noch im selben Jahr in den Acta Apostolicae Sedis.[10]

Rom gilt in der katholischen Welt als Zentrum für alle kirchlichen Nachrichten. So erkundigt man sich im Jahr 1926, als ein neuer Bischof für Rottenburg bestellt werden soll, bei P. Athanasius, wer es denn sei, und bittet ihn, den Namen gleich zu telegraphieren, wenn er bekannt würde. Das teilt er seinem Neffen in einem Brief vom 16. Dezember 1926 mit. Der neue Bischof wurde dann im März des folgenden Jahres gewählt und vom Papst

9 Brief an Max Miller vom 8.5.1928.

10 Vgl. AAS 20 (1928) 135–137. Doch ob man *diesen* Brief „gesalzen" nennen kann?

bestätigt. Es war der Weihbischof Dr. Joannes Baptista Sproll (1870–1949). Wir werden ihm noch begegnen.

„Ich gelte scheints hier als „der ‚Weichensteller der göttlichen Vorsehung',“ heißt es dann weiter im Brief. Er habe zwei ernstgemeinte Gesuche erhalten, das eine, ob er nicht jemandem zur Mitra verhelfen könne, wenigstens als Titular- oder Weihbischof, das andere, ob er ihn nicht zum Monsignore vorschlagen wolle. Jetzt trage er mit noch mehr Erfahrung das Thema Kohelets vor: Vanitas vanitatum et omnia vanitas! („Eitelkeit der Eitelkeiten und alles ist Eitelkeit!“) Dieses biblische Buch behandelt er nämlich in der Vorlesung, zu der sich „auch ein Württemberger Theologe“ als Hörer angemeldet habe. Das scheint im damaligen Rom eine Seltenheit zu sein.

Die Semesterferien in Sant'Anselmo begannen Mitte Juli und dauerten bis Anfang November. P. Athanasius verbrachte sie gewöhnlich zunächst in Schweizer Benediktinerklöstern, vor allem in Engelberg, Einsiedeln, Pfäffikon und Disentis mit ihren Klosterschulen, und anschließend im Schwabenland. Im Kloster Beuron wurde er vom Konvent jedesmal erwartet und freudig begrüßt, denn er brachte etwas Abwechslung und nahm auch Seelsorgsarbeiten ab. Außerdem organisierte er für die Mitbrüder in jedem Jahr einen Ausflug.[11] Im Herbst 1926 leitete er in Beuron eine Werkwoche für Quickborner zum Thema „Schriftlesung“. Die Quickborner waren eine katholische Jugendbewegung, für die Romano Guardini damals eine bestimmende Gestalt war.[12] Die Teilnehmer waren begeistert, weil ihnen die religiöse Bedeutung des Alten Testaments nahegebracht wurde. Aus seinen Vorträgen wollte der Leiter der Werkwoche eine Artikelserie machen, aber dazu ist es offenbar nicht gekommen.[13]

In der Beuroner Chronik für das Jahr 1927 ist festgehalten: „Während seines Ferienaufenthalts erfreute uns R. P. Athanasius mit einem Lichtbil-

---

11 Mündliche Mitteilung von Alterzabt Hieronymus Nitz.

12 Vgl. H.-B. Gerl, Romano Guardini 1885–1968. Leben und Werk, Mainz ^{2}1985, 155–193. Ebd. 179 auch zu den „Werkwochen“.

13 Brief an Max Miller vom 16.12.1926. Er zitiert das Echo eines Tübinger Studenten.

Familienbild vor dem Wohnhaus um 1930. Rechter Hand von P. Athanasius sein ältester Bruder Johann Baptist (1863–1932).

dervortrag über Palästina." Von seinen Reisen hatte er viele Bilder mitgebracht, die seine lebhaften Erzählungen veranschaulichen halfen. Solche Bilder waren damals noch eine Rarität. Daraus wurden auch zwei Publikationen mit 126 bzw. 825 Lichtbildern für den Religionsunterricht.[14] Im Jahr darauf notiert die Chronik: „R. P. Athanasius hielt uns einige sehr interessante Lichtbildervorträge über die Beduinen." Er pflegte seine Diavorträge also ein wenig thematisch zu ordnen.

Im Juli desselben Jahres machte er eine Ferienreise durch die bayrischen Klöster, zu der er seinen Neffen einlud. „Ich fahre am 29. Juni direkt nach München und dann S. Ottilien, Ettal, Scheyern u.s.w. ... Nachher geh ich wieder bis Mitte August nach Wangen. Das ist mein Ferienplan, so Gott will."[15] Hier taucht in seiner Korrespondenz zum erstenmal das Stichwort

14 Sie erschienen 1921 und 1924 im Benziger Verlag Stuttgart.
15 Brief an Max Miller vom 10.4.1927.

Wangen auf. Gemeint ist das Wangener Krankenhaus, das im Laufe der Jahre zu einem vertrauten Ort für den Dauerpatienten wird. Nebenher konnte er noch als Seelsorger für die dortigen Schwestern, Vinzentinerinnen, wirken. Durch seine Vermittlung erhielten auch andere Mitbrüder seines Klosters diese seelsorgerliche Aufgabe und konnten die Zeit im schönen Allgäu als eine Art Urlaub nützen; denn Urlaub für Mönche gab es damals noch nicht.

„1929 durchreiste er längere Zeit Spanien zum Studium der arabisch-spanischen Kultur", heißt es in der Beuroner Totenchronik. Näheres darüber war nicht zu erfahren. In den Jahren 1925/26 und 1929/30 verwaltete P. Athanasius in Sant'Anselmo auch das Amt des Infirmars, also des Krankenwärters. Dieses Amt erhielt er wohl aufgrund seiner Erfahrungen als Sanitäter im ersten Weltkrieg. Als Infirmar stand er im Oktober 1942 auch P. Anselm Stolz in seiner letzten Krankheit, Typhus, bei. Zusammen mit einem Bruder wachte er bei dem Sterbenden die ganze Nacht über.[16]

Abgesehen von einer Reihe von Aufsätzen hat P. Athanasius nur wenige selbständige, im eigentlichen Sinn wissenschaftliche Publikationen aufzuweisen. Es sind im wesentlichen drei Kommentare in der Reihe der Bonner Bibel: zum Hohen Lied (1927) und zu den Büchern Tobias (Tobit) und Judith (1940). Darin erweist sich der Verfasser als kundiger, konservativ-kritischer Exeget.

Nehmen wir den Kommentar zum Hohenlied als Beispiel. Dieses biblische Buch gilt sowohl der jüdischen als auch der christlichen Tradition nur in einer allegorischen Deutung als heilige Schrift, indem man es auf die Liebe zwischen Gott und seinem Volk oder, christlich gewendet, auf die Liebe zwischen Christus und seiner Kirche oder auf die Liebe einer frommen Seele zu Christus bezieht. Diese Arten der höheren Deutung werden auf protestantischer Seite seit der Aufklärungszeit abgelehnt. Heute versteht man das Hohelied auch unter katholischen Exegeten meistens

16 Vgl. P. Engelbert OSB, Sant'Anselmo 126. 141.

als schlichte Verherrlichung der erotisch-sexuellen Liebe zwischen Mann und Frau oder Braut und Bräutigam. Diese Deutung nennt P. Athanasius die „naturalistische Erklärung“. Sie werde in vielen Varianten geboten: „Von edler, zarter Auffassung, selbst mit Betonung ethischer Momente (‚Treue‘, ‚Monogamie‘, ‚Recht der gottgewollten Natur‘) steigt die Linie hinab bis zu den schmutzigsten Tiefen gemeinster Erotik und obszönster Sinnlichkeit.“[17] Er selbst sieht den Befund so:

> Lesen wir das Hohe Lied unbefangen, so ist klar, daß es sich dem Wortlaut nach um die Beschreibung einer rein natürlichen, wenn auch höchst idealen, bräutlich-ehelichen Liebe handelt. Freilich ist damit von vornherein noch nicht entschieden, ob diese Beschreibung Selbstzweck ist oder nur die Unterlage bildet für eine höhere Idee. In sich betrachtet ist sie indes so gehalten, daß sie nicht notwendig eine höhere Deutung verlangt.[18]

Für ihn entscheiden in dieser Frage einfach die Tradition und das Lehramt: „Beide bezeugen uns, daß der natürliche Wortlaut des Hohen Liedes nur den greifbaren, sinnfälligen Ausdruck darstellt für eine *höhere, geistige, religiöse* Idee.“[19] Das ist, wie mir scheint, durchaus richtig. Autoren, die auch heute noch für die Berechtigung einer höheren Deutung eintreten, weisen darauf hin, daß jeder Text einem Kontext entstammt und im Laufe der Zeit im Licht immer neuer Kontexte gelesen wird. Von seinem jeweiligen Sitz im Leben her empfängt er möglicherweise einen Sinn, den der ursprüngliche Verfasser gar nicht ins Auge gefaßt hatte oder fassen konnte. Das geschieht im Fall der Bibel dadurch, daß die einzelnen Texte im Rahmen des Kanons stehen und in der kirchlichen Liturgie vorgelesen und gehört werden. Als Hochzeitslieder oder bloße Liebeslieder wären sie heute noch so interessant und bekannt wie die ägyptischen Harfnerlieder oder Catulls und Ovids entsprechende Lyrik. P. Athanasius behandelt des-

17 A. Miller O.S.B., Das Hohe Lied, Bonn 1927, 5.
18 Ebd. 5.
19 Ebd. 6.

halb im Haupttext seines Kommentars den Sinn, den diese Liebeslieder bei unbefangener Lektüre haben, läßt aber am Ende der Seite jeweils eine eigene, auf der Tradition basierende Erklärung des höheren Sinns in Kursivdruck mitlaufen. Ähnlich wird es noch 25 Jahre später Augustin Bea in seinem Kurzkommentar machen.[20]

20 Vgl. A. Bea, Canticum Canticorum, Romae 1953.

DER PSALMEN-MILLER

„Wer kennt nicht den ‚Psalmen-Miller'?" Diese rhetorische Frage stellt der Verfasser eines Artikels in der Schwäbischen Zeitung vom 25. September 1957. Die Psalmenübersetzung, die ihm diesen Namen eintrug, erschien erstmals in zwei Bändchen im Jahr 1920. Es war eine zweisprachige Ausgabe der Psalmen, auf der linken Seite der lateinische Text, auf der rechten seine eigene deutsche Übersetzung. Dazu kamen eine Einführung und knappe, aber erhellende Erläuterungen in Form von Fußnoten. Zur besseren Orientierung der Leser erhält jeder Psalm eine Überschrift und wird in Abschnitte eingeteilt, die ihrerseits mit kleingedruckten Überschriften versehen sind. So wird der Hauptgedanke und der Gedankengang jedes Psalms verdeutlicht.

Die Hauptsache war freilich die Übersetzung. Der Übersetzer bemühte sich um eine allgemein verständliche, zugleich aber rhythmische und poetische Sprache. Vor allem in der Wortstellung nimmt er sich gewisse Freiheiten heraus, die gewöhnlich aber dazu dienen, die Betonung richtig zu setzen. So heißt es zu Beginn von Ps 22 (23) nicht: „Der HERR ist mein Hirt" (Einheitsübersetzung), sondern: „Mein Hirte ist der Herr". In Ps 33 (34),3 lesen wir nicht wie in der Einheitsübersetzung: „Meine Seele rühme sich des HERRN", sondern: „Im Herrn sich meine Seele rühme". So steht es in der endgültigen Ausgabe von 1949; in der ersten Auflage hatte es noch geheißen: „Im Herrn will ich mich rühmen."

Daß Sprache und Ton richtig getroffen waren, zeigte sich in dem großen Erfolg dieser Ausgabe. In den ersten drei Jahren wurden zehn Auflagen nötig. Zahlreiche deutsche Brevierausgaben druckten ihren Text ab. Der rührige Pius Parsch (1884–1954), der viel für die liturgische Bewegung getan und einen Verlag aufgebaut hat mit eigener Druckerei, entschied sich in seinem „Wochenpsalter des Römischen Breviers" für die Übersetzung des Psalmen-Millers, da sie Wissenschaft mit Frömmigkeit verbin-

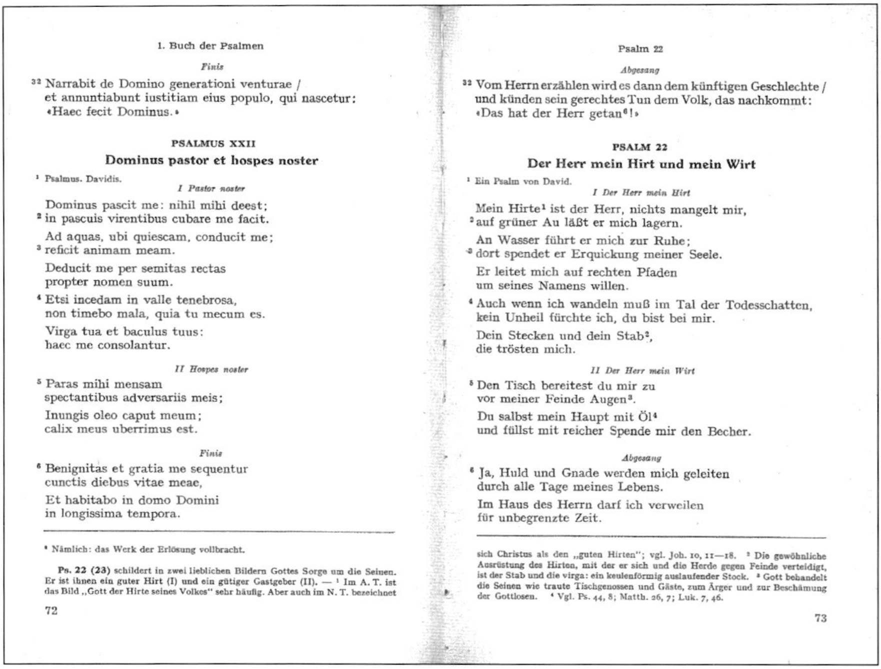

1. Buch der Psalmen

Finis

32 Narrabit de Domino generationi venturae /
et annuntiabunt iustitiam eius populo, qui nascetur:
«Haec fecit Dominus.[a]»

PSALMUS XXII

Dominus pastor et hospes noster

1 Psalmus. Davidis.

I Pastor noster

Dominus pascit me: nihil mihi deest;
2 in pascuis virentibus cubare me facit.

Ad aquas, ubi quiescam, conducit me;
3 reficit animam meam.

Deducit me per semitas rectas
propter nomen suum.

4 Etsi incedam in valle tenebrosa,
non timebo mala, quia tu mecum es.

Virga tua et baculus tuus:
haec me consolantur.

II Hospes noster

5 Paras mihi mensam
spectantibus adversariis meis;

Inungis oleo caput meum;
calix meus uberrimus est.

Finis

6 Benignitas et gratia me sequentur
cunctis diebus vitae meae,

Et habitabo in domo Domini
in longissima tempora.

[a] Nämlich: das Werk der Erlösung vollbracht.

Ps. 22 (23) schildert in zwei lieblichen Bildern Gottes Sorge um die Seinen. Er ist ihnen ein guter Hirt (I) und ein gütiger Gastgeber (II). — [1] Im A. T. ist das Bild „Gott der Hirte seines Volkes" sehr häufig. Aber auch im N. T. bezeichnet

72

Psalm 22

Abgesang

32 Vom Herrn erzählen wird es dann dem künftigen Geschlechte /
und künden sein gerechtes Tun dem Volk, das nachkommt:
«Das hat der Herr getan[a]!»

PSALM 22

Der Herr mein Hirt und mein Wirt

1 Ein Psalm von David.

I Der Herr mein Hirt

Mein Hirte[1] ist der Herr, nichts mangelt mir,
2 auf grüner Au läßt er mich lagern.

An Wasser führt er mich zur Ruhe;
3 dort spendet er Erquickung meiner Seele.

Er leitet mich auf rechten Pfaden
um seines Namens willen.

4 Auch wenn ich wandeln muß im Tal der Todesschatten,
kein Unheil fürchte ich, du bist bei mir.

Dein Stecken und dein Stab[2],
die trösten mich.

II Der Herr mein Wirt

5 Den Tisch bereitest du mir zu
vor meiner Feinde Augen[3].

Du salbst mein Haupt mit Öl[4]
und füllst mit reicher Spende mir den Becher.

Abgesang

6 Ja, Huld und Gnade werden mich geleiten
durch alle Tage meines Lebens.

Im Haus des Herrn darf ich verweilen
für unbegrenzte Zeit.

sich Christus als den „guten Hirten"; vgl. Joh. 10, 11—18. [2] Die gewöhnliche Ausrüstung des Hirten, mit der er sich und die Herde gegen Feinde verteidigt, ist der Stab und die virga: ein keulenförmig auslaufender Stock. [3] Gott behandelt die Seinen wie traute Tischgenossen und Gäste, zum Ärger und zur Beschämung der Gottlosen. [4] Vgl. Ps. 44, 8; Matth. 26, 7; Luk. 7, 46.

73

Psalmenübersetzung in der 15. Auflage.

de.[1] Auch das „Gesang- und Andachtsbuch für das Bistum Rottenburg", das Bischof Dr. Carl Joseph Leiprecht 1949 im Schwabenverlag Stuttgart herausgab, entschied sich für diese Übersetzung (nach der 11. Auflage 1937). Man muß wohl sagen, daß sie „mehrere Jahrzehnte hindurch im deutschen Sprachraum die meistbenützte war".[2]

1 Der Wochenpsalter des Römischen Breviers. Lateinisch-deutscher Text, hg. von Pius Parsch, Klosterneuburg bei Wien 1936, 5.

2 D. Zähringer, Der Beitrag Beurons zur liturgischen Erneuerung, in: Beuron 1863–1963, 337–357, hier 344.

Als Beispiel für die Gestaltung sei Psalm 22 (23) abgedruckt. Benützt ist allerdings nicht die Erstauflage, sondern die erst nach dem Zweiten Weltkrieg erschienene 15. Auflage.

Vergleicht man den Text dieser letzten Bearbeitung mit dem der Erstausgabe, so findet man fast in jedem Vers Verbesserungen. Der letzte Satz des Psalms lautete in der Erstausgabe: „Im Hause Jahwes darf ich weilen / die Fülle meiner Tage." Die problemlose und häufige Verwendung des Gottesnamens „Jahwe" in den ersten Auflagen ist auffällig. In dem kurzen Psalm 28 (29) begegnet er 16 mal! In der letzten Bearbeitung ist er ganz verschwunden. Das entspricht wieder der alten Tradition sowohl des Judentums als auch des Christentums, diesen Namen aus Ehrfurcht nicht auszusprechen und stattdessen mit „HERR" oder „der HERR" zu umschreiben. Ganz zu Recht ersetzt der Psalmen-Miller in Ps 23 Luthers „finsteres Tal" durch das „Tal der Todesschatten". Denn in dem entsprechenden hebräischen Wort steckt in der Tat das Wort für Tod. Deshalb war schon in der Übersetzung des Hieronymus vom „Todestal" die Rede.

Hier ist nicht der Ort, um die poetischen Qualitäten dieser Übersetzung zu rühmen. Es seien nur noch zwei kurze Beispiele angeführt: zunächst der Beginn jenes Psalms, in dem sich Christus am Kreuz wiederfand, Ps 21 (22):

Mein Gott, mein Gott, was hast du mich verlassen,
bleibst ferne meinen Bitten, meinen Klagen?
Mein Gott, am Tage rufe ich, doch hörst du nicht,
und nachts – du achtest meiner nicht.

Und im Kontrast dazu der begeisterte Aufgesang zu Psalm 103 (104):

Den Herrn lobpreise, meine Seele!
wie bist du, Herr, mein Gott, gewaltig groß!

Mit Pracht und Hoheit bist du angetan,
und wie in ein Gewand in Licht gehüllt.

Die Übersetzer der Einheitsübersetzung hätten dieses Werk ruhig zu Rate ziehen können, dann wäre ihre eigene Version besser geworden. Zum

Erfolg dieser Psalmenausgabe trug freilich auch die Reihe bei, in der sie erschien: *Ecclesia orans* „Die betende Kirche". Ihr Herausgeber war der wohl bekannteste Abt von Maria Laach, Ildefons Herwegen (1874–1946). Er trat 1895 als Mönch in Maria Laach ein und nahm dann den üblichen Verlauf der Studien: zuerst die Philosophie in Maria Laach, dann die Theologie in Beuron. Nach der Priesterweihe war er noch ein Jahr in Sant'Anselmo. 1913 wurde er zum Abt gewählt, weil sein Vorgänger, Fidelis von Stotzingen, Abtprimas in Sant'Anselmo geworden war. Er gehörte zu den Begründern der liturgischen Bewegung und warb wie Pius Parsch für eine stärkere innere und äußere Teilnahme der Gläubigen an den Gottesdiensten.[3] Bald war sein Name weit über die Klosterkreise, ja kirchliche Kreise hinaus bekannt.

Die von ihm herausgegebene Reihe war nicht als wissenschaftliche Reihe gedacht, sondern richtete sich mit allgemein interessierenden Themen an die Gebildeten unter den Frommen. Als erstes Bändchen erschien 1918 jenes Büchlein, mit dem Romano Guardini berühmt wurde: „Vom Geist der Liturgie". Zwei Jahre darauf legte P. Athanasius seine Psalmenausgabe als viertes und fünftes Bändchen vor. Die dem ersten Bändchen beigegebene „Einführung in die Psalmen" erschien bereits 1924 stark erweitert als eigenes Bändchen von 242 Seiten. Sie ist vor allem für die Brevierbeter gedacht, hat aber allgemeine Bedeutung. Der lateinische Psalmentext mit Übersetzung wurde jetzt in einem Band zusammengefaßt, so daß die Reihenzählung der *Ecclesia orans* gewahrt blieb.

P. Athanasius hatte an seiner Übersetzung wohl schon lange gearbeitet. Zu seiner Zeit beteten die Mönche von Beuron im Stundengebet jede Woche den gesamten Psalter. Heute ist man zu einem zweiwöchigen Rythmus übergegangen. Der „Psalmen-Miller" nahm es sein Leben lang genau mit den Psalmen. Er wollte sie mit ganzer Zustimmung und Inbrunst beten. Das ist, wie jeder Beter und Kenner der Psalmen weiß, nicht mit allen Psalmen

3 Näheres zur liturgischen Bewegung bei: W. Haunerland, Liturgische Bewegung in der katholischen Kirche im 20. Jahrhundert, in: Geschichte der Liturgie in den Kirchen des Westens (hg. von J. Bärsch u.a.), Bd. 2, Münster 2018, 165–205.

ganz leicht. Man muß sich in die Psalmen hineinleben, doch zum vollen Verständnis gehört ein ziemlich umfangreiches Wissen. Dieses Wissen will die Einführung vermitteln.

Besonderen Anstoß bereiten bis heute die sogenannten Fluchpsalmen. Schon 1915 veröffentlichte P. Athanasius in den St. Benedikts-Stimmen einen bemerkenswerten Aufsatz zu ihrer Erklärung.[4] Weitere Studien folgten. Im Nachlaß fand sich das maschinengetippte Manuskript eines Vortrags aus dem Jahr 1952: „Vox Christi in Psalmis" (Die Stimme Christi in den Psalmen). Diesen Vortrag bezeichnet er selbst als „die Krone" all seiner Arbeiten und Studien über die Psalmen. Doch vier Jahre später hielt er am Päpstlichen Bibelinstitut noch einen Vortrag: „Die Psalmen in christlicher Schau", der ebenfalls unpubliziert blieb. Dieser Vortrag muß wohl als die reifste Frucht seiner Psalmenstudien gelten.

Die „Einführung in die Psalmen" ist heute vergessen, obwohl sie immer noch lesenswert ist und manches enthält, was man in den heute üblichen Einführungswerken vermißt. So bietet sie etwa ein eigenes Kapitel über „Die Psalmen und ihre Heimat". Darin ist anschaulich zusammengestellt, wie sich die natürlichen und kulturellen Gegebenheiten des Heiligen Landes in den Psalmen widerspiegeln. Hier sei nur der Abschnitt über Wege zitiert:

> Im alten Palästina gab es wenig Wege, und es ist hierin auch bis heute kaum anders geworden. Vielfach dienen und dienten die ausgetrockneten Flußläufe als Pfade, die freilich meist derart mit Geröll verschüttet und während der Regenzeit, soweit überhaupt noch benutzbar, so schlüpferig sind, daß sie oft nur mit Gefahr begangen werden können (Psalm 34,6; 90,11f.). Noch weniger finden sich Wege in der Steppe oder Wüste. Da sind es fast nur ausgetretene Kamelpfade oder Talläufe, die die ungefähre Richtung weisen (Psalm 106,4. 40). Daher verdient denn auch die Wohltat eines ebenen, bequemen Pfades (Psalm 5,9; 26,11) oder einer Straße besondere Erwähnung. Straßen wurden in alter Zeit

4 Athanasius Miller, Zur Erklärung der Fluchpsalmen: SBSt 39 (1915) 187–194.

jedoch nur für Könige und große Herren angelegt (Psalm 67,5). Darum ist in den Psalmen auch so oft die Rede von Wegen, die ins Verderben führen (Psalm 1,6; 48,14f.), von Wegen, auf denen bei allen Gefahren der Natur auch noch böse Menschen lauern (Psalm 139,6; 141,4f.). Daher das schöne Bild von den beiden Wegen (Psalm 1) und die so oft wiederkehrende Bitte des Gerechten, Gott möge ihm den rechten Pfad durch das dürre und gefahrvolle Steppenland menschlicher Verirrung und Sünde zeigen und ebnen (Psalm 24, 4; 66,3; 142,8).[5]

Gerade in diesem Kapitel sind natürlich die Erfahrungen aus den Orientreisen eingeflossen. Es folgt ein entsprechendes Kapitel über Elemente des alttestamentlichen Kultus, auf die in den Psalmen Bezug genommen wird. Es schließt mit folgender Beobachtung:

> Der Orientale besitzt von Natur eine tief religiöse Veranlagung. Überall sucht und findet er Gott, oder wenigstens ein übernatürliches, übersinnliches Geschehen. Alles kommt von Gott, Gutes wie Schlimmes. Gott ist der Spender aller Gaben; er hat alles erschaffen, vom Menschen bis zum Gräslein auf den Bergen; er erhält alles, und zu ihm kehrt alles, was Odem hat, wieder zurück. Mit ihm gelingt alles, ohne ihn nichts. Überall ist er tätig, in allen Schickungen und Fügungen ist er geheimnisvoll dabei, wenn es der Tor auch nicht begreift und spricht: „Es gibt keinen Gott". Wer ein aufmerksames Auge hat, wird finden, daß auch dieser Zug orientalischer Veranlagung durch den ganzen Psalter geht.[6]

In dieser Hinsicht ist P. Athanasius selbst ein „Orientale". Denn was er hier so anschaulich beschreibt, ist seine eigene, tiefe Überzeugung, wie wir noch an Beispielen sehen werden. In seiner Einführung in die Psalmen folgt ein Kapitel über die Geschichte Israels und wie sie sich in den Psalmen spiegelt. Das längste Kapitel dieser Einführung ist naturgemäß der Theologie der Psalmen gewidmet. Darin weist der Autor darauf hin, daß der Orientale

---

5 A. Miller, Die Psalmen. Einführung in deren Geschichte, Geist und liturgische Verwendung (Ecclesia orans 4), Freiburg i.B. 1924, 53.

6 Ebd. 93.

Abstrakta vermeidet und da mit konkreten Vorstellungen arbeitet, wo wir Abendländer Abstrakta gebrauchen. Und er führt ein schönes Beispiel an:

> Wir sagen z.B.: „Müßiggang ist aller Laster Anfang"; also drei abstrakte Begriffe. Der Orientale sagt: „Der Kopf des Trägen ist eine Werkstätte des Teufels", also lauter Konkreta.[7]

In diesem Kapitel kommt auch ausführlich das Problem zur Sprache, das die sogenannten Fluchpsalmen dem christlichen Beter oder der Beterin bieten. Daß sie „sozusagen ganz unter einem christlichen Niveau stehen"[8] und dem Gebot der Feindesliebe widersprechen, ist deutlich. Sollen wir sie also einfach als „rein natürliche, haßerfüllte Äußerungen, Entladungen eines tief gekränkten Gemütes" nehmen?[9] Das kann man durchaus, aber das genügt nicht, wenn man solche Texte als Christ beten soll. Andererseits stellt der Autor zu Recht heraus, daß sie einer großen Gottverbundenheit entspringen. Deshalb finden wir Derartiges auch beim Propheten Jeremia wieder (Jer 18,19–23). Der Autor sieht neben dem natürlichen Verständnis nur noch die Möglichkeit, ihnen durch eine übertragene Deutung einen christlichen Sinn zu geben.

Das wird am Ende seine eigentliche Lösung werden. In dem nachgelassenen Manuskript von 1952 empfiehlt er eine durchgehend christologische Deutung der Psalmen, wie sie bereits Augustinus gepflegt hat. Bei einer solchen Deutung könne man alle gehässigen Feindaussagen in den Psalmen als Aussagen Christi im Gebet vor seinem Vater verstehen oder als gegen seine Feinde gerichtet. Damit sieht P. Athanasius alle Schwierigkeiten beseitigt. „Christus ist ja der Richter über alles Geschaffene; es ist die Stimme des höchsten Richters, der Herz und Nieren erforscht und einem jeden vergilt nach seinen Werken."

---

7 Ebd. 161.

8 Diese Formulierung gebraucht P. Athanasius in dem nachgelassenen Manuskript „Vox Christi in Psalmis", 17.

9 A. Miller, Die Psalmen. Einführung, 163.

Aber ob diese Lösung wirklich befriedigt? Der gerechte Richter ist doch zugleich barmherzig. Auch das Verständnis der Fluchpsalmen als Schrei nach Gerechtigkeit aus dem Mund von Opfern ungerechter Gewalt und Unterdrückung wird nicht allen Befunden gerecht. Der Christ muß ja über den Standpunkt der Gerechtigkeit hinaus dazu kommen, erlittenes Unrecht nicht nur nicht zu vergelten oder Gott zur Vergeltung zu überlassen, sondern zu verzeihen. So ist der Schlußvers von Ps 136 (137) für christliches Gefühl einfach unerträglich, wenn man ihn wörtlich nehmen will. In der Übersetzung des Psalmen-Millers lautet er: „Gesegnet sei, wer deine Kindlein packt / und sie am Fels zerschmettert!“ Zum Verständnis bietet der Übersetzer folgende Anmerkung:

> Der Dichter redet hier nach den Normen des „Jus Talionis“ [Gleiches mit Gleichem vergelten], das in alter Zeit volle Geltung hatte. Dazu kommt, daß Jerusalem auch die heilige Wohnstatt Gottes und Sitz der wahren Religion ist, Momente, die seine Erregung aufs höchste steigern. So ist auch das Zerschmettern der unschuldigen Kindlein, das ebenfalls zum damaligen Kriegsrecht gehörte, zu beurteilen. (Vgl. auch Is 14,21.)

Diese Deutung des Psalmen-Millers macht die Sache meines Erachtens nicht besser und ist in keiner Weise befriedigend. Mir scheint, wir können zumindest in so anstößigen Fällen wie diesem auf allegorische Deutungen, wie sie die Kirchenväter für unsere Stelle vorgeschlagen haben, nicht verzichten. Diese Ansicht hat auch der Beuroner Mitbruder von P. Athanasius, P. Basilius Steidle, vertreten, in einem immer noch lesenswerten Aufsatz, der allerdings erst 1974 erschien.[10] Nach dieser Deutung denken wir bei den Kindern Babylons, die am Felsen zu zerschmettern sind, an jene üblen Gedanken und Haßgefühle in unserem eigenen Inneren, die der bekannte innere Schweinehund (= „Babylon“) ausbrütet. Solche Gedanken und Haßgefühle sollen wir „am Felsen“, das heißt: an Christus zerschmettern (vgl. 1 Kor 10,4). Mit diesem metaphorischen Verständnis kann auch ein Christ

10 B. Steidle, Vom Mut zum ganzen Psalm 137 (136): EuA 50 (1974) 21–36.

diesen Psalm andächtig beten. Im übrigen findet man gute Hinweise für den Umgang mit den entsprechenden Aussagen in dem schönen Büchlein über die Psalmen von C.S. Lewis. Auch er befürwortet übertragene, allegorische Deutungen.[11] Im Stundengebet werden die Fluchpsalmen und entsprechende Passagen heute im Brevier und in den Klöstern mit römischer Erlaubnis einfach weggelassen.[12] Das ist faktisch eine Entkanonisierung und kann nicht die Lösung des Problems sein.

Im Kapitel über die „praktischen Grundsätze für das Psalmenbeten" stellt der Psalmen-Miller als ersten Grundsatz auf: „Bete die Psalmen womöglich immer nach ihrem Literalsinn bzw. nach ihrem literalen Vollsinn."[13] Unter dem *Literal- oder Wortsinn* versteht er „jenen Sinn, der zunächst den Worten nach ihrer landläufigen Bedeutung unmittelbar unterliegt, das, was der Schriftsteller mit den betreffenden Worten sagen wollte".[14] Zum *literalen Vollsinn* rechnet er den vorbildlichen oder typischen Sinn, also jene Bedeutung, die eine alttestamentliche Aussage durch den Bezug auf Christus und christliche Sachverhalte erhält. So ist seiner Ansicht nach das Manna von Ps 77 (78), 24f auch als das Himmelsbrot der Eucharistie zu verstehen. Bei den sittlichen Weisungen des Psalms 23 (24) sei auch an die Anforderungen an einen Heiligen zu denken, der in den Himmel will, denn „der Tempel ist auch ein Vorbild des Himmels". Das Gericht über die Belagerer Jerusalems in Ps 45 (46) sei auch „vorbildlich für die endgültige Vernichtung der Feinde der Kirche am Ende der Zeiten".[15] „Jerusalem" oder „Sion" „stellen die Kirche im höheren Sinne dar, sei es in der Zeit des Kampfes und Ringens auf Erden, sei es als das ‚Himmels-Sion' oder ‚himmlische Jerusalem', je

11 C.S. Lewis, Reflections on the Psalms 1961. Deutsch: Das Gespräch mit Gott. Beten mit den Psalmen. Neu ins Deutsche übersetzt von Christian Rendel, Gießen 2016, 31–45.

12 Wie es dazu gekommen ist, berichtet E. Zenger, Ein Gott der Rache? Feindpsalmen verstehen, Freiburg i.B. 1994, 43–55.

13 A. Miller, Die Psalmen. Einführung 189.

14 Ebd. 189.

15 Ebd. 190f.

nach dem Inhalt der Stelle."[16] Und Ps 1 können wir direkt auf Christus beziehen, denn er ist der „Gerechte" schlechthin und die „Sonne der Gerechtigkeit". Dann wird der Baum zum Kreuzesbaum, „der uns die köstlichste aller Erlösungsfrüchte, die heiligste Eucharistie, gebracht hat."[17] Alle diese Deutungen sind durchaus traditionell. Daraus ergibt sich der zweite Grundsatz für das Psalmenbeten: „Bete die Psalmen als Kind der Kirche, als Glied am mystischen Leibe Christi."[18]

Aber sind wir mit solchen Deutungen nicht doch bei dem, was man traditionell allegorische Deutung nennt und unser Autor als *angewandten Sinn* oder *Akkomodation* bezeichnet? Darunter versteht er „die Verwendung oder Deutung der Worte einer Schriftstelle in einem Sinn, den der Schriftsteller überhaupt nicht beabsichtigte, oder der mit seinen Worten nur weitläufig in Beziehung steht".[19] Diese Art der Interpretation lehnt er ab. Wie aber soll diese Sinngebung, die von den Kirchenvätern bekanntlich eifrig betrieben wurde, von dem unterschieden werden, was der Psamen-Miller den *literalen Vollsinn* nennt und wofür die genannten Beispiele stehen? Mit diesem Problem ringt P. Athanasius in all seinen späteren Beiträgen, kommt aber zu keiner befriedigenden Lösung. Er vermeidet zwar peinlich das Wort „allegorisch" und lehnt allegorische Deutungen ab, aber viele seiner konkreten Beispiele für den „literalen Vollsinn" sind nichts anderes als traditionell allegorische Verstehensweisen.

Auch im folgenden Kapitel über die Verwendung der Psalmen in der Liturgie stößt er auf diese Prolematik und meint: „Immerhin sollten wir es uns bei der Psalmodie zur Regel machen, die Psalmen womöglichst in ihrem

16 Ebd. 195.

17 Ebd. 196f. Genau so deutet Maurus Wolter OSB in seinem großen Werk „Psallite sapienter. Psalliert weise! Erklärung der Psalmen im Geiste des betrachtenden Gebets und der Liturgie, Freiburg i.B. ^{3}1904, Bd. 1, 5f, allerdings unter der Überschrift „Liturgisch-mystische Anwendung". Vgl. auch: A. Miller, Das Psalmenwerk des Erzabtes Maurus Wolter, in: Maurus Wolter, dem Gründer von Beuron zum 100. Geburtstag, Beuron 1925, 99–110.

18 Ebd. 198.

19 Ebd. 189.

ursprünglichen Wortsinn bzw. in ihrem literalen Vollsinn zu beten. Beten wir nämlich die Psalmen nur im angewandten Sinn, so bedienen wir uns zwar äußerlich der Worte des Heiligen Geistes, entfernen uns aber innerlich von ihrem ursprünglichen Sinn und Geist." Diesen Sachverhalt verdeutlicht er am Beispiel von Ps 28 (29). Er wird bei der Taufwasserweihe verwendet.

> Diese Anwendung ist gut und treffend. Will man aber in die siebenmalige Wiederholung dieser Worte ‚die Stimme Gotttes...' die siebenfache Wirksamkeit des Heiligen Geistes in den sieben Sakramenten der Kirche hineinlegen, so bedarf das schon einer guten Phantasie. Und den Psalm immer in diesen oder ähnlichen Anwendungen beten, hieße die ursprüngliche Kraft dieses Liedes und den herrlichen Akt der Gottesverehrung, der in ihm liegt, völlig verkennen.[20]

Das ist sicher richtig, auch in ähnlichen Fällen, doch schwerlich wird man eine allgemeine Regel finden, mit der man bestimmen kann, wo der „literale Vollsinn" aufhört und die falsche Akkomodation (= Allegorese) anfängt. Das zugrundeliegende Problem steht für die Exegese bis heute im Raum, und es wird höchste Zeit, daß wir uns wieder damit befassen.[21] Aber wie immer man mit diesem Problem fertig wird, es bleibt bei der Einsicht, mit der diese Einführung in die Psalmen schließt: „So könnten uns die Psalmen auch heute noch in allen Lagen, in allen Schmerzen und Nöten zum erhabenen, tief empfundenen Ausdruck unsrer Gedanken und Affekte werden." Das gilt auf jeden Fall für P. Athanasius selbst, wie uns vielfach bezeugt ist. „Wenn es mehr als schwer geht", so bekannte er in seinen letzten Jahren öfter, „fällt mir ein Wort aus den Psalmen ein: Daran klammere ich mich fest!"[22]

1953 beteiligte sich P. Athanasius mit einem kurzen, aber gehaltvollen Aufsatz über die Frage: „Gibt es direkt messianische Psalmen?" an der

---

20 Ebd. 226.
21 Vgl. M. Reiser, Bibelkritik 99–152.
22 B. Schwank OSB, Zum Tode von P. Athanasius Miller: EuA 39 (1963) 251.

Festschrift für den gelehrten Orientalisten Bonaventura Ubach von Montserrat.[23] Er leitet ihn ein mit einem kleinen Loblied auf den Psalter:

> Unter allen Büchern der Heiligen Schrift des Alten Testamentes ist und bleibt der Heiligen Kirche immer noch das teuerste das Buch der Psalmen. Keines von allen wird von ihr so viel gebraucht wie eben der Psalter; keines ist von heiligen und gelehrten Männern so verherrlicht, so viel zitiert, kommentiert zu Nutzen der heiligen Wissenschaft und christlichen Frömmigkeit, keines so oft abgeschrieben, verbreitet und in alle Sprachen der Welt übertragen worden wie das Buch der Psalmen. Diese Tatsachen sind zugleich auch der beste Beweis für seinen inneren Gehalt, und kein Vernünftiger hat je gezweifelt, dass die von Gottes Geist gehauchten Lieder die beste und erhabenste Gebetsform darstellen, die es gibt, und die durch keine andere, menschliche je ersetzt werden könnte.

Er führt anschließend aus, daß die Mehrzahl aller katholischen Gelehrten die Psalmen 2, 16, 22, 45 und 72 einmütig als direkt messianisch bezeichnet hätten. „Indessen ist man heute auch im katholischen Lager dazu übergegangen, die Existenz direkt messianischer Psalmen überhaupt zu leugnen."[24] Er zeigt dann mit bemerkenswerten Argumenten auf, daß es sich zumindest für Psalm 110 schon vom Literalsinn her zweifellos um einen messianischen Psalm handelt. Von keinem Sterblichen heiße es in der Hl. Schrift, daß er zur Rechten Gottes sitze, und der Titel „Priester auf ewig nach der Ordnung Melchisedeks" passe auf keinen irdischen König. Diese Argumente haben immer noch Gewicht. Die Erklärung moderner Ausleger, es handle sich um typisch orientalische Übertreibungen, wirkt billig und wird den Aussagen dieses Psalms wohl kaum gerecht.

---

23 A. Miller, Gibt es direkt messianische Psalmen?, in: Miscellanea biblica B. Ubach, hg. von Dom. Romualdo M. Díaz, Montiserrati 1953, 201–209.

24 Ebd. 3.

„IM BANNKREIS DES EUPHRAT UND TIGRIS"

Die Jahre 1930/31 verbrachte P. Athanasius wieder im Heiligen Land. Er lehrte aushilfsweise am lateinischen Patriarchalseminar in Jerusalem, nutzte seine Zeit aber vor allem zu Reisen. Für die wichtigsten davon führte er ein Reisetagebuch, das er am 18. Januar 1931 abschloß. Demnach begann eine der Reisen Ende August 1930 in Beuron und führte zunächst nach München. Von dort ging es über Salzburg, Rom und Catania zum Piräus und nach Athen, dann nach Istanbul. Darauf führte die Reise entlang der Küste Kleinasiens nach Antiochien, Byblos und Baalbek. Am 12. September kam er in Damaskus an. Dort wohnte er im Jesuitenkolleg und zelebrierte in der Franziskanerkirche. Am 14. September ging es weiter nach Tabgha und dann in den Norden nach Caesarea Philippi und Banjas. Die nächsten Ziele waren Nazareth, Sepphoris, Betshean, Megiddo, Jaffa, der Karmel und Caesarea am Meer. Am 20. September erreichte er Jerusalem und besuchte am folgenden Tag das Heilige Grab. Es schlossen sich weitere Ausflüge an, und am 25.12.1930 feierte er zum drittenmal Weihnachten in Bethlehem. Diese Reisen waren zweifellos anstrengend, folgten aber offenkundig den üblichen touristischen Wegen und Zielen. Das Hauptziel aber war für P. Athanasius Mesopotamien.

> *Diese Reise* war schon längst ein sehnlicher Wunsch gewesen. Führt doch gerade die Betrachtung des Alten Testaments unaufhörlich in jene Länder, angefangen vom 1. Blatt der Genesis bis auf Christus (Proselyten am hl. Pfingstfest).[1] Schon während meines Aufenthaltes 1910/11 eilten meine Gedanken oftmals über die Steppenlandschaften Moabs und Syriens und Arabiens, um das jenseitige Land der zwei Ströme zu erhaschen. Aber damals ging eine solche Reise noch viel mehr denn heute über die Wünsche und Grenzen einer Orientfahrt hinaus. Benötigte man doch schon für einen notwendig geschäftlichen Besuch von Aleppo bis

1 Vgl. Apg 2,11.

Bagdad hin und zurück ca. 80 Tage und von Mosul bis Bagdad – ob zu Wasser oder Land – etwa 8 bis 12 Tage. An eine unmittelbare Durchquerung der arabischen Wüste dachte man damals noch nicht und konnte man auch nicht denken.

Mit diesen Bemerkungen beginnt die Einleitung des handschriftlichen Berichts über die Reise ins Zweistromland. Da hier die Schwierigkeiten einer solchen Reise zwanzig Jahre früher hervorgehoben werden, sei auf die entsprechende Reise eines Mannes hingewiesen, der sie damals doch unternahm und mit dem P. Athanasius später noch viel zu tun bekommen sollte: der spätere Kardinal Eugène Tisserant (1884–1972). Als Eleve der École biblique erhielt Tisserant von den dortigen Dominikanerpatres einen erfahrenen Reisebegleiter und stellte mit ihm eine kleine Karawane zusammen, zu der noch ein Diener gehörte. Als Packtier hatte man einen Esel, als Reittiere vier Pferde. Man brach am 4. Oktober 1911 von Jerusalem auf und wandte sich zunächst nach Norden. In Tripoli verkaufte man die Tiere, um mit der Eisenbahn Aleppo zu erreichen. Mit einer neuen Karawane ging es dann nach Mosul. Per Boot fuhr man den Tigris abwärts nach Bagdad. Von dort ging es schließlich durch die syrische Steppe nach Damaskus, wo der schwer erkrankte Dominikaner gesundgepflegt wurde. Am 10. Februar des Jahres 1912 war man dann wieder in Jerusalem.[2] Es ist nicht ohne Bedeutung, daß in den vierziger und fünfziger Jahren des 20. Jahrhunderts drei Schüler Lagranges und der École biblique in Rom zusammenkamen, nämlich Kardinal Tisserant, der belgische Dominikaner Vosté und P. Athanasius, und gemeinsam die Päpstliche Bibelkommission zu neuen Ufern führten.

Die Reise ins Zweistromland, die P. Athanasius unternahm, dauerte nicht vier Monate, wie die Tisserants, sondern nur 18 Tage, vom 17. Februar bis zum 7. März 1931. Sie erfolgte auch nicht mehr per Karawane, sondern hauptsächlich per Auto. P. Athanasius war begleitet von zwei Kollegen.

---

2 Vgl. É. Fouilloux, Eugène cardinal Tisserant 89–92.

Der Orientale P. Athanasius.

Der eine war sein Ordensbruder P. Benedikt Probst (1898–1973), Professor für Bibelwissenschaften und orientalische Sprachen in Salzburg, der andere Adolf Rücker (1880–1948), Priester und Inhaber des Lehrstuhls für die Kunde des christlichen Orients an der Universität Münster. Die Reise führte, wenigstens für P. Athanasius, von Jerusalem zunächst nach Damaskus, dann über Bagdad, Mosul und Aleppo wieder zurück, verlief also in genau umgekehrter Richtung wie die Tisserants. Zur Vorbereitung der Reise ließ er sich ausnahmsweise einen Bart wachsen, um so auch den Orthodoxen gegenüber würdiger auftreten zu können.

P. Athanasius hatte die Reise auch sonst sorgfältig vorbereitet. Im Nachlaß befindet sich ein eigenes Heft, gefüllt mit Daten zur altorientalischen Geschichte und mit genauen Plänen und Bildern zu den verschiedenen Ausgrabungsstätten. Gleich nach der Rückkehr in Jerusalem machte er sich an die Abfassung eines handschriftlichen *Reiseberichts*, den er bereits zwei Wochen später abschloß. Er enthält neben dem Bericht knappe Zusammenfassungen zur Geschichte und Bevölkerung, zur politischen und religiösen Situation in Syrien und in Irak, dazu Eindrücke und Bemerkungen aufgrund eigener Erfahrungen. Dieser Reisebericht diente seinerseits als Vorlage für eine *Publikation*. Sie erschien bereits im Jahr nach der Reise im „Deutschen Volksblatt" unter dem Titel „Im Bannkreis des Euphrat und Tigris. Reiseerinnerungen und Eindrücke aus Mesopotamien 1931", natürlich in Fortsetzungen.[3] Es ist die zweite autobiographische Erzählung aus der Feder des Autors. Diese Publikation ließ er sich privat als Büchlein binden und versah es mit Fotos. Die meisten davon hatte offenbar er selbst oder sein Reisebegleiter, P. Benedikt, gemacht. So ist diese 18-tägige Reise ausgezeichnet dokumentiert. Aus der Publikation soll im Folgenden ausführlich zitiert werden, da sie nur sehr schwer zugänglich ist. Gelegentlich ergänze ich diese Ausführungen aus den handschriftlichen Aufzeichnungen. Diesen sind auch die genauen Daten entnommen.

„Der gewöhnliche Orientale hält den europäischen Reisenden für einen Menschen von ungemessenem Reichtum und, da ihm der Zweck und die Lust des Reisens unverständlich sind, auch für einen Narren. Infolge davon drängt er sich an ihn im Gefühl einer berechtigten Forderung: Gib mir ein Bakschisch, weil du reich bist und mit einem großen Troß in der Welt umherfährst." So liest man es im Baedeker aus dem Jahr 1904.[4] Und so schildert es auch P. Athanasius. Am 17. Februar, dem Fastnachtsdienstag, brachen die beiden Ordensbrüder vom Sion in Jerusalem auf, zunächst nach Nazaret, das P. Benedikt noch einmal sehen wollte. Am Aschermittwoch mußte man erst um 10 Uhr weiter, „hatte also reichlich Zeit und Gelegenheit, den Ernst des Tages wenigstens einigermaßen zu begehen", wie es im Reisebericht heißt. Und da P. Benedikt das Ostjordanland noch nie gesehen hatte, fuhr man

3 Der erste Teil erschien am 30. April 1932, der letzte am 21. Mai desselben Jahres.

4 Palästina und Syrien nebst den Hauptrouten durch Mesopotamien und Babylonien. Handbuch für Reisende, hg. von K. Baedeker, Leipzig 1904, XXVI.

P. Athanasius und Adolf Rücker vor dem Steppenauto, einem Buick

nicht direkt nach Damaskus, sondern zunächst per Auto Richtung Süden nach Afula und von dort weiter mit der Bahn nach Damaskus.

Damaskus war 1920 vom Völkerbund unter französisches Mandat gestellt worden. Dort erwartete Professor Rücker die beiden. Man stieg diesmal nicht bei den Jesuiten, sondern im Hotel Damaskus-Palace ab – gemeint ist wohl das berühmte Orient Palace –, einfach weil es gut und preisgünstig sei. Am 19. Februar machte man nach der morgendlichen Messe einen Gang durch die Stadt und besuchte den frisch gewählten griechisch-orthodoxen Patriarchen Alexander III., der sie im Patriarchat „glänzend" empfing und sich bei Zigaretten und Kaffee lange mit ihnen unterhielt, denn er war gebildet und sprach gut französisch. Dann besichtigte man das von der Nairn-Linie gemietete Auto für die Steppenfahrt, einen sechssitzigen

Buick. Abends erlebten die drei noch eine Sympathiekundgebung für den neuen Patriarchen, denn in Tripolis hatte man einen Gegenkandidaten gewählt und gleich investiert.

Am nächsten Tag fuhr man gegen 9 Uhr los, um in 24 Stunden Bagdad zu erreichen. Bei Chan Abu Chamat trifft man auf den letzten syrisch-französischen Posten. Damit war man im *Irak*, der seit dem Ersten Weltkrieg unter britischem Mandat stand. Weil nicht nur die Weiten der Steppe gefährlich waren, sondern auch räuberische Beduinen, überwachten die beteiligten Regierungen auch den privaten Verkehr. „Wir hatten kaum unsere Pässe abgegeben, als auch schon zwei Steppenautos mit Maschinengewehren bewaffnet an uns vorbeisausten. Ebenso erwartete uns an der Grenze Iraks bereits ein mächtiges Militärauto, gleichfalls mit Maschinengewehren schweren Kalibers bewaffnet. Von Zeit zu Zeit streift auch ein Flugzeug die Strecke ab, um die Sicherheit der Reisenden zu garantieren."

Nach Chan Abu Chamat beginnt die eigentliche Steppenfahrt. „Eine solche Fahrt bedeutet das erste Mal ein Ereignis, ein Erlebnis; wiederholt mag sie zum Sterben langweilig werden. Die syrisch-arabische Steppe ist keine Sandwüste. Es ist ein hartes, riesenhaftes Brachfeld mit viel Gestein durchsetzt, durch das wir eilen. Da gerade der Winter vorbei ist, fehlt es auch nicht an spärlicher Vegetation, kleine niedliche Gras- und Kräuterbüschel da und dort zerstreut. Während die Kamele, auf ihren Wanderungen durch die Lande mit dem Auto vertraut, sich meist ruhig verhalten, jagen die Ziegen- und Schafherden jedesmal in wilder Flucht davon." Aber Weg und Leben verlieren sich bald, und es gibt „rein nichts mehr, das den Blick noch fesseln könnte" – außer einer Fata Morgana. Aber dieses Phänomen kannte P. Athanasius schon von früheren Reisen. Bei Chan Rutbah macht man eine Stunde Ruhepause, dann fährt man durch die Nacht, bis um 5 Uhr die Morgendämmerung anbricht. Schließlich sieht man in der Ferne einen weißen Wasserstreifen, umsäumt von weichem Grün: der Euphrat. Bei Ramadi geht es durch eine Paßkontrolle. Über eine Pontonbrücke gelangt man ans andere Ufer des Flusses. Um halbzehn erreicht man Bagdad an der Maude Bridge.

Bagdad wird von den Dreien als eine ganz andere, abgeschiedene Welt empfunden. Weder in Jerusalem noch in Haifa und Damaskus war es möglich gewesen, Auskunft über ein passendes Quartier für Bagdad zu erhalten. Man findet ein Haus „inmitten unabsehbarer Palmenwälder“. Einer der Reisebegleiter sucht den deutschen Konsul auf, und nach dem Mittagsschlaf steht dieser mit dem Auto vor dem Haus. So war das in jenen Zeiten, als derartige Reisende im Orient noch eine Seltenheit waren. Der Konsul war im übrigen der bedeutende Diplomat und Orientkenner Wilhelm Litten, der im Juli 1928 sein Amt angetreten hatte. Er war jetzt 50 Jahre alt und starb bereits im Jahr darauf in Bagdad. Unser Autor beschreibt ihn als „älteren, liebenswürdigen, bescheidenen Herrn“, der, obwohl Protestant, mit den Karmeliten in der Stadt gut bekannt war. Zu den Karmeliten fährt er die drei auch gleich hin. Ihr Kloster war damals die einzige lateinische Missionsstation in Bagdad. Ihre Gemeinde zählte 900 Mitglieder. In Jerusalem scheint man davon jedoch nichts gewußt zu haben. Die Karmeliter, in deren Kirche sie ohnehin ihre tägliche Messe lesen mußten, erkundigten sich nach ihrer Unterkunft und nötigten die kleine Reisegesellschaft umzuziehen und bei ihnen Quartier zu nehmen. Den Sonntagmorgen nutzten die Reisenden für einen Besuch im Christenviertel Bagdads.

> Das Christenviertel liegt im Nordosten der Stadt. Es ist entschieden der charakteristische Teil von Bagdad: feste Mauern, massive, solide Bauten, enge Gäßchen mit vielen zierlichen Erkerchen. Jede der verschiedenen christlichen Konfessionen bildet für sich gleichsam einen Festungsrayon mit starken Toren und weiten Innenhöfen. Die jahrhundertelangen Verfolgungen haben sie belehrt, sich auf diese Weise wenigstens in etwa gegen Mord und Brand zu verschanzen. Es ist Sonntag und heilige Stille herrscht überall. Der Gottesdienst der Lateiner ist sehr gut besucht. Frauen, ganz in ihre quadratischen, in leuchtenden Farben schillernden Mäntel gehüllt, und schwer mit Schmuck beladen, durchschreiten gravitätisch die Straßen. ... Ich muß sagen, ich habe dieses Christenviertel nicht ohne tiefe Rührung und Erbauung verlassen. Und ich frage mich,

was wäre in manchen Ländern des Westens vom Christentum übrig geblieben, wenn es so viele Jahrhunderte lang solchen Schwierigkeiten und solchen Verfolgungen ausgesetzt gewesen wäre, wie hier im fernen Osten.

Kurz vor Antritt seiner Reise hatte P. Athanasius in einer deutschen Zeitung die Nachricht von schweren Christenverfolgungen in Irak gelesen. Das sei natürlich „glatter Unsinn!"

Von einer eigentlichen Christenverfolgung kann heute in Irak nicht die Rede sein. Der greise Patriarch Emanuel Thomas ist Senator in der Regierung, und in allen Stellungen finden sich zahlreiche Christen und auch Katholiken. Missionare aller Konfessionen fahren zu halbem Preis auf den staatlichen Bahnen und Autos, ein Privileg, das auch uns zugute kam. Man kann in Irak höhstens von einer Art „liberalen Regierung" reden oder von verstecktem Kulturkampf, insofern die Regierung alle höheren Schulen in die Hand genommen und religionslos gemacht hat. Auch ist eine gewisse Zurücksetzung der Katholiken nicht zu verkennen. Aber das kommt auch in christlichen Ländern vor! Anderseits beteiligen sich klugerweise alle arabischen Christen an der großen nationalen Bewegung und nehmen so ihren muhamedanischen Gegenern die beste Waffe aus der Hand. Im übrigen vertrauen die Christen mehr auf Gott als auf Faschismus und England, das die religiöse Frage und damit natürlich auch den Schutz der Christen seinen politischen Zielen unterordnet.

Nach der heiligen Messe besuchte man das noch gar nicht voll eröffnete archäologische Museum Bagdads, geführt von dem bereits ernannten Direktor Julius Jordan (1877–1945), der ihnen all die „herrlichen Sachen" zeigte. Anschließend machte man in Begleitung eines Karmeliterpaters, der Araber war, Besuche, zunächst „beim chaldäischen Patriarchen Emmanuel Thomas II, eine ungemein ehrwürdige Gestalt mit 94 Jahren. Dann besuchten wir weitere syrische und chaldäische Bischöfe und Prälaten, überall herzlich empfangen. Diese Herren sagten nun natürlich alle ihren Gegenbesuch wenigstens durch Abordnungen an." Das ist orientalische Höflichkeit. Mit den „syrischen Bischöfen und Prälaten" sind die Würdenträger der syrisch-katholischen Kirche gemeint. „Chaldäer" nannten sich die mit Rom unierten Nestorianer. Zur Vielfalt der katholischen Konfessionen in Syrien bemerkt das Tagebuch der Reise: „Die Katholiken stehen ... nicht viel günstiger als unter den Türken, d.h. sie könnten es besser haben, wenn sie *einig* wären, aber da fehlt es an allen Ecken und Enden. ... Keiner gönnt dem anderen etwas und keiner traut dem anderen."

Zu Mittag waren die drei Professoren beim Konsul und seiner Frau eingeladen. Wilhelm Litten war Augenzeuge des Völkermords an den christlichen Armeniern in den Jahren 1916–1918 geworden. Von den damaligen Gräueln erzählte er den ergriffenen Zuhörern. „Er habe damals die türkische und deutsche Regierung darauf aufmerksam gemacht, aber ohne Erfolg." Die damalige Türkei war auf Seiten der Deutschen in den Krieg eingetreten. Littens Bericht an den deutschen Reichskanzler kann man heute leicht im Internet finden. Im Reisebericht urteilt P. Athanasius: „Das Ganze ist so himmelschreiend, daß diese Schuld niemals getilgt werden kann und eine Nation, die mit *dieser* verbündet war, mit in den Abgrund gerissen werden musste!" In der Publikation schreibt er von zweieinhalb Millionen vertriebener, geschändeter, gemordeter Christen, die aber nicht gestorben seien. „Ihre bleichen Gebeine, die, einem riesenhaften Leichenfeld gleich, in der mesopotamischen Ebene hingestreckt lagen, werden einmal auferstehen und gegen ihre Peiniger zeugen."

Vom Dach der Karmeliterkirche genießen die Reisenden eine umfassende Rundsicht über die ganze Stadt. Aber nicht ihretwegen waren sie hierhergekommen.

Weit mehr als die Stadt interessierte mich das Leben und Treiben am Tigris, dem Zwillingsbruder des Euphrat, seit Paradieseszeiten. Majestätisch, in raschem Lauf eilt der Strom dahin, im Gegensatz zu seinem trägen Bruder, dem Euphrat, umgeben auf beiden Seiten von prächtigen Palmenwäldern. Auch hier auf den Fluten des Stromes finden wir immer

Übergang über den Eufrat in der „Guffa"

wieder Bilder, die zeigen, daß der Orient im wesentlichen sich immer gleich bleibt. Zierliche Segler und Kähne schaukeln an uns vorbei. Sie haben genau noch die gleichen eleganten, hochgebogenen Vordersteven wie sie das bekannte Modell von Ur aus dem vierten vorchristlichen Jahrtausend zeigt. Und hier die „Guffa", das Hauptfahrzeug auf den beiden Strömen, ein riesiger, kreisrunder, gut verdichteter Korb, der schon in der allerältesten Schrift als Bildzeichen vorkommt.[5] Und dann das „keleke", ein großes Ziegenschlauchfloß, das gewaltige Lasten zu tragen vermag. Mit ihm haben die Großkönige von Babylon und Assyrien von jeher ihre Armeen über die beiden Ströme nach dem Westen gebracht.

5 Herodot beschreibt dieses Rundboot in den Historien I 194.

Am Morgen des 23. Februar startet das Trio zusammen mit zweien der Karmeliter auf eine Exkursion zu den Ruinen des alten Babylon. Im Auto fährt man zwischen den beiden Strömen Richtung Süden. Hier lag für die Teilnehmer „die Wiege der Menschheit“ und das Paradies, „dessen Überreste bis jetzt allerdings noch kein menschliches Auge entdeckt, dessen Wirklichkeit aber das Rauschen des Euphrat und Tigris verriet“. Dieses Land war im alten Orient „der Nährboden einer zahlreichen Bevölkerung, der Schauplatz einer großen Geschichte“. Jetzt aber war der weit größere Teil des alten Kulturbodens unbebaut, versandet, versumpft, versalzt oder lag als verbrannte Steppe brach. Der Grund dafür war das vernachlässigte Kanalsystem, ohne das eine Bewässerung des Landes nicht möglich ist, eines Landes, das nur sechs bis acht Regentage im Jahr kennt und ganz auf das Wasser der beiden Flüsse angewiesen ist.

Die große Stadt *Babylon* ist nur noch ein weites, ödes Ruinenfeld, nicht zu vergleichen mit dem Forum Romanum, der Akropolis oder den Pyramiden und Tempelbauten Ägyptens. Vom berühmten Turm von Babel sieht man nur noch die spärlichen Fundamente, denn der Perserkönig Xerxes I. und Alexander der Große hatten ihn abtragen lassen. Der „Löwe von Babylon“ steht einsam und verloren da: „ein trotziges, verstümmeltes Ungetüm, das in wilder Wut sein Opfer zermalmt, ist er heute nur ein trauriger Wächter auf diesem öden Friedhof längst zerstobener Herrlichkeit.“ Nur eine lange Vorbereitung und eine gründliche Befassung mit der altorientalischen Geschichte ermögliche es wenigstens der historischen Phantasie, hier das einstige Leben zu sehen. So schreibt P. Athanasius in einem noch im Jahr der Reise veröffentlichten Aufsatz, den er im Untertitel „eine Betrachtung auf den Ruinen Babels“ nennt.[6] Darin führt er aus:

> In der Tat, wenn man heute auf den Ruinen Babels steht und das unheimlich graue Leichenbild auf sich wirken läßt; dazu die beklemmen-

6 A. Miller, „Dein Reich, o Herr, ist ein Reich der Ewigkeiten“. Eine Betrachtung auf den Ruinen Babels: BenM 13 (1931) 390–397.

de Totenstille und die öde, ausgestorbene Umgebung, die nur durch die lichtgrauen Streifen der Palmenwälder, die sich westlich am Euphrat entlang ziehen, gemildert wird, so ist es einem schwer begreiflich, daß hier durch Jahrtausende der Pulsschlag der Weltgeschichte gehämmert. So vergangen, zerronnen, verschwunden ist alle Pracht und Herrlichkeit und alle Größe Babels. Wahrlich, furchtbar ist hier das Wort des Propheten in Erfüllung gegangen: „Darum sollen Wildkatzen und Schakale drinnen wohnen und die jungen Strauße; nimmermehr soll es bewohnt werden und niemand drinnen hausen für und für“ (Jer. 50,39).

Im weiteren ist dann von dieser verschwundenen Pracht und Herrlichkeit die Rede, von dem gewaltigen Mauergürtel der Stadt und dem stolzen Schloß Nabuchodonosors [Nebukadnezars], 190 Meter breit und 300 Meter lang, von den hängenden Gärten der Semiramis und dem Turm von Babel, dem höchsten Tempelturm des Alten Orients. Diesem irdischen Großreich stellt der Autor anschließend die Prophezeiung Daniels gegenüber, die allen irdischen Reichen das Ende und die Ablösung durch ein ewiges Reich ankündigt, dessen Ursprung im Himmel liegt (Dan 2,44) und das „die Heiligen des Allerhöchsten“ erhalten werden (Dan 7,18). In diesem ewigen Reich sieht er das Reich Christi und seiner Heiligen. Und gerade heute, so betont er, vermöge der Blick auf das unzerstörbare Reich Christi und seiner Heiligen „unser Herz und Gemüt zu trösten und zu stärken“. Denn wie es einem Nebukadnezar, einem Antiochus IV., einem Nero und einem Napoleon erging, so werde es schließlich allen Feinden des Reiches Gottes und zuletzt dem Antichristen ergehen. Diese Worte spielen zweifellos auf die politischen Ereignisse in Deutschland an, die zwei Jahre später einen antichristlichen Führer an die Macht brachten. Aber kehren wir zurück zu dem Tag, an dem P. Athanasius das Ruinenfeld, das Anlaß zu solchen Betrachtungen gab, wirklich vor Augen hatte.

Nach dem Mittagsimbiß besuchte man noch „die ganz in Palmenwäldern versteckte Stadt Hilla“, und anschließend Borsippa mit seinem berühmten, noch gut erhaltenen Tempelturm, einer sogenannten Zikkurat. Er ersteigt den Turm und bemerkt in seinem Bericht dazu:

> Ich erinnere mich nur einmal etwas ähnliches an Stimmung erlebt zu haben, als ich bei untergehender Sonne auf der Spitze einer Pyramide bei Gizeh saß und den Blick in die unendlichen von der Sonne vergoldeten Fernen der Wüste schweifen ließ. Der Orient hat seine Geheimnisse. Er berührt am nächsten das Ewige, das hier wie dort durch den Schleier des Irdischen bricht.

Auf diese Beobachtung folgt im Bericht ein langer *Exkurs* über „Die Ruinenfelder Mesopotamiens und ihre Erforschung“. Darin bietet der Autor eine knappe, aber anschauliche Geschichte der Archäologie, deren erste Phase kaum mehr als „Raubbau“ gewesen sei, „ohne streng systematisches Vorgehen, ohne planmäßiges, sauberes Bloßlegen der verschiedenen Bauten“. Die schönsten gefundenen Stücke landeten in europäischen und amerikanischen Museen, und wer das berühmte Ischtar-Tor sehen will, muß nicht nach Babylon gehen, sondern nach Berlin. So gleicht, was man an Ort und Stelle noch sieht, „einem abgenagten Skelett“.

Der Exkurs informiert auch über die Schwierigkeiten bei der Datierung von archäologischen Schichten und Funden, über die Gestalt einer Zikkurat und den Turm von Babel. „Daß uns die neueste Ausgrabungsperiode längst in das 4. Jahrtausend [v.Chr.] hinein, vielleicht schon darüber hinausgeführt hat, ist trotz aller noch herrschenden Schwankungen und Diskussionen sicher.“ Diese Bemerkung muß man auf dem Hintergrund der traditionellen biblischen Chronologie sehen, die von der Weltschöpfung bis zur Geburt Christi mit knapp 4 000 Jahren rechnet. Dabei fasziniert P. Athanasius die Konstanz der altorientalischen Kultur. „Es sei hier nur auf die so berühmt gewordenen Gräberfunde von Ur hingewiesen. Ich habe die wichtigsten Gegenstände mit eigenen Augen gesehen und hatte knapp einen Monat später Gelegenheit, sie mit den Funden des berühmten Tout-Anch-Amon-Grabes in Ägypten zu vergleichen. Sie stehen diesen letzteren an Kunstwert wohl kaum nach, obwohl sie mehr oder weniger

2000 Jahre älter sind!" Am Ende dieses Kapitels steht folgende Bemerkung:

> Bewußt oder unbewußt ist die treibende Kraft dieser regen Ausgrabungstätigkeit das Interesse für die Heilige Schrift, die Geschichte der göttlichen Offenbarung, die in jenem Lande zuerst Fuß gefaßt hat, und deren weiterer Verlauf nie ganz den Kulturkreis des Zweiströmelandes verlassen hat. Wie aber die Heilige Schrift mehr oder weniger die treibende Kraft all dieser Unternehmungen ist, so wird sie es auch sein, welche die schönsten Früchte erntet, eine ungeahnte Bestätigung so vieler jetzt noch dunkler Angaben, die sich gerade auf ihren ersten Seiten finden.

Die Hoffnung, die archäologischen Funde könnten vor allem die biblische Urgeschichte erhellen und bestätigen, hat 25 Jahre später zu dem Bestseller von Werner Keller „Und die Bibel hat doch recht" geführt.[7] Dieses ungemein erfolgreiche Buch mit zahlreichen Abbildungen und Fotos wurde von den Alttestamentlern viel geschmäht, aber sie sind ihm mit ihrer kleinlichen Kritik wohl nicht ganz gerecht geworden. Die Besprechung, die P. Athanasius selbst diesem Buch gewidmet hat, ist gerechter und freundlicher.[8] Zwar spart auch er nicht mit begründeter Kritik: Keller berücksichtige die literarische Eigenart der heiligen Texte zu wenig und lasse die darin geschilderten Wunder unter der gewandten journalistischen Hand unversehens verschwinden. „Damit kann im Leser leicht die Gefahr einer gewissen rationalistischen Einstellung oder Betrachtungsweise entstehen, die glaubt, alle Wunder ... auf natürliche Weise erklären zu können." Am Schluß aber wünscht der Rezensent dem Buch trotz allem „weiteste Verbreitung. Wie schon der bisherige Erfolg zeigt, ist das Werk geeignet, vielen modernen Geistern, die bislang der Bibel vielleicht gleichgültig, skeptisch oder gar

7 W. Keller, Und die Bibel hat doch recht. Forscher beweisen die historische Wahrheit, Düsseldorf / Wien 1955. Innerhalb von 10 Jahren wurden 900 000 Exemplare gedruckt!

8 P. Athanasius Miller, „Und die Bibel hat doch recht": BenM 33 (1957) 44–46.

In der Bagdadbahn

ablehnend gegenüberstanden, den Zugang zur Bibel, vor allem zum Alten Testament, frei zu machen."

Am 24. Februar geht die Reise weiter. Das nächste Ziel des Trios ist Mosul im Norden Iraks. Für den ersten Teil der Reise kann man noch die alte deutsche Bagdadbahn benützen. Vom Zug aus beobachtet man Aasgeier, Vogelschwärme und einmal auch „eine Gruppe prächtiger goldgelber Wölfe". In Baidschi ist Endstation, die letzten 200 Kilometer bewältigt man mit einem von der Bahnverwaltung gestellten Auto. Man streift Assur, eine wichtige Handelsstadt des assyrischen Reiches, im 3. Jahrtausend v.Chr. erbaut auf einer Terasse am kahlen Westufer des Tigris. „Hier haben die Deutschen von 1903 bis 1913 Ausgrabungen veranstaltet und neben dem Tonprisma Tiglat-Pilesers I. das imposante Parthertor mit nach Berlin gebracht. An Ort und Stelle selbst ist nichts Nennenswertes mehr zu sehen." Nur von weitem sieht man die Ruinen von Nimrod, „den Fundort des so berühmten schwarzen Obelisken Salmanassars II."

„Wir nahen uns *Mosul*. Ein widerlicher Naphtageruch erfüllt die Luft. Er rührt von einem Teil der reichen Ölfelder von Mosul. Wir passierten zwei Anlagen in Betrieb, mehr nicht. Die schmutzige Politik des Kapitalismus ist auch hierher gedrungen. Die Quellen werden angebohrt, markiert und wieder verstopft, um die Ölpreise nicht zu senken!" Diese Ölquellen, die man Anfang des 20. Jahrhunderts entdeckte, brachten Mosul eine neue wirtschaftliche Blüte. Aber seinerzeit war „in der ganzen Stadt, die doch einen gewissen Mittelpunkt des Verkehrs und Handels bildet, kein Hotel zu finden. Die französischen Dominikaner, die in Mosul ein syrisch-chaldäisches Seminar und eine sehr gut besuchte Schule unterhalten, hatten uns auf unser Gesuch von Jerusalem aus im Resthouse der Bagdad-Railway-Bahn eine Unterkunft verschafft." Die Unterkunft war tadellos. „Nur befand sich auf dem flachen Dach über unseren Gemächern der Hasen-, Hühner- und Truthahnstall, und da drangen denn jeden Morgen von 2 Uhr ab die markerschütternden Weckrufe von oben herab." Der Direktor des Hauses ist ein freundlicher Grieche, der mit einer Italienerin verheiratet ist. Diese freut sich besonders über den Besuch, da sie sich mit P. Athanasius in ihrer Muttersprache unterhalten kann. Zu Mittag ißt man bei den Dominikanern.

Am nächsten Morgen, es ist der 25. Februar, drängte man sich gleich nach der heiligen Messe durch die verworrenen Gäßchen und Bazare des schon erwachten Mosul, überquert „die imposante arabische Tigrisbrücke und nach einem viertelstündigen Marsch standen wir mitten in den Ruinen Ninives", der ehemaligen Hauptstadt des assyrischen Reiches, die 612 v.Chr. zerstört wurde. „Unwillkürlich kommen einem auch hier die Drohworte der Propheten Israels in den Sinn, und stumm und staunend steht man da vor den Schrecken der Gerichte Gottes und dem unerbittlichen Gang der Geschichte." Das gibt dem Verfasser des Berichts später Anlaß zu einer ganz ähnlichen Betrachtung wie jener auf den Ruinen Babels. Sie erschien

Leben in Mossul

zwei Jahre darauf, wiederum in der Bendiktinischen Monatsschrift.[9] Wir werden im nächsten Kapitel darauf zurückkommen. Übrigens hat der irakische Antikendienst zwischen 1960 und 1970 zwei Stadttore und Teile der kilometerlangen Stadtmauern des antiken Ninive rekonstruiert. Davon konnten unsere Besucher natürlich noch nichts sehen.

Vom Hügel Kujundschik hat man auch eine prächtige Aussicht auf Mosul. Diese Stadt nenne der Araber nicht ohne Grund „die Stadt des Todes“.

Hier wie vor allem in den Bazaren herrscht ein Leben so urwüchsig und unverfälscht, wie ich es noch in keiner orientalischen Stadt bisher gesehen habe. Trotzdem Mosul ein Mittelpunkt für Handel und Verkehr ist,

9 A. Miller, Die „Männer von Ninive“. Eine Betrachtung auf den Ruinen Ninives: BenM 15 (1933) 65–70.

hat es bisher alle Kultur von sich fernzuhalten verstanden. Eine Probe davon sollten wir am dritten Tag erfahren. Wir waren eben auf dem Weg, dem syrischen Bischof einen Besuch abzustatten, als plötzlich ein strömender Regen losbrach. Da jede Kanalisation, selbst die primitivsten Rinnen in den Straßen fehlen, so schoß das Wasser bald schuhhoch daher. Aber nicht genug, zum Regen von oben und den Wassern von unten gesellten sich auch noch all die vielen Dachrinnen und Dachlucken, die alle unbarmherzig ihr Wasser auf uns herabgossen. Die Freundlichkeit des syrischen Generalvikars, der den abwesenden Bischof vertrat, versöhnte uns dann wieder bald mit unserem Geschick.

Von Mosul aus will man weiter nach Aleppo. „Das einfachste wäre gewesen, mit dem Auto nach Nisibin [= Nisibis, Nusaybin] und dann mit der Bahn nach Aleppo. Aber gerade dieser einfache Weg war uns hoffnungslos verschlossen. Trotz persönlicher Empfehlung des deutschen und österreichischen Konsuls in Jerusalem, Damaskus und Bagdad war es uns nicht gelungen, ein türkisches Visum für diese Strecke zu erhalten. ... Die Wahrheit ist die, daß die Türken niemanden, vor allem keine Priester und Ordensleute, in diese Gebiete hineinsehen lassen, weil sie bis zur Stunde der Schauplatz von Christenverfolgungen sind, wie sie ärger und gemeiner vielleicht nur noch Rußland betreibt." Also machte man einen Kontrakt mit einem Autobesitzer.

Aber inzwischen hatten starke Regenfälle eingesetzt, und man mußte mehrere Tage warten, bis man die Fahrt wagen konnte. Sie geht vorbei an Autos, die bereits im Dreck festsitzen, das eigene rutscht trotz der Ketten um die Räder einen Abhang hinab und dreht sich wie ein Kreisel. „Mehrmals wollte der Chauffeur verzweifelt umkehren; aber wir trieben ihn mit guten Worten und reichen Bakschischaussichten immer wieder voran. Schließlich erreichten wir mit höchster Anstrengung Tell-Afar und damit waren wir wenigstens so weit vorangekommen, daß wir nicht mehr umkehren konnten." Während das Auto einer Reinigung unterzogen wird, begibt sich das Trio hinaus in die Landschaft, wiederum Steppe. „Hier haust die

Bei den Jesiden

kurdische Sekte der ‚Jeziden‘ oder ‚Teufelsanbeter‘, deren Religion ein eigenartiges Gemisch von Mohammedanismus, Judentum und Christentum darstellt. Auch unser Chauffeur gehörte der Sekte an. Es sind herrliche Leute in Wuchs und Haltung und sehr kriegslustig, wie unsere deutschen Kameraden im Osten oftmals erfahren konnten.“ Die Bezeichnung „Teufelsanbeter“ für die Jesiden ist freilich ein Schimpfwort ihrer Verächter, zu denen P. Athanasius offenkundig nicht gehört.

Auf der syrischen Seite wird das Gelände so günstig, daß man mit 80 Stundenkilometern fahren kann. „Ein kurzer Regenschauer von Dschebel-Sindschar her und dann wieder die Fata morgana, die uns einmal sogar einen Zeppelin vorgaukelte, waren die einzige Abwechslung.“ Gegen 5 Uhr

Eufratübergang bei Der-ez-Zor.

abends erreicht man den Eufrat bei Der ez-Zor. Da die Eisenbrücke damals noch geschlossen war, mußte man die Fähre benützen. Aber vor ihnen war noch eine Herde von 40 bis 50 Kamelen angelangt, die natürlich zuerst übergesetzt werden sollte. Die Kamele jedoch legten sich vor der Fähre platt auf den Bauch, und nur mit unendlichem Geschrei konnten sie hinüberbefördert werden. Nach anderthalb Stunden war noch nicht einmal die Hälfte der Tiere übergesetzt, aber jetzt erbarmte man sich doch der armen Europäer. Im Ort mußten die drei Professoren in einem besseren arabischen Chan absteigen. Die gruseligen Zustände werden vom Berichterstatter anschaulich geschildert. Versorgen mußten sie sich – zum letzten Mal – aus dem Binsenkorb voll Proviant, den ihnen die guten Karmeliter in Bagdad wohlweislich mit auf die Reise gegeben hatten. Immerhin gibt es in dem Ort eine kleine Mission der Kapuziner, die französische Soldaten betreute.

Sie kann die drei zwar nicht über die Nacht aufnehmen, aber bietet eine Gelegenheit zum Zelebrieren für den nächsten Tag, der wieder ein Sonntag war, und danach ein ordentliches Frühstück.

Nach dem Frühstück will man aufbrechen. Aber zuerst sind die Pässe nicht fertig und dann fehlt ein Passierschein, der am Sonntag nicht zu erhalten sei. Da beschließt man, das Unmögliche zu unternehmen. „Uns drei Deutschen gelang es, in einem französischen Mandatstaat, einen hohen französischen Offizier aus dem Bett zu holen, drei arabische Beamte und sicher ebenso viele Unterbeamte zusammenzutrommeln – denn so viele brauchten wir für den Wisch! Um 11 Uhr war die Sache fertig und wir konnten abfahren."

> Die folgenden 80 Kilometer hatten wir gute Straße; dann aber begann wieder das alte Elend. Stunden und Stunden arbeiteten wir uns mühsam das Euphrattal nordwärts. Weiß, wie mit Kalk übergossen, folgte das niedrige Gebirge dem Fluß. Infolge der herben Fahrt ging unserem Chauffeur das Benzin vorzeitig aus. Ein Lastauto, das auf halbem Wege steckengeblieben war, half uns dann bis zum nächsten Chan aus der Patsche. Dort konnten wir uns wieder reichlich versorgen. Zu unserem Schrekken sahen wir aber vor uns eine breite, sumpfige Talmulde, in der bereits schon ein halbes Dutzend Autos rettungslos staken. Selbstverständlich erwartete uns das gleiche Geschick, wenn es dem Chauffeur nicht gelang, mit seinem leichten Wagen seitlich durch die Berge zu kommen. Und es gelang! Aber da – ein neuer Schreck! Plötzlich rief er: „Räuber", und wollte umkehren. Ich saß an diesem Tage neben ihm und erkannte die Situation sofort. In etwa 200 Meter Entfernung stand ein Pferd und hinter dem Pferd ein Mann, der mit seinem Gewehr auf uns anlegte. Ich drängte den Chauffeur, unter allen Umständen voran! Im schlimmsten Fall konnte uns der Kerl am Schlusse unserer Reise nicht mehr viel abnehmen. Als wir näherkamen, bemerkten wir, daß es ein syrischer Steppengendarm in voller Ausrüstung war. Er befand sich auf der Suche nach Räubern, und da wir eine etwas ungewöhnliche Richtung kamen, schöpfte er Verdacht und hätte auch unfehlbar geschossen, wenn wir umgekehrt wären.

In der „Terra Santa“ von Aleppo

Um 7 Uhr abends gelangt unser Trio wohlbehalten nach *Aleppo*. Dort kommt man bei den Franziskanern in der Terra Santa unter und verbringt noch zwei Tage mit Besichtigungen und Ausflügen. Darauf trennen sich ihre Wege und es heißt Abschied nehmen. P. Athanasius gelangt über mehrere Stationen am Abend des 7. März wieder zum Ausgangspunkt der Reise. Als er den alten Weg über Tyrus und Sidon per Auto fährt, erinnert er sich daran, wie er diesen Weg „18 Jahre“ früher zusammen mit P. Hildebrand Höpfl zu Pferd gemacht hatte. Das muß allerdings 20 Jahre vorher gewesen sein. Denn nur im Jahr 1911 waren P. Hildebrand und P. Athanasius gleichzeitig im Heiligen Land. Diese Erinnerung steht im übrigen nur im handschriftlichen Reisebericht. Darin notiert er auch die genauen

Kilometerzahlen, die jeweils zurückgelegt wurden: Per Bahn waren es insgesamt 950 km, mit Autos 2 500. Den publizierten Bericht schließt er mit dem Satz: „Es gibt Dinge, an denen die Menschheit wesentlich nie viel ändern wird – und dazu gehört der Orient und vor allem eine Reise nach Mesopotamien."

Wenn wir heute diese Berichte über den Nahen Osten aus dem Jahr 1931 lesen, können wir nicht vergessen, was dort in den Jahren 2011 (bzw. 2003) bis heute in Syrien und im Irak geschehen ist. In Syrien stellten die Christen vor dem Krieg mit 1,5 Millionen insgesamt etwa 10 Prozent der Bevölkerung. Während des Krieges haben mindestens 500 000 syrische Christen ihre Heimat verlassen. Im Irak sank die christliche Bevölkerung zwischen den Jahren 2003 und 2019 von rund 1,4 Millionen auf rund 150 000. Vor dem Einmarsch der Amerikaner im Jahr 2003 lebten allein in Mosul, dem christlichen Zentrum des Irak, noch etwa 70 000 Christen. In diesem Land fiel Weihnachten 2019 aus. Der Krieg war und ist in erster Linie eine innermuslimische Auseinandersetzung. Nicht nur Kirchen, auch Moscheen wurden zerstört. Im Juni 2014 gelangte die Terrormiliz des „Islamischen Staates" in Mosul an die Macht und stellte die verbliebenen etwa 30 000 Christen vor die Wahl zur Konversion, zum Bezahlen der „Schutzsteuer" oder zur Flucht. Alle flohen. Die letzte Messe in Mosul vor der allgemeinen Flucht fand am 9. Juli 2014 statt. Allein im Irak flohen von einem Tag auf den anderen über 120 000 Christen vor den heranrückenden Einheiten des „Islamischen Staates". Im Jahr 2017 wurde Mosul von Truppen Präsident Baschar al-Assads zurückerobert. Ende 2018 ernannte der Papst den 63jährigen Dominikanerpater Najeeb Michaeel zum neuen Erzbischof der Stadt. Seine Kirche fand er in Trümmern vor, der Turm mit der Uhr war verschwunden, das Kloster in ein Gefängnis umgewandelt. Zu Ostern 2019 fand dort erstmals wieder eine Messe statt. Aber bisher sind nur einige Hundert Christen in die zerstörte Stadt zurückgekehrt. Im März des Jahres 2021 hat Papst Franziskus den Irak besucht. Er kam nach Bagdad, Ur, Erbil, Mosul und in die christliche Stadt Karakosh.

Von den angedeuteten Tragödien hat die westliche Christenheit nur wenig Notiz genommen. Die Christen des Nahen Ostens fühlen sich vom europäischen Westen mit Recht im Stich gelassen.[10] Wie fern ist uns der Schlußabschnitt des Hohepriesterlichen Gebets im Johannesevangelium (Joh 17,20–26)!

Ein wissenschaftliches Handbuch mit dem Titel: „Religionsgeschichte Syriens. Von der Frühzeit bis zur Gegenwart", das im Jahr 1996 erschien, schließt mit einem Absatz über die Aussichten für die Zukunft. Da heißt es: „Unabhängig von den verschiedenen möglichen Entwicklungen ist zu sagen, daß die Bedeutung der Religion als politischer Faktor nicht überschätzt werden soll." Es werde im wesentlichen so weitergehen wie bisher. „Abschließend ist daran zu erinnern, daß der Islam nicht ‚Staatsreligion' ist und auch nicht die ‚offizielle Religion' in Syrien. Die Verfassung schreibt lediglich vor, daß der Präsident der ‚Syrisch-arabischen Republik' ein Moslem zu sein hat."[11] Wissenschaftler sind nicht unbedingt gute Propheten.

Bereits wenige Wochen nach seiner Rückkehr nach Jerusalem brach P. Athanasius zu einer weiteren, allerdings nur kurzen Reise auf. Vom 12. bis 15. April war er in Ägypten. Am 22. Juni 1931 traf er wieder in Beuron ein, mußte sich aber gleich darauf in Stuttgart einer schmerzlichen Nasenoperation unterziehen, wie es in der Klosterchronik heißt. Urlaub verbunden mit Krankenhaus- und Kuraufenthalten sollten bis zu seinem Tod fast zur Regel werden. Nach den Ferien nahm er wieder seine Pflichten als Professor in Sant'Anselmo auf.

10 Meine Angaben stützen sich auf: Daniel Williams, Christen des Nahen Ostens – verfolgt und vergessen, Berlin 2017 sowie auf Artikel der Tagespost (zuletzt der Forum-Teil der Ausgabe vom 19. 12. 2019 und zwei Artikel von Bodo Bost vom 18. 2. 2021 S. 30 und vom 27. 4. 2023 S. 30) und kirchlicher Organe wie das missio-Magazin „Kontinente" (zuletzt Januar / Februar 2020).

11 Youssuf Hajjar und Ulrich Schoen, Religionen und Konfessionen im heutigen Syrien, in: P.W. Haider / M. Hutter / S. Kreuzer (Hg.), Religionsgeschichte Syriens. Von der Frühzeit bis zur Gegenwart, Stuttgart u.a. 1996, 351–358, hier 357f.

DIE ZEIT, DA SICH DAS HEIL VERBARG

Mit der Ernennung Hitlers zum Reichskanzler am 30. Januar 1933 begann Deutschlands Weg in die Diktatur. Diese Entwicklung verlief mit unheimlicher Geschwindigkeit. Bereits Ende März, spätestens jedoch Anfang Juli des Jahres war die Umwandlung perfekt. Die deutschen Bischöfe hoben schon am 28. März 1933, fünf Tage nach dem sogenannten Ermächtigungsgesetz, die früheren Warnungen vor dem Nationalsozialismus auf.[1] Am 1. April kam es zum ersten Judenboykott. Am 4. August 1934 ließ sich die Wehrmacht „bei Gott“ mit einem „heiligen Eid“ nicht auf die Verfassung, sondern auf die Person Hitlers einschwören.[2] So konnte dieser skrupellose, antichristliche Verbrecher zwölf Jahre lang die Geschicke des deutschen Volkes bestimmen, und nur um den Preis eines Weltkriegs wurde man ihn wieder los. Auf einen Krieg hatte Hitlers Politik von Anfang an zugesteuert.

Die Katholische Kirche schloß mit Hitlers Regierung am 20. Juli 1933 ein Konkordat. Hubert Wolf urteilt: „Das Reichskonkordat war ein Pakt mit dem Teufel – darüber war man sich in Rom offensichtlich völlig klar –, aber es garantierte während des ‚Dritten Reiches‘ die Seelsorge und den Bestand der katholischen Kirche.“[3] Hitler wurde mit diesem Vertrag politisch salonfähig. Trotz aller Vertragsbrüche der Partner hielten die deutschen Bischöfe an der Vereinbarung fest. Die Wirkung dieser Taktik auf die Gläubigen war allerdings mehr Verwirrung als Beruhigung. Die deutliche Enzyklika „Mit brennender Sorge“, deren ersten Entwurf Kardinal Faulhaber angefertigt hatte, wurde am Palmsonntag des Jahres 1937 in allen katholischen Kirchen Deutschlands verlesen. Sie spricht von der Treue zur Kirche und ihrem Glauben, vom elterlichen Erziehungsrecht, von „Gefährdeten“ und von Treue „bis in die Kerkerzelle und das Konzentrationslager hinein“. Aber

1 Vgl. K. Scholder, Die Kirchen und das Dritte Reich Bd. 1, Frankfurt a.M. u.a. 1977, 319–321; H. Wolf, Papst und Teufel 191f.

2 Der Text des Eides bei G. Binder, Epoche der Entscheidungen 256f.

3 H. Wolf, Papst und Teufel 202.

diese Enzyklika kam zu spät, viel zu spät. Im Jahr zuvor hatte Reinhold Schneider sein berühmtestes Sonett geschrieben, in dem es hieß: „Jetzt ist die Zeit, da sich das Heil verbirgt". Es begann mit der Strophe:

Allein den Betern kann es noch gelingen,
Das Schwert ob unsern Häuptern aufzuhalten
Und diese Welt den richtenden Gewalten
Durch ein geheiligt Leben abzuringen.

Es ist den Betern nicht gelungen. Dabei fehlte es auch in der Öffentlichkeit nicht an warnenden Stimmen.[4] Da war zum Beispiel das journalistische Wirken des Jesuiten Friedrich Muckermann (1883–1946) oder Fritz Gerlichs Zeitung „Der gerade Weg", bei der auch der Kapuzinerpater Ingbert Naab Artikel schrieb. Sie erschien vom 3. Januar 1932 bis zum 8. März 1933. Die Forderung Hitlers, ihm zwölf Jahre zu geben, kommentierte Pater Naab in einem auch als Sonderdruck in hoher Auflage verbreiteten Artikel mit den Worten: „Ja, gebt ihm zwölf Jahre Zeit und er wird Deutschland zerstören, daß ihr es nicht mehr kennt."[5] Genau so ist es gekommen. Länger als „Der gerade Weg" hielt sich die Wochenzeitung „Junge Front", ab 1935 umbenannt in „Michael", herausgegeben von Johannes Maaßen, der in jeder Nummer kommentarlos eine Serie von Konkordatsbrüchen registrierte. Sie hatte am Ende eine Auflage von 330 000 und wurde erst 1936 endgültig verboten.[6] Man darf bei alldem nicht vergessen, daß der Nationalsozialismus sich als Weltanschauung verstand. Er verlangte bedingungslosen Glau-

4 Vgl. Gerhart Binder, Irrtum und Widerstand. Die deutschen Katholiken in der Auseinandersetzung mit dem Nationalsozialismus. Mit einer Einführung von Felix Messerschmid, München 1968, 61–70.

5 Zitiert nach Theo Schwarzmüller, „Herr Hitler, wer hat Sie gewählt?": Die Tagespost vom 25.3.2010, 8. Näheres bei R. Voderholzer, Der Journalist als Weltchrist. Fritz Gerlich (1883–1934) – ein katholischer Märtyrer im Kampf gegen Hitler, in: Ders., Zur Erneuerung der Kirche, Regensburg 2020, 150–173.

6 Vgl. Gisbert Kranz, Jugend unterm Hakenkreuz. Erinnerungen eines ganz normalen Katholiken, Augsburg 2007, 61–63; Klaus Gotto, Die Wochenzeitung Junge Front / Michael. Eine Studie zum Selbstverständnis und zum Verhalten der jungen Kirche gegenüber dem Nationalsozialismus, Mainz 1970.

ben und Gefolgschaftstreue, ja Liebe zum „Führer“ als dem Heilbringer. In vielen Schulen wurde das Kreuz durch ein Bild Hitlers ersetzt.

Zu Hitlers Rassenideologie gehörte erklärtermaßen die Vernichtung aller Juden. Davon wagte nicht einmal „der Löwe von Münster“, Bischof Clemens August Graf von Galen (1878–1946), öffentlich zu reden.[7] Der Bischof von Rottenburg, Joannes Baptista Sproll, wie Galen ein entschiedener Gegner des Nationalsozialismus und mit seinen Predigten ein echter Bekennerbischof, wurde 1938 aufgrund einer von Hitler selbst getroffenen Entscheidung aus dem Land Württemberg-Hohenzollern ausgewiesen und von der Stuttgarter Gestapo zum Verlassen seines Bistums gezwungen. Der deutsche Episkopat zeigte sich bei seiner Asylsuche nicht besonders solidarisch. Sproll fand dann in der Abtei Sankt Ottilien Zuflucht. Nur Galen wagte es, diese Dinge öffentlich beim Namen zu nennen. Er schrieb dem Exilanten Ende 1943: „Sie sind ja der einzige aus unseren Reihen, der solcher Prüfung und Auszeichnung würdig befunden wurde.“[8] Erst nach dem Kriegsende 1945 konnte Bischof Sproll wieder in seinen Dom einziehen.

Zu den kompromißlosen Gegnern des Nationalsozialismus gehörte auch Raphael Walzer, 1918–1937 Erzabt von Beuron. Er war kein Freund des Konkordates. Ein Zeitzeuge überliefert seinen Ausspruch: „Man macht mit dem Teufel kein Konkordat.“[9] Bereits im April 1933 leitete er einen warnenden Brief Edith Steins an den Kardinalstaatssekretär Pacelli weiter. Der Brief war an den Heiligen Vater gerichtet und wies auf die Judenverfolgungen hin, aber auch auf den noch verdeckten Kampf gegen die katholische

7 Vgl. G. Beaugrand, Kardinal von Galen. Der Löwe von Münster, 4. erweiterte Auflage 1996, 41–48; H. Wolf, Papst und Teufel 240–251.

8 Brief des Bischofs von Galen an Bischof Sproll vom 12. 12. 1943, zitiert in: Paul Kopf / Max Miller (Hg.), Die Vertreibung von Bischof Joannes Baptista Sproll von Rottenburg 1938–1945. Dokumente zur Geschichte des kirchlichen Widerstands, Mainz 1971, 354. Vgl. ebd. 122–124: Auszüge aus einer Predigt von Galens in Velen am 10. 5. 1938.

9 Nach P. Mauritius Schurr zitiert bei J. Köhler, Wiedergutmachung auf Grund der Aufarbeitung der Geschichte. Bausteine zur Biographie des vierten Erzabtes von Beuron Raphael Walzer 1888–1966, in: J. Kaffanke OSB / J. Köhler (Hg.), Mehr nützen als herrschen! Raphael Walzer OSB, Erzabt von Beuron, 1918–1937, 53–107, hier 81f.

Kirche, der sich zweifellos steigern werde.[10] Die treuen Kinder der Kirche, so heißt es darin, „fürchten das Schlimmste für das Ansehen der Kirche, wenn das Schweigen [der Kirchenoberen] noch länger anhält." In seinem Begleitschreiben sieht auch der Erzabt Deutschland und seine Kirche „in höchster Gefahr".[11] Politische Unerwünschtheit bei den Machthabern, aber auch mangelnde Unterstützung im Konvent für seinen Kurs, zwangen den Erzabt bereits im Herbst 1935 zum Verlassen des Klosters und zwei Jahre darauf zum Rücktritt von seinem Amt.[12] Als Toter kehrte er 1966 nach Beuron zurück, post exsilia redux „nach Exilsaufenthalten zurückgeführt", wie es lapidar auf seiner Grabplatte in der Krypta heißt.

Mit Raphael Walzer befreundet war der Staatspräsident von Württemberg, Eugen Bolz (1881–1945), auch er ein entschiedener Gegner des Nationalsozialismus. 1933 wurde er unter entwürdigenden Umständen für längere Zeit in „Schutzhaft" genommen. Er unterstützte den Kreis jener, die am 20. Juli 1944 den fehlgeschlagenen Attentatsversuch auf Hitler machten, und wurde am 23. Januar 1945 enthauptet. Der Neffe von P. Athanasius und Direktor des Hauptstaatsarchivs Stuttgart hat seine Biographie geschrieben.[13]

Vor diesem politischen Hintergrund muß man auch einige Publikationen aus der Feder von P. Athanasius sehen. Bereits in der 1931 publizierten

---

10 Zitiert nach: Edith Stein Jahrbuch 10 (2004) 18f; K. Repgen, Hitlers „Machtergreifung", die christlichen Kirchen, die Judenfrage und Edith Steins Eingabe an Pius XI. vom [9.] April 1933, in: ebd. 31–68.

11 Vgl. K. Oost, In caritate Dei. Raphael Walzer und Edith Stein, in: J. Kaffanke OSB / J. Köhler (Hg.), Mehr nützen als herrschen (Anm. 5) 333–360, hier 354–356. Vgl. auch H. Wolf, Papst und Teufel 208–216.

12 Vgl. V. Fiala, Ein Jahrhundert Beuroner Geschichte 206.

13 Max Miller, Eugen Bolz. Vgl. auch D. Zähringer, Bekenner und Staatsmann: BenM 28 (1952) 134–139; J. Köhler, Zeugnis des Glaubens und/oder politischer Widerstand? Gedenken anlässlich der Hinrichtung des Zentrumspolitikers und Württembergischen Staatspräsidenten Eugen Bolz vor siebzig Jahren am 23. Januar 1945, in: P. Häger / J. Kaffanke OSB (Hg.), Beuroner Forum Edition 2016 / 2017 (Bd. 8/9), Berlin 2017, 77–96. Ausführlich mit Bildern ist A. Holzem und W. Zimmermann (Hg.), Geschichte der Diözese Rottenburg-Stuttgart.

Betrachtung „auf den Ruinen Babels“ hatten wir eine deutliche Anspielung auf die politische Entwicklung gefunden. Zwei Jahre später, im ominösen Jahr 1933, erschien in den Benediktinischen Monatsheften eine ganz analoge Betrachtung „auf den Ruinen Ninives“.[14] Der Besuch dieser Ruinenstätte zwei Jahre zuvor war auf den 25. Februar gefallen, den Mittwoch nach dem 1. Fastensonntag, ein sogenannter Quatembertag. Da traf es die frommen Reisenden besonders, daß an eben diesem Tag das Evangelium vom Zeichen des Propheten Jona und vom Zeugnis der „Männer von Ninive“ über „dieses Geschlecht“ (Mt 12,38–50) im Meßformular stand. Das Wort Jesu lautet darin (in der Übersetzung, die P. Athanasius gibt): „Die Männer von Ninive werden mit diesem Geschlechte aufstehen und seine Verdammung herbeiführen. Denn sie taten Buße auf die Predigt des Jonas; hier aber ist mehr als Jonas“ (Mt 12,41). Die Betrachtung referiert, wie der Prophet Jona Ninive den Untergang ankündigt, wie die Einwohner der Stadt – gewiß keine Heiligen! – Buße tun und Gott daraufhin Gnade und Barmherzigkeit walten läßt, zum Ärger des Propheten. Daraus entnimmt der Betrachter die Lehre: Wo ein guter Wille sich regt, wird die Gnade Gottes das Ihre tun. Diesen guten Willen vermißte Jesus bei seinen Zeitgenossen; nicht umsonst tituliert er sie abschätzig „dieses Geschlecht“. Deshalb werden beim Jüngsten Gericht „die Männer von Ninive“ als Zeugen gegen sie aufstehen. Darauf folgt die aktuelle Anwendung:

> Die „Männer von Ninive“. Werden sie eines Tages nicht auch gegen unser Geschlecht, gegen so viele von heute aufstehen und Zeugnis ablegen? Weil sie Buße taten auf die Predigt des Jonas, und wahrlich, auch hier ist mehr wie Jonas!

Kürzlich habe er mit einem „bekannten Jugendfreund unserer Tage über Schuld und Unschuld unserer Zeit“ gesprochen. Sein Gesprächspartner meinte: „Unsere Zeit und vor allem unsere Jugend braucht wieder eine

---

14 A. Miller, Die „Männer von Ninive“. Eine Betrachtung auf den Ruinen Ninives: BenM 15 (1933) 65–70.

neue, große Gottesoffenbarung." Nein, antwortet P. Athanasius, das ist die Zumutung der Pharisäer an Jesus, die ein Zeichen vom Himmel verlangten. Aber dieses Zeichen haben wir doch:

> Steht nicht vor aller Augen das gottmenschliche Leben Jesu? Das ganze Leben Jesu von der Krippe bis zum Kreuz, so wie es sich einstens auf dem geheiligten Boden Palästinas abgespielt hat, seine heilige Kirche, in der er weiterlebt und unaufhörlich neue Wunder wirkt für jeden, der Augen hat; sind das nicht Zeichen und Wunder genug? ... Wenn hier noch ein Zeichen vom Himmel hilft, so ist es die Gnade, die allmächtige Gnade! Und diese Gnade müssen wir gerade den Ärmsten der Armen erbitten und durch persönliche Opfer verdienen.

Man redete also über „Schuld und Unschuld unserer Zeit" und was da nötig wäre. Da wirkte das alte Wort Jesu über die Männer von Ninive und dieses unbußfertige Geschlecht als Warnung. Und nicht von ungefähr spricht der Betrachter von der Gnade Gottes, die man gerade „den Ärmsten der Armen erbitten und *durch persönliche Opfer* verdienen" müsse. Man mußte in jener Zeit vorsichtig sein mit seinen Worten. Aber die Adressaten wußten zweifellos, was mit solchen Anspielungen gemeint war. P. Athanasius verfolgte die politischen Entwicklungen in Deutschland mit großer Aufmerksamkeit und ohne alle Illusionen. Und er war ein guter Prophet.

Aber auch in den größten Sorgen geht der Alltag weiter. Und der Alltag hieß für ihn: Forschen, Vorlesungen halten, Seminare vorbereiten, Examina abnehmen; Vorträge, Bücher und Briefe schreiben; zelebrieren, Predigten entwerfen, Exerzitien ausarbeiten, Beichthören und Seelsorge aller Art. Schon früh legte man dem Professor in Sant'Anselmo nahe, seine Seelsorgsarbeit zugunsten der Wissenschaft aufzugeben. Aber er meinte, man könne beides sehr wohl verbinden.[15] Für das Jahr 1933 notiert die Beuroner Klosterchronik: „R[everendus]. P. Athanasius leitete während seiner Sommerferien Exerzitien für Weltoblaten und hielt uns einen interessanten

15 Vgl. B. Schwank, Zum Tode von P. Athanasius Miller: EuA 39 (1963) 251.

Lichtbildervortrag über das Thema: ‚Wie Cyrus so schnell das gewaltig befestigte Babylon einnehmen konnte.'" Der Perserkönig Kyros II. eroberte im Jahr 539 v.Chr. kampflos Babylon. Die genauen Umstände dieser Eroberung sind bis heute nicht ganz geklärt.

Die Exerzitien für Weltoblaten fanden vom 15. bis 29. September statt. Die sorgfältig ausgearbeiten Vortragsskizzen sind erhalten. Sie sind in neun Einheiten gegliedert: „1. Gott verherrlichen! (Ziel) 2. Jesus Christus 3. Religiosität und Leben 4. Innerlichkeit 5. Schweigen 6. Sterben 7. Glaube 8. Gebet 9. Liebe – Treue (Apostolat)". Die Reihe der Themen und ihre Reihenfolge spricht für sich selbst. Das Thema „Innerlichkeit" taucht auch in anderen Exerzitienvorträgen immer wieder auf. Die Verinnerlichung des Glaubens hält dieser Exerzitienmeister für eine große Aufgabe jedes Christen. Dem Stichwort „Glaube" fügt er in Klammern „Dominus est" hinzu, ein Bezug auf Joh 21,7. Auch dieses Motiv findet sich bei ihm immer wieder.

Alle seine Exerzitienvorträge sind wie seine Predigten schlicht und lebensnah gehalten. Ihre Themen variieren ja nach der Adressatengruppe. So hält er fast zwanzig Jahre später, vom 29. April bis 2. Mai 1954, in Vicarello einen Exerzitienkurs für Priester der Diözese Rottenburg, die ihr 25jähriges Dienstjubiläum feiern wollen. In den Vortragsskizzen finden wir folgende Themenreihe: „1. Jubilate Deo 2. Glaube 3. Jesus 4. Servite Domino in laetitia [Vgl. Ps 100,2] 5. Innerlichkeit 6. Geistliche Übungen (vor allem Hl. Messe) 7. Maria". Auch hier wieder die Themen Glaube und Innerlichkeit. Der Exerzitienmeister hat eine klare Vorstellung davon, worin diese Innerlichkeit bestehen soll: nicht in vielem Gebet und Andachtsübungen, nicht in erzwungenen Gefühlen. Gefühle, so schreibt er, hätten wenig Wert im geistlichen Leben. Für diese Auffassung beruft er sich auf Theresia vom Kinde Jesu und ihren „kleinen Weg".[16] Die Innerlichkeit sei vielmehr eine Sache des Willens, der sich an Christus orientiert und in allem, was einem

16 Vgl. I.F. Görres, Das Senfkorn von Lisieux. Das verborgene Antlitz. Neue Deutung, Freiburg i.B. 1958, 427–454.

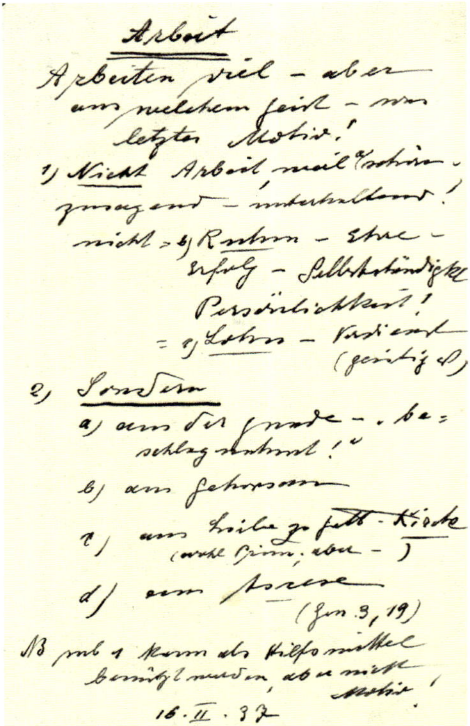
Arbeit

Arbeiten viel – aber
aus welchem Geist – aus
letztem Motiv!

1) Nicht Arbeit, weil „schön –
zusagend – unterhaltend“!
nicht = a) Rühmen – Ehre –
Erfolg – Selbständigkeit
Persönlichkeit!
= b) Lohn – Verdienst
(geistig a.)

2) Sondern
a) aus der Gnade – „beschlagnahmt!“
b) aus Gehorsam
c) aus Liebe zu Gott – Kirche
(nicht Ruhm; aber –)
d) aus Busse
(Gen 3,19)

NB auch d. kann als Hilfsmittel
benützt werden, aber nicht
Motiv!
16.II.37

Notizzettel von 1936.

widerfährt, Gottes Willen, Ruf, Wirken und Zulassung sieht und bejaht. Sie bestehe in einer „Hochstimmung der Seele zu Gott“, in der Bereitschaft zum Opfer des Glaubens, der Pflicht und des Gehorsams, im Fall der Priester des Gehorsams gegen den Bischof. So verstanden seien Innerlichkeit und Arbeit auch kein unmöglicher Zwei-Herrendienst. Im Gegenteil: „Innerlichkeit soll vor einer allzugroßen Ver*werk*lichung bewahren.“ Zum Abschluß dieses Kurses hat der Exerzitienmeister noch eine Papstaudienz mit anschließender Romführung organisiert.

In einem Exerzitienkurs für Nonnen von 1936 lauten die Themen: „1. Glaube 2. Unsere Schwächen 3. Gottsuchen 4. Sterben 5. Läßliche Sünde 6. Demut 7. Arbeit 8. Gelübde 9. Gehorsam 10. Jesus Christus 11. Ordensleben“ und noch einige mehr. Bemerkenswert ist das Thema Arbeit. Im entsprechenden Kapitel steckte ein datierter Zettel, 13 auf 8 cm groß, auf dem das Nötige über das Arbeitsethos in knappster Form zusammengefaßt ist:

> Arbeit
>
> Arbeiten viel – aber aus welchem Geist – was letztes Motiv!
> 1. *Nicht* Arbeit, weil
> a) schön, zusagend, unterhaltend!
> b) Ruhm, Ehre, Erfolg, Selbständigkeit, Persönlichkeit!
> c) Lohn, Verdienst (geistiges)
> 2. *Sondern*
> a) aus der Gnade, „beschlagnahmt!"
> b) aus Gehorsam
> c) aus Liebe zu Gott, Kirche (wohl prim[är]; aber –)
> d) aus Ascese (Gen 3,19)
> Notabene: sub 1. kann als Hilfsmittel benützt werden, aber nicht Motiv!
> 16. II. 37

Im Jahr 1935 nahm P. Athanasius zusammen mit seinem Beuroner Kollegen P. Johannes Schildenberger an einer „Internationalen Tagung alttestamentlicher Forscher" teil, die vom 4. bis 10. September in Göttingen stattfand.[17] Sie wurde geleitet von Paul Volz und Johannes Hempel. Das vorherrschende Interesse der Tagungsteilnehmer galt „der Archäologie, der orientalischen Literaturgeschichte, der israelitischen und allgemeinen Religionsgeschichte".[18] Es war der erste internationale Kongreß alttestamentlicher Wissenschafter. Auch der Rektor des Päpstlichen Bibelinstituts, Augustin Bea, nahm mit Zustimmung des Papstes daran teil. Er präsidierte in der Endphase des Kongresses, hielt das Eröffungsreferat und die Schlußrede. Unter den 90 Teilnehmern waren insgesamt 24 Katholiken. Das war damals noch eine Sensation. Deshalb verzeichnet die Beuroner Chronik

---

17 Ausführlich berichtet darüber Michael F. Pfister, Ein Mann der Bibel 599–620.

18 A. Bea, Der heutige Stand der Bibelwissenschaft: Stimmen der Zeit 79 (1953/1954) 91–104, hier 95.

dieses Ereignis überhaupt und fügt noch hinzu: „P. Athanasius habe sich lebhaft an den Diskussionen beteiligt." Das entsprach zweifellos seinem Temperament, aber auch seiner Absicht, die katholische Exegese als ernstzunehmende Gesprächspartnerin zu präsentieren. Außerdem war er auf diesem Gebiet wirklich beschlagen.

Im nächsten Jahr, 1936, begann der Professor seine Ferien im Stuttgarter Marienhospital, wo eine „ruhrartige Erkrankung" auskuriert werden mußte. Als er sich davon erholt hatte, hielt er in Beuron einige Kapitelskonferenzen, also Vorträge für den Konvent, „über das Rom Mussolinis, über den Hl. Vater und über den Stand der biblisch-archäologischen Forschungen in Palästina." Das sind drei sehr unterschiedliche Themen. Das dritte hat nichts Auffälliges, da es ein Steckenpferd des Referenten war und die Göttinger Tagung darüber kaum ein Jahr zurücklag.

Der Hl. Vater, dem der zweite Vortrag galt, war seit 1922 Pius XI. Er war als gelehrter Bibliothekar „zwar ein kurialer Außenseiter, aber eine starke Persönlichkeit mit ausgeprägter Fähigkeit zu unabhängigem Urteil, schneller Auffassung und energischem Handeln."[19] Das haben wir schon an der oben berichteten Episode von dem großen „Mädchen Sport- und Turnfest" von 1928 gesehen. Pius XI. schloß 1929 die Lateranverträge mit der Regierung Mussolinis ab, durch die der Vatikan mit einem kleinen Territorium eine völkerrechtliche Souveränität erhielt. Für Mussolini waren diese Verträge ein ähnlicher Erfolg wie vier Jahre später der Abschluß des Konkordats für Hitler.

Doch bereits 1931 kam es zu einer schweren Krise in Italien. Mussolini löste Ende Mai auf dem Verwaltungsweg alle katholischen Jugend- und Studentengruppen auf. Der Papst reagierte mit einer scharfen Enzyklika. Aber diese kam bei der Bevölkerung, ja selbst beim Klerus, schlecht an. Die Verhandlungen mit dem Staat endeten mit einer fast vollständigen Niederlage der kirchlichen Seite. Solche Dinge werden in den Beuroner Vorträ-

19 H. Jedin, in: Handbuch der Kirchengeschichte Bd. 7, hg. von H. Jedin und K. Repgen, Freiburg u.a. 1979, 53.

gen wohl zur Sprache gekommen sein. Daß sie die reservierte Haltung des Referenten sowohl gegen den Faschismus als auch gegen den Nationalsozialismus deutlich machten, darf man ebenfalls vermuten.

„Was ist ein Jahr der Zeitenwende!“ So heißt es in einem Gedicht von Baldur von Schirach, den Hitler zum Jugendführer des Deutschen Reiches ernannt hatte. Mit der „Zeitenwende“ ist die zum nationalsozialistischen 1000jährigen Reich gemeint. Das kurze Gedicht ist überschrieben: „Bekenntnis zum Führer“. Es schließt mit der Zeile: „Mein Führer, du allein bist Weg und Ziel!“[20] Das Stichwort der *Zeitenwende* nimmt auch ein bemerkenswertes Buch auf, das im Jahr 1935 in der Bonifacius Druckerei Paderborn erschien: „Die Kirche in der Zeitenwende“. Die Herausgeber dieses Sammelbandes waren zwei junge Theologen der Universität Breslau, Erich Kleineidam und Otto Kuss, beide Mitarbeiter der bereits erwähnten regimekritischen Wochenzeitung „Junge Front“.[21]

Die Einführung der Herausgeber setzt ein mit der Feststellung: „Die gegenwärtige Zeitenwende, die um ein neues Weltbild ringt, verlangt Selbstbesinnung und Prüfung.“ Der erste Beitrag von Otto Kuss „Der Christ in der religiösen Situation der Gegenwart“ beginnt mit der Feststellung: „Die Zeit ist aus den Fugen.“ P. Athanasius steuerte einen kurzen Beitrag über „Die Rolle des Alten Testamentes in der Heilsgeschichte“ bei. Es ist nicht der gewichtigste Beitrag in diesem Band, aber da mit dem Haß auf das Judentum in der nationalsozialistischen Bewegung auch eine Ablehnung seines Heiligen Buchs verbunden war, mußte die Beibehaltung des Alten Testaments in der christlichen Heiligen Schrift – wieder einmal – begründet werden. Das entscheidende Argument dafür ist nach P. Athanasius der Charakter dieses Buches als inspiriertes Gotteswort. Alle anderen Begründungen sind seines Erachtens von sekundärem Gewicht. Er führt aber noch

20 Der Text des Gedichts zitiert nach: Gerhart Binder, Epoche der Entscheidungen, 281.

21 Zum Hintergrund vgl. J. Gottschalk, Wider den „Mythos des 20. Jahrhunderts“. Zu einer Publikation der schlesischen Priester Erich Kleineidam und Otto Kuss aus dem Jahre 1935: Archiv für Schlesische Kirchengeschichte 41 (1983) 67–96.

zwei weitere Gesichtspunkte an: das Alte Testament als Vorgeschichte des Lebens Jesu und als typologischer Hinweis auf Christus. „Daß Christus ein *Jude*, ist an sich recht nebensächlich. *Daß* er aber Jude ist, bleibt eben eine unleugbare Tatsache. Die Kirche anerkennt darum auch gerne diese Tatsache und damit die bevorzugte Stellung des Volkes Israel.“[22] Überhaupt spiele für die Kirche alles Rassische keine Rolle, weil in Christus alle Rassentrennungen aufgehoben seien.

Diese Stellungnahme mag man als unzureichend einschätzen, aber man darf nicht übersehen, daß damals auch in Teilen der katholischen Kirche eine irrationale Judenfeindlichkeit herrschte. 1936 gab es in Versailles einen Skandal, weil der Jesuit Joseph Bonsirven (1880–1958), ein gelehrter Fachmann für antike Judaistik, sich in einem Vortrag erlaubt hatte, die zeitgenössischen Juden gegen ungerechte Vorwürfe und Verleumdungen in Schutz zu nehmen. Seine Oberen hielten ihn daraufhin an, sich auf die historischen Grenzen seines Fachs zu beschränken und keine Urteile über das aktuelle Judentum abzugeben.[23] Erst nach dem Zweiten Weltkrieg, von 1948 bis 1953, konnte Bonsirven sein Fach am Bibelinstitut in Rom unterrichten.

Alle Beiträge des besprochenen Werkes sind unpolemisch und sachlich gehalten. Kein für die Thematik wichtiges Thema fehlt, weder Friedrich Nietzsche, noch Houston Stewart Chamberlain, weder „Der Mythus des 20. Jahrhunderts“ von Alfred Rosenberg noch das Stichwort des „totalen Staats“. Am Schluß steht ein langer Beitrag von Erich Kleineidam: „Deutscher Gottglaube“. Dieser ist aus heutiger Sicht vielleicht der bemerkenswerteste Beitrag des ganzen Bandes. Er zeigt in den beiden ersten Teilen die geistigen Wurzeln der „Deutschen Glaubensbewegung“ auf und behandelt dann die Geschichte dieser Glaubensbewegung selbst. Er referiert, wie sich

22 E. Kleineidam / O. Kuß, Die Kirche in der Zeitenwende, Paderborn 1935, 53.

23 Vgl. F. Laplanche, La crise de l’origine 288–290. Dort auch zur Ablehnung seiner Dissertation über die rabbinische Eschatologie im Jahr 1910 durch die Bibelkommission. Vgl. auch L.-H. Vincent, Le Père Marie-Joseph Lagrange, 323f. Man empfahl ihm die biblischen Studien ganz zu verlassen...

neun verschiedene Bünde von Deutschgläubigen 1933 zu einer Arbeitsgemeinschaft zusammenschlossen und wie es daraufhin zur Duldung durch die Nationalsozialisten und zu einem schnellen Anwachsen der Gemeinden kam. Das führte am Pfingstmontag 1934 zur Vereinigung aller einzelnen Gemeinschaften unter der alleinigen Führerschaft von Jakob Wilhelm Hauer (1881–1962).[24] Hauer war in Tübingen Professor für Sanskrit und Religionsgeschichte, seine geistigen Wurzeln lagen im württembergischen Pietismus. Als Symbol der geeinten Deutschen Glaubensbewegung wurde das Hakenkreuz auf blauem Grund gewählt. Die Zahl ihrer Gemeinden stieg sprunghaft an. Die Organisation lag bei der Reichsgeschäftsstelle in Tübingen. Zur Einigkeit in den religiösen Ansichten dieser Deutschgläubigen kam es freilich nicht. Weiter behandelt Kleineidam das „Haus Ludendorff" mit dem Tannenbergbund. Vor allem die Frau des Generals war die große Propagandistin dieser Weltanschauung. Am Schluß steht noch Alfred Rosenbergs „Deutsche Volkskirche".

Dieses Buch war binnen weniger Monate vergriffen. Im Februar 1936 erschien eine zweite, unveränderte Auflage. Aber damit nicht genug. Zwei Jahre darauf kam eine „dritte, bedeutend umgearbeitete Auflage" heraus, die auch neue Beiträge enthielt. Der Beitrag von P. Athanasius hat zwei neue Kapitel bekommen: eines über „Die Zentralidee des Alten Testamentes" und eines über „Die praktische Bedeutung des Alten Testamentes". Die Zentralidee des Alten Testamentes sieht der Autor in „der Begegnung Gottes mit den Menschen im Bunde", deren Urkunde und Geschichte das Alte Testament selbst sei. Von diesem Gedanken her entwickelt er auch die praktische Bedeutung des Alten Testaments. Auf diese Weise ist der Beitrag zu einer kurzgefaßten Theologie des Alten Testaments, ja der Heiligen Schrift insgesamt geworden. Es ist ein heilsgeschichtlicher Entwurf. Er verdient immer noch Beachtung.

24 Vgl. Margarete Dierks, Jakob Wilhelm Hauer 1881–1962. Leben, Werk, Wirkung, Heidelberg 1986. Ich referiere ausschließlich nach dem besprochenen Beitrag von Erich Kleineidam.

Eine Überraschung bringt der auf den neuesten Stand gebrachte Beitrag über den „Deutschen Gottglauben“ von Erich Kleineidam. Er spricht von den Versuchen zur Begründung einer deutschen Religion und schildert noch einmal die stürmische Aufwärtsentwicklung der Deutschen Glaubensbewegung, die eine Einteilung in 19 Landesgaue notwendig machte. Ihren Höhepunkt erreichte sie mit einer Versammlung im überfüllten Berliner Sportpalast am 26. April 1935. Aber schon vorher setzte der Zerfall ein. „Im Laufe der Jahre 1934 und 1935 schieden die ‚Adler und Falken‘, die besonders in Hamburg stark vertretene ‚Deutschgläubige Gemeinschaft‘, die ‚Germanische Glaubensgemeinschaft‘ und die ‚Nordische Glaubensgemeinschaft‘ aus, so daß von dem Kern der Deutschen Glaubensbewegung nicht viel übrigblieb.“[25] Die verbleibenden beiden Gruppierungen konnten sich ebenfalls nicht einigen über die religiösen Grundlagen, besonders über die Frage, wie man sich zum Christentum stellen sollte. Ihre Führer traten 1936 aus der Deutschen Glaubensbewegung aus. Diese trennte sich danach immer entschiedener von allem Christlichen. In den beiden folgenden Jahren wurde sie von staatlicher Seite aufgelöst. Es verblieben nur noch einige verlorene Häuflein. Es ist offenbar nicht leicht, eine neue Kirche zu gründen, selbst wenn sie dem Zeitgeist so entgegenkommt wie die damaligen Versuche zur Gründung einer deutschen Religion – oder gerade deshalb.

Ende Oktober 1936 schreibt P. Athanasius einen Brief an seinen Freund und Fachkollegen in Beuron, P. Johannes Schildenberger, wie immer mit der klösterlichen Anrede „Euer Hochwürden!“ Eigentlich gegen seinen Willen sei er für die Fastenpredigten in der Anima – Santa Maria dell’Anima, die Kirche der deutschsprachigen Katholiken in Rom – „verkauft worden“. Er solle dabei „hauptsächlich das Alte Testament hereinziehen“. Ob sein Kollege außer seinem eigenen Artikel in „Kirche in der Zeitenwende“ weitere Literatur kenne? „Am besten gleich schicken.“ In der Anima hat er auch 1942 und 1957 die Fastenpredigten gehalten.

---

25 E. Kleineidam, Deutscher Gottglaube, in: Ders. / O. Kuss, Die Kirche in der Zeitenwende [3]1938, 420–472, hier 465.

In seinem Brief kommt er dann noch auf ein gemeinsames Projekt zu sprechen, die Kommentare zu Tobias (Tobit), Judit und Ester in der Bonner Bibel. Die Herausgeber hatten wegen der Frage des historischen Charakters dieser Bücher Schwierigkeiten, einen geeigneten Bearbeiter dafür zu finden. Noch waren ja die 14 alten Dekrete der Bibelkommission in Geltung, die auch Erzählungen wie Tobit, Judit, Ester und Jona streng historisch genommen wissen wollten. So wandten sich die Herausgeber an P. Athanasius. Er nahm sich der Sache an und übertrug die Bearbeitung des Esterbuchs seinem Beuroner Kollegen.[26] Miteinander gingen sie in der umstrittenen Frage einen goldenen Mittelweg und sprachen von freieren Lehrerzählungen mit geschichtlichem Hintergrund. Es ging dann, wie es bei solchen Projekten oft zu gehen pflegt, nämlich nicht richtig voran, und der Verleger drängte. Also drängt auch P. Athanasius den Kollegen. Ende März 1937 wird er sehr deutlich: Zwei Jahre verstrichen und nichts getan! „Freilich gebe ich zu, dass die Verhältnisse oft stärker sind, als der gute Wille." Und „Wenn's nicht geht, dann geht's halt nicht."[27] Ein knappes Jahr später lädt er seinen Kollegen zu einem Besuch in Rom ein und mahnt zur Weiterarbeit an Ester. Er selbst weise seit zwei Jahren alle Nebenbeschäftigungen unerbittlich ab, „sonst kommt man nie zu einer Hauptarbeit". Sein Manuskript habe er längst abgeliefert. „Es ist auch eine Kunst, einmal Schluß zu machen."[28] Die Kommentare zu Tobit und Judit erschienen dann 1940, der zu Ester 1941.

Im Mai 1939 ist der Kollege tatsächlich in Rom, und P. Athanasius freut sich. Gleichzeitig teilt er dem Erzabt Benedikt Baur mit: „Bei einem Seeunglück, das mich (in der Osterwoche) ums Haar das Leben gekostet hätte, hab ich am rechten Arm eine Sehne verzerrt, sodass ich ihn oft nicht gebrauchen kann." Und er fährt fort: „Wenn ich nur irgendwie einen Ausweg sehen würde, würde ich dieses Jahr Schluss machen und den Platz jungen

26 Vgl. J. Schildenberger, P. Athanasius Miller: EuA 57 (1981) 455f.

27 Briefe an P. Johannes Schildenberger vom 29.10.1936 und 29.3.1937.

28 Brief an P. Johannes Schildenberger vom 2.3.1939.

Kräften räumen." Er wußte nicht, daß er kurz vor einer neuen „Karriere" in Rom stand und von dort erst über zwanzig Jahre später loskommen sollte. Den etwas mutlosen Satz gleicht er am Schluß mit der Bemerkung aus: „Gottlob ist aber der Humor immer ausgezeichnet."[29] Die Ferienpläne stehen kurz darauf fest: Drei bis vier Wochen Wangen, dann „Besuche wie jedes Jahr: Heimat, – Siessen, auch verschiedener Geschäfte halber, dann Stuttgart, wo ich so wie so wegen meinem Arm hinmöchte."[30] „Stuttgart" meint seinen Neffen, den Archivar, aber auch andere Bekannte dort, und das Marienhospital. Während dieser Ferienzeit, am 1. September 1939, begann der Zweite Weltkrieg.

29 Brief an Erzabt B. Baur vom 5.5.39.
30 Brief an Erzabt B. Baur vom 11.6.39.

DER ZWEITE WELTKRIEG. MONTECASSINO

In den ersten Kriegsjahren konnte der Studienbetrieb in Sant'Anselmo reibungslos fortgeführt werden, obwohl eine Anzahl der Studierenden zum Kriegsdienst einberufen wurde, vor allem unter den Deutschen. Ab dem Herbst 1943 wurde die Situation allerdings immer schwieriger. Einzelne Professoren, die keine Deutschen waren, blieben weg oder konnten nach den Ferien in der Heimat nicht mehr nach Italien zurückkehren. Die jüngeren Brüder, die für den wirtschaftlichen Unterhalt sorgten – die meisten von ihnen vom Kloster Beuron –, wurden zur Wehrmacht eingezogen und durch deutsche Schwestern der Genossenschaft Unserer Lieben Frau von Mühlhausen in Vicarello ersetzt. Professoren und Alumnen mußten im Garten mit Hand anlegen. In Italien, besonders in den Städten, herrschte Lebensmittelknappheit. Finanzielle Unterstützung für das hungernde Sant'Anselmo kam vor allem von Abteien aus Amerika. Immerhin hat P. Athanasius Ende Dezember 1943 noch 16 Hörer in der Vorlesung.

Die Osterferien des ersten Kriegsjahres will P. Athanasius „wieder ein bischen" in der Einsamkeit von Vicarello verbringen.[1] Um die Kongregation der Schwestern Unserer Lieben Frau von Mühlhausen, deren Niederlassung sich von 1930 bis 1970 im Thermalbad von Vicarello – 40 km nördlich von Rom – befand und die dort ein Sanatorium betrieb, hat sich P. Athanasius viel gekümmert. Und es waren ja noch andere Nonnenkonvente, in denen er als Spiritual oder Beichtvater wirkte, Konferenzen hielt und Exerzitien gab. Aber nicht genug: Am 22. März 1940 teilt er seinem Erzabt mit, daß er zum Konsultor der Päpstlichen Bibelkommission ernannt worden sei. Das war nicht nur zusätzliche Arbeit, sondern auch der Beginn der neuen „Karriere", auf die wir noch eigens zu sprechen kommen werden.

Für die Semesterferien im Herbst bekam er in diesem Jahr ein zweimonatiges Visum für das Kloster Disentis, eine Benediktinerabtei mit Gymna-

1 Brief an Erzabt B. Baur vom 19.3.40.

sium am Westrand von Graubünden in der Schweiz. Dort hat er auch zwei Doktoranden, die er ein wenig betreuen kann. Darauf geht es wieder für vier Wochen in die Heimat. Auf wiederholtes Bitten der Äbtissin verbringt er davon 14 Tage in Bertholdstein in der Oststeiermark. Dorthin waren die Schwestern von St. Gabriel nach der Vertreibung aus Prag umgesiedelt worden. Morgens gibt P. Athanasius dort seinen „Hebräerinnen" Unterricht, nachmittags Konferenzen für den Konvent. Darauf folgen noch 14 Tage Beuron mit den üblichen Exkursionen. Er habe viel Arbeit, schreibt er.[2]

Anfang April des Jahres 1941 heißt es in einem Brief, alles sei unsicher geworden. Immerhin hat er auch in diesem Jahr ein Visum für Disentis in der Schweiz erhalten. Nach Ostern verbringt er wie im Jahr zuvor einige Tage in Vicarello.[3]

Im Jahr darauf, 1942, schreibt er dem Erzabt, es sei eine gewisse Beruhigung eingetreten. Er schickt eine Karte von Disentis und will noch 14 Tage nach Pfäffikon und Kloster Engelberg. In Pfäffikon im Kanton Schwyz befand sich eine Landwirtschaftsschule, die vom Kloster Einsiedeln gegründet und als Internatsschule betrieben wurde, heute ein Berufsbildungszentrum. Als er nach den Ferien wieder nach Rom kommt, erhält er eine neue Aufgabe: Er wird Spiritual des Griechischen Kollegs. Der offizielle Titel des Kollegs lautet: „Päpstliches Griechisches Kolleg vom Hl. Athanasius". Diese Aufgabe mußte er wohl seines Namens wegen annehmen. Das Kolleg wurde seit 1897 von Benediktinern betreut. Es diente zur Ausbildung von Priestern für die Ostkirchen. Dort ist der neue Spiritual ab jetzt an zwei Nachmittagen wöchentlich tätig.

In der Päpstlichen Bibelkommission, so schreibt der neue Konsultor weiter, gebe es viel Arbeit.[4] Kein Wunder, denn es ging um die Vorbereitung der Enzyklika *Divino afflante Spiritu*, die im Jahr darauf – fünfzig

2 Briefe an Erzabt B. Baur vom 16.6.40; 8.7.40 und 3.10.40.
3 Brief an Erzabt B. Baur vom 7.4.41 und Karte von Disentis vom 28.7. 41.
4 Briefe an Erzabt Benedikt Baur vom 8.1.42; Karte vom 8.8.42 (von Disentis); Brief vom 12.12.42.

Als Spiritual des Collegium Graecum in Rom

Jahre nach der ersten Bibelenzyklika *Providentissimus Deus* – erscheinen sollte. Mitte Mai 1942 wurde die Bibelkommission mit der Vorbereitung beauftragt. Zunächst schrieb der Rektor des Päpstlichen Bibelinstituts, Augustin Bea, ein Votum mit vier Punkten, diesem folgte eines von P. Athanasius, das sich in drei Punkten mit dem Beas deckte. Die beiden arbeiteten in dieser Kommission von Anfang an zusammen in dieselbe Richtung. Um einen Entwurf für die Enzyklika zu erstellen, wurde im April des folgenden Jahres eine Unterkommission gebildet, bestehend aus einem Kardinal, Pater Bea, dem Franziskaner Arduin Kleinhans und P. Athanasius Miller. Die Hauptverfasser sind am Ende der Sekretär der Kommission, der Dominikaner Jacques-Marie Vosté, und Bea.[5] Die Wahl der ersten Worte und damit

5 Vgl. S. Schmidt, Augustin Bea, 117–122; F. Laplanche, La crise de l'origine 318–329; É. Fouilloux, Eugène cardinal Tisserant 265f; M.F. Pfister, Ein Mann der Bibel 525–

den Titel der Enzyklika überließ Vosté dem Präses der Bibelkommission, Kardinal Eugène Tisserant.[6] Sie erschien dann mit Datum vom 30. September 1943. Auf ihre Bedeutung werden wir noch zurückkommen.

Am 20. April 1943 war eine der beiden Schwestern von P. Athanasius, die ins Kloster Sießen eingetreten waren, Sr. M. Evarista (Emma) Miller, verstorben. Sie starb im Konvent St. Ludwig in Schwäbisch Gmünd. Dort hatte der Großteil des Sießener Konvents Zuflucht gefunden, nachdem das eigene Kloster gegen Ende des Jahres 1940 von den Nazis beschlagnahmt worden war und als „Umsiedlungslager" genützt wurde. Die Nachricht vom Tod seiner Schwester erreichte P. Athanasius erst Anfang Juni. Sein Antwortschreiben ist im Kloster Sießen erhalten geblieben. Ich will es vollständig zitieren, da es ein Zeitdokument ist und sehr charakteristisch für den Schreiber.[7]

Roma / Ostiense. S. Anselmo, den 5. Juni 1943

Ehrwürdige Schwester Oberin!

Vielen Dank für Ihre Zeilen und die liebevolle Teilnahme am Tode von Schwester Evarista. Schwester Monika hielt mich im allgemeinen auf dem Laufenden, doch hätte ich nach ihrem 2. Bericht einen anderen Ausgang erwartet. Wie Gott will! Schwester Evarista ist, so dürfen wir hoffen, gut aufgehoben, besonders in heutiger Zeit, da man ja niemanden bedauern sollte, der im Frieden des Herrn hinübergeht. Auch tröstet mich ihr mütterliches Urteil, das ja immer milde schaut, dass Evarista ein treues Klosterkind gewesen. Fehler haben wir alle, gearbeitet hat sie immer gern und viel, und der letzte Trost ist ihr auch geworden, sie hat im Mutterhaus [d.h. auf dem Friedhof in Sießen] ein Ruheplätzchen gefunden. Ich fürchtete schon, das wäre unter den heutigen Umständen gar nicht mehr möglich. Ich selber habe gleich mehrere heilige Messen

---

562.

6 B. Montagnes, Eugène Tisserant 92–119, hier 116. Er zitiert einen Brief Vostés an Tisserant vom 13.10.1942.

7 Für die Mitteilung des Briefs und der Hintergrundinformationen danke ich Sr. M. Benita Gramlich, Sießen.

für sie gelesen, und werde sie natürlich auch in Zukunft nicht vergessen. Im übrigen geht unser aller Weg die gleiche Richtung, und die Zeit, die uns von ihr trennt, ist sicher unvergleichlich geringer, als da wir mit ihr zusammenlebten. Hoffentlich ist es mir noch einmal vergönnt, an ihrem Grabe zu beten, aber unter andern Umständen als den heutigen. Den Ort, der mir von Kindestagen in allerheiligster und liebster Erinnerung, könnte ich in dieser Verfassung nicht passieren. Wie bisher wollen wir auch in Zukunft alles der heiligsten Vorsehung Gottes überlassen. Ich vergesse Sie und Ihre Anliegen nie – wie könnte ich auch das! Besonders wenn ich zum Heiligen Vater komme, denke ich immer eigens an Euch.

Mir geht es sonst den Verhältnissen entsprechend ordentlich. Opfer muss heute jeder bringen. Eines der grössten ist immer, dass unsereiner von seiner Heimat ausgeschlossen ist. Aber auch das wird sich wieder ändern. Unterdessen mache ich halt meine Ferien wie jedes Jahr in dieser Kriegszeit in der Schweiz. Ob es freilich auch heuer dazu reicht, dürfte in Anbetracht der Entwicklung der Dinge recht fraglich sein. Auch da, wie Gott will.

Indem ich mich auch Ihrem Gebete empfehle

Ihr in Chr. ergebener

P. A. Miller

Mit dem Schweizaufenthalt hat es in diesem Jahr noch einmal geklappt. Der Erzabt erhält eine Karte von Disentis und eine von Pfäffikon.[8] Das war in den beiden folgenden Jahren nicht mehr möglich.

In der zweiten Hälfte des Jahres 1943 spitzte sich die Kriegssituation in Italien zu. Sie führte schließlich zur Bombardierung und vollständigen Zerstörung des benediktinischen Mutterklosters Montecassino. Vor der Zerstörung der Abtei wurden die dortige Bibliothek und ein großer Teil der Kunstschätze gerettet. Bei dieser spektakulären Rettungsaktion spielte auch

8 Karten an den Erzabt B. Baur vom 5.7.43 und 29.8.43.

P. Athanasius eine Rolle, freilich nur eine kleine Nebenrolle. Die Sache verdient es jedoch, daß sie hier etwas ausführlicher zur Darstellung kommt. Das weltberühmte Kloster Montecassino geht auf den Heiligen Benedikt selbst zurück. Seine Gebeine ruhen zusammen mit denen seiner Schwester in der Krypta. Diese Krypta wurde Anfang des 20. Jahrhunderts von Beuroner Künstlern ausgestaltet. Im Laufe seiner Geschichte wurde das Kloster dreimal zerstört, blieb jedoch durch die Jahrhunderte hindurch ein Hort der Gelehrsamkeit und Kunst. Im Zuge des italienischen Risorgimento wurde es 1868 verstaatlicht und zum Nationaldenkmal ernannt; die Mönche blieben als seine Hüter.

Der Zweite Weltkrieg sollte die vierte und gründlichste Zerstörung des Klosters bringen. Nach dem Sturz Mussolinis am 25. Juli 1943 drohte der Angriff der Aliierten von Süden her gegen Rom. Zur Abwehr baute der Oberbefehlshaber der deutschen Streitkräfte in Italien, Generalfeldmarschall Albert Kesselring, eine Verteidiungsstellung auf, die sogenannte Gustav-Linie. Sie hatte den Monte Cassino zum Mittelpunkt und versperrte den Durchgang nach Rom durch das Liri-Tal. In 500 Metern Höhe, unmittelbar am Taleingang, thronte das Kloster wie eine gigantische Festung. Zu seinem Schutz wurde eine neutrale Zone mit Warntafeln errichtet. Am 10. September erlebte die Stadt Cassino am Fuß des Berges zum erstenmal eine Bombardierung. Viele Einwohner suchten daraufhin Zuflucht im Kloster auf dem Berg. Aber auch das Schicksal des Klosters war für Militärs absehbar, obwohl es eigentlich keine strategische Bedeutung hatte.

Im Hinblick darauf beschloß Oberstleutnant Julius Schlegel, der zur Fallschirm-Panzerdivision Hermann Göring gehörte, auf eigene Initiative, wenigstens die Bücher und die beweglichen Kunstschätze des Klosters zu retten.[9] Die Zeit drängte. Am 14. Oktober tauchten vor dem Kloster Oberst-

9 Für die folgende Darstellung, die vieles weglassen muß, habe ich folgende Quellen benützt: P. Emmanuel Munding, Der Untergang von Montecassino am 15. Febr. 1944, in: Zeugnis des Geistes. Gabe zum Benedictus-Jubiläum 547–1947 dargeboten von der Erzabtei Beuron (Beiheft zum 23. Jahrgang der BM), Beuron 1947, 112–138; P. Fidelis

leutnant Julius Schlegel und Stabsarzt Maximilian Becker auf und verlangten ein Gespräch mit dem achtzigjährigen Abt Gregorio Diamare. Als Dolmetscher der Gespräche fungierte ein Beuroner Pater namens Emmanuel Munding, der sich als Pilgerbetreuer im Kloster aufhielt. Der Oberstleutnant setzte den Abt unter Druck und machte ihm klar, daß zur Rettung von Bibliothek und Kunstgütern sofort gehandelt werden müsse, ohne Rücksicht auf die Rechtsverhältnisse. Am nächsten und übernächsten Tag begann die Verladung. Schlegel hatte offenbar bereits vor seinem Erscheinen mit der Organisation dieser Großaktion begonnen. Beim Nageln von Kisten und beim Verladen des wertvollen Archivs von etwa 70 000 Bänden, 40 000 alten Handschriften und der Kunstschätze auf 20 Lastwagen der Panzerdivision halfen viele der über tausend Flüchtlinge mit, die im Kloster Unterkunft gefunden hatten. Die einzelnen Konvois wurden jedesmal von zwei Mönchen begleitet. Es waren am Ende 120 Wagenladungen, die zur Aufbewahrung zunächst nach Spoleto abgingen, wo sich das Nachschublager der Panzerdivision befand.

Am Allerseelentag, dem 2. November, fand das letzte Hochamt in Montecassino statt. Am nächsten Tag brachte der Oberstleutnant den Prior und Pater Munding persönlich in seinem Wagen nach Sant'Anselmo. Auch etwa zwei Dutzend weitere Mönche fanden dort Zuflucht. Von den Mönchen blieben nur der Abt mit sechs Patres und fünf Brüdern im Kloster zurück. Oberstleutnant Schlegel hatte die Aktion zwar auf eigene Faust in die Wege geleitet, erhielt aber nachträglich die Rückendeckung seiner Vorgesetzten. Zu ihnen gehörte zunächst der fromme Katholik und Oblate des Benediktinerordens, General Fridolin von Senger und Etterlin, der Kommandant der Panzerdivision war, dann aber auch Generalfeldmarschall Albert Kessel-

Beerli, Montecassino (sehr informativ mit Bildern); Tommaso Leccisotti OSB, Montecassino. Sein Leben und seine Ausbreitung (dt. von H.R. Balmer-Basilius), Basel 1949, 91–117 (einseitig und teilweise ungerecht); E. Grossetti / M. Matronola, Il Bombardamento di Montecassino (quellenorientiert, mit Bildern); M. Dell'Omo, Montecassino. Un'abbazia nella storia, Montecassino 1999, 123–143.

ring. Von Senger stieg noch am Vortag von Weihnachten 1943 allein durch die Todesschlucht zur Abtei hinauf, um mit den Mönchen zusammen den Gottesdienst zu feiern.[10] In Veroli hat er auch P. Athanasius kennengelernt.[11]

Nachdem sich der Vatikan eingeschaltet hatte, wurde alles auf sieben großen Wehrmachtswagen von Spoleto nach Rom vor die Engelsburg gefahren. Dort kam die Wagenkolonne am 8. Dezember mittags um zwölf Uhr an. Die Sachen wurden dann teils in der Engelsburg, teils im Vatikan, teils in anderen Bibliotheken untergebracht. In den vatikanischen Museen lagerte in der Zeit der deutschen Besatzung fast die Hälfte aller transportablen Kunstschätze Italiens.[12] Darüber haben wir ein Zeugnis von P. Athanasius in einem Brief an seinen Beuroner Kollegen Johannes Schildenberger:

> Am 8. Dez. musste ich am Platz vor der Engelsburg in feierlicher Form Bibliothek und Archiv von MC [Montecassino] von einem H. Göring-Kommando und dem deutschen kommandierenden General (hier in Rom) übernehmen. Sie können meine Rede wahrscheinlich mal daheim im Kino vernehmen! Alles ist Gottlob gerettet und jetzt im Vatikan wohl verwahrt.[13]

Der deutsche kommandierende General war Kurt Mälzer, seit dem 30. Oktober 1943 Komandant von Rom. P. Athanasius war zusammen mit P. Augustin Mayer von Abtprimas Fidelis von Stotzingen zum Empfang der Wagenkolonne beauftragt worden. Und selbstverständlich hatte er bei dieser Gelegenheit eine kleine Dankrede zu halten. Aber wie soll sein Kollege in Beuron diese Rede „mal daheim im Kino vernehmen“ können? Die ganze Aktion war von Kamerateams der Deutschen Wochenschau begleitet worden. Und tatsächlich ist die Wochenschau, die auch diese ganz unmilitärische Aktion der Deutschen Wehrmacht für das Kino festhalten woll-

10 F. Beerli, Montecassino, 17.
11 Vgl. G. Trulli, Fridolin von Senger und Etterlin, ein Mensch, ein General, deutsch von W. Prinz, o.O. o.J., 59.
12 Vgl. G. Sailer, Monsignorina, 256–260.
13 Brief an P. Johannes Schildenberger vom 27.12.1943.

te, noch vorhanden.[14] Aber leider ist die Rede, die P. Athanasius damals hielt, weggelassen. Es wäre die einzige Möglichkeit gewesen, P. Athanasius auch heute noch sprechen zu hören mit dem schwäbischen Akzent, den er nach Zeugenaussagen stets behalten hat. Aber in den Berichten, die für die Wochenschau zusammengefaßt wurden, hört man außer Schüssen und Explosionen auf den wichtigsten Kriegsschauplätzen im Osten, Westen und Süden – Deutschland gegen die ganze Welt – nur die eherne Stimme des Kommentators.

Der unsere Aktion betreffende Bericht zeigt zunächst einige Bilder des Klosters Montecassino vor der Zerstörung, ohne Personen. Der dazugehörige Kommentar lautet:

> Kloster Montecassino. Hier wurden Jahrhunderte lang kulturhistorische Schätze gesammelt und aufbewahrt. Um diese unersetzlichen Werte vor dem Zugriff der britisch-amerikanischen Kunsträuber zu bewahren, wurden sie von der Deutschen Wehrmacht in die Engelsburg in Rom überführt.

Diese Wochenschau, die Anfang 1944, wenige Wochen vor der Bombardierung des Klosters, in den deutschen Kinos lief, konnte natürlich unmöglich den wahren Grund für die Sicherstellung der „kulturhistorischen Schätze" nennen und mußte deshalb gegnerische Kunsträuber erfinden, die darauf aus gewesen sein sollen. Nach den Bildern vom Kloster wird die Szene beim Eintreffen der Wagenkolonne vor der Engelsburg gezeigt. Man sieht die ankommenden Lastwagen, Zuschauer aus der Bevölkerung, Militärs, Honoratioren und die beiden benediktinischen Patres, vor allem P. Athanasius, der die große Pergamentrolle mit dem Verzeichnis der Schätze aus der Hand von Oberstleutnant Julius Schlegel in Empfang nimmt. Daneben ist General Kurt Mälzer zu sehen. P. Athanasius trägt den römischen

14 Die Deutsche Wochenschau Nr. 696, Bundesarchiv, Bestand Film / B-115192. Ich danke dem Bundesarchiv-Filmarchiv Berlin für Auskünfte und die Ausleihe der DVD. Darauf ist der Teil über Montecassino die Nr. 3.

Deutsche Wochenschau: P. Athanasius mit dem Verzeichnis der Schätze von Montecassino. Neben ihm General Kurt Mälzer, hinter ihm P. Augustin Mayer

Hut, Cappello Romano oder auch Saturno genannt, nimmt ihn aber im entscheidenden Moment mit einer Verbeugung kurz ab. Dann sieht man, wie einige der Schätze in den Keller der Engelsburg getragen werden. Dazu lautet der Text des Kommentators:

> Ein Vertreter des Vatikans empfängt von einem deutschen Offizier das Verzeichnis der aus dem Kloster geborgenen Stücke. Einer der ältesten Globen der Welt. Kostbare, handgeschriebene Urkunden werden von deutschen Soldaten in die Engelsburg getragen.

Hier ist P. Athanasius also zu einem Vertreter des Vatikans geworden. Der ganze Teil dauert nur 70 Sekunden. Aufnahmen aus der Wochenschau mit der Übergabeszene des Verzeichnisses der Schätze waren auch in der Berliner Illustrierten Zeitung abgebildet.

Am Abend des großen Tages lud der Abtprimas von Sant'Anselmo die beiden Helden, Oberstleutnant Schlegel und Stabsarzt Michael Becker, noch zu einem Essen ein. Auch Fotografen und Reporter der italienischen Presse waren anwesend. Darüber berichten beide in ihren Erinnerungen.[15]

15 Vgl. die entsprechenden Dokumente in italienischer Übersetzung in: E. Grossetti / M. Matronola, Il Bombardamento di Montecassino, 240. 283.

Von den anwesenden Mönchen kannten sie nur Pater Emmanuel Munding. Aber zweifellos gehörten auch P. Athanasius Miller und P. Augustin Mayer zu den Gästen.

Am 14. Dezember 1943 schreibt P. Athanasius einen Brief an seinen Erzabt. Er teilt ihm mit, die Post werde immer unsicherer. In der Tat, denn der Brief erreichte Beuron erst am 10. Februar des folgenden Jahres. „Bald werden wir ja ganz von der Welt abgeschnitten sein. Da wird es manches Wiedersehen im Jenseits geben, das einem so wie so jeden Tag vertrauter wird – und das ist auch eine Gnade." Er erwähnt die Mitbrüder von Montecassino, die um ihr Kloster bangten. An ihnen könne man „so recht die ‚tranquilla devotio' [die ruhige Ergebung] studieren, die wir freilich etwas anders zu bezeichnen geneigt wären."[16] Zu Weihnachten führen die Alumnen von Sant'Anselmo zusammen mit den Patres von Montecassino „ein schönes Weihnachtsoratorium auf, das sie heute [am 27. Dezember] zum drittenmal geben."[17]

Ende Januar 1944, vierzehn Tage vor der Bombardierung Montecassinos, gelangte ein Besucher, der Franziskaner Gereon Goldmann, der von der großen Rettungsaktion nichts wußte, unter ungewöhnlichen Umständen noch in die Abtei. In seinen Erinnerungen schildert er seinen Eintritt wie folgt:

> Ich ging durch das weit geöffnete Tor. Da lag vor mir der berühmte große Hof und die noch berühmtere Marmortreppe, die zur Kirche hinführte. Kein Mensch war zu sehen. Die beiden Posten standen draußen. Auch die Kirche war offen, kein Portal war geschlossen. Ich trat ein und blieb sprachlos stehen: Die Mauern standen alle noch, das schöne Gewölbe leuchtete, die Altäre waren intakt – das war aber auch alles. Kein Bild mehr an den Wänden, keine Statue in den Nischen, kein Kreuz über oder auf dem Altar. Es sah aus, als hätten Barbaren alles, was beweglich war, gestohlen. Ein trostloser Anblick, dieses nackte große Gotteshaus. Auch die Nebenkapellen: Kahl und verlassen. Ich ging in die große Sakristei:

16 Brief an Erzabt B. Baur vom 14.12.43.

17 Brief an P. Johannes Schildenberger vom 27.12.1943.

> Hier das gleiche schreckliche Bild. Alle Schränke standen offen und waren leer. Alle Schubladen, die sicher sonst viele herrliche Paramente geborgen hatten, waren vorgezogen, leer. Verschiedene Truhen mit alten, schweren Schlössern: Leer. Wer hatte alle diese Schätze weggeschafft? Ich wanderte weiter durch die langen Gänge des Erdgeschosses, fand aber keinen Menschen. Der Kapitelsaal, das große Refektorium, dahinter die Küche und die Vorratskammern, alles ausgeräumt, etwa geplündert? Schließlich fand ich die Bibliothek: Alle Regale leer, die berühmten Bücher und unersetzlichen Handschriften waren weg. Schweren Herzens stieg ich die Treppe empor in den ersten Stock. Auf der rechten Seite, wohl an die 100 m lang, nur Fenster, die auf die Ebene schauten. Links Zelle neben Zelle, die die Mönche jahrhundertelang beherbergt hatten. Nun standen alle Türen offen, es fand sich außer einigen Tischen und Stühlen nirgendwo mehr ein Gegenstand.[18]

Er findet schließlich doch noch einen Mönch und den Abt, der auch das letzte Opfer, die Zerstörung seiner Abtei, fürchtet. Die Zerstörung erfolgte dann am 15. Februar 1944 mit 1 113 Tonnen Spreng- und Brandbomben. Diese Sensation wurde allgemein erwartet, so daß Journalisten aus aller Welt und Filmteams am Fuß des Berges schon darauf warteten. Nur die einfachen Truppen sahen entgeistert zu; allein für sie kam die Bombardierung überraschend.[19] „Es war und blieb der schwerste Bombenangriff auf ein einzelnes Gebäude in der Kriegsgeschichte. ... Kriegsberichterstattern zufolge war der Jubel unter den aliierten Truppen der frenetischste, den sie jemals in ihrem Leben gehört hatten."[20] Doch alle Welt war schockiert

18 P. Gereon Goldmann, Tödliche Schatten – Tröstendes Licht 163f. Für den Hinweis danke ich P. Guido Becker, Blindenmarkt.

19 Eine genaue Darstellung und Bewertung bietet Matthew Parker, Monte Cassino. The Story of the Hardest-fought Battle of World War Two, London 2003, 157–185. Dem amerikanischen Oberbefehlshaber zufolge waren es nur 576 Tonnen Sprengstoff: Die Zerstörung von Monte Cassino am 15. Febr. 1944 nach dem Bericht des USA-Oberbefehlshabers (dt. von P. Suso Mayer, Beuron): BenM 28 (1952) 44–50, hier 48.

20 Ch. Kättlitz, Schlacht um Monte Cassino 1944: Militär und Geschichte 2 (2019) 8–21, hier 14.

über diese militärisch sinnlose Barbarei. Nur die Krypta des Klosters, in der auch die zurückgebliebenen Mönche überlebten, blieb ohne schwere Schäden. Der alte Wahlspruch des Klosters lautet: Succisa virescit „Zurückgeschnitten schlägt [der Baum] wieder aus" (vgl. Ijob 14,7). Das sollte aufs neue wahr werden. Nach dem Krieg wurde die Abtei auf Kosten des italienischen Staates nach den alten Bauplänen, die Julius Schlegel vorsorglich eingepackt hatte, wieder aufgebaut.
Eine gute Wirkung scheint die sinnlose Zerstörung aber doch gehabt zu haben: Kesselring war tief betroffen und verzichtete auf entsprechende Zerstörungen in Rom, Venedig und anderen Orten.[21] Auf Kesselring kommt auch P. Fidelis Beerli vom Kloster Engelberg in seinem informativen Beitrag zur Rettungsaktion Julius Schlegels zu sprechen. Als Oberbefehlshaber Süd hatte Kesselring seinen Sitz in Frascati bei Rom. In einer Anmerkung erzählt P. Fidelis folgende Anekdote, die er eigentlich nur von P. Athanasius selbst erfahren haben kann:

> Während Generalfeldmarschall Kesselring in der Villa Aldobrandini über Frascati einquartiert war, wohnte eine ältere Verwandte von ihm am Albanersee. Eines Tages bat Kesselring P. Athanas Miller aus Beuron, Exegeseprofessor in S. Anselmo, diese über 80-jährige Dame zu besuchen. „Aber sie ist doch evangelisch, wird sie mich empfangen?" – „Sicherlich und mit Freude!" P. Athanas begrüßt diese Greisin: „Wie geht's, Mütterchen? Müßt bald ans Sterben denken. Hab Ihr keine Angst?" – „Nicht im geringsten. Wissen Sie, ich hatte einmal eine katholische Hausangestellte, von der ich ein Gebetlein lernte, das ich jetzt täglich verrichte." – „Dürfte ich wissen, wie das lautet?" – „Gerne! Es lautet: ‚Heilige Maria, Mutter Gottes, bitt für uns Sünder, jetzt und in der Stunde unseres Todes!' Wenn mir beim Sterben diese himmlische Mutter beisteht, kann ich doch ruhig sein, nicht wahr!"[22]

21 Darauf weist M. Parker, Monte Cassino (Anm. 19) 185 hin, auch in einem Interview in: Ch. Kättlitz, Schlacht (Anm. 20) 17.
22 P. Fidelis Beerli, Montecassino 16.

Diese Anekdote setzt voraus, daß Kesselring mit P. Athanasius bekannt war.[23] Aber offenbar kannten ihn in Rom alle. Diesen Eindruck gewinnt man jedenfalls aufgrund der zahlreichen Persönlichkeiten, die in den Briefen genannt und vom Schreiber als bekannt bezeichnet oder vorausgesetzt werden.

Durch die Aufnahme der Mönche von Montecassino, die jetzt ihr Kloster verloren sahen, und andere Gäste wurde das Problem der Ernährung in Sant'Anselmo immer schwieriger.[24] Hilfe kam, wie schon erwähnt, vor allem von den Mitbrüdern aus Amerika. Sie „halten S. Anselm wacker auf der Höhe."[25] P. Athanasius ist mehr und mehr um seine Familie und das Schicksal seiner Lieben besorgt. Am 10. März 1944 tippt er mit seiner Schreibmaschine eine Karte an seine Nichte Emma, die als Lehrerin in Tübingen lebt. Der Text lautet:

> Vielen Dank für Deinen Brief, der mir richtig überbracht wurde. Nun habe ich auch mal etwas Authentisches über Euch erfahren. Von Max [gemeint ist der Neffe Max Miller in Stuttgart] habe ich, seitdem er bei den Soldaten ist, nie etwas empfangen. Auch die von daheim schreiben kaum mal, obwohl doch die Post offiziell wieder befördert wird – also jedes schreiben kann. Mir geht es soweit noch gut, obwohl die Zukunft sehr dunkel ist. Ob wir das Ende des Schuljahres erreichen werden, wer weiss es? Wir haben auch sehr viel „Besuch", besonders da wir in der Nähe zweier Bahnhöfe sind.

„Besuch" ist in Anführungszeichen gesetzt. Wahrscheinlich war Sant' Anselmo während der deutschen Besatzungszeit – wie überhaupt Klöster und kirchliche Häuser in Rom – Zufluchtsort für Flüchtlinge und Verfolgte, nicht zuletzt Juden, die untertauchen mußten.[26]

23 Im Brief vom 17.4.1947 an Max Miller erwähnt P. Athanasius einen Dr. Lutz von Stuttgart, der seinerzeit im Lager Kesselrings gearbeitet und ihn viel besucht habe.

24 Vgl. Karte an Erzabt B. Baur vom 24.2.1944.

25 Brief an Erzarbt B. Baur vom 20.6.1945.

26 Vgl. G. Sailer, Monsignorina 249–256. Für Sant'Anselmo habe ich allerdings kein direktes Zeugnis dafür gefunden.

Der doppelt promovierte Priester und Regierungsrat Max Miller, über dessen Verbleib sein Onkel im März 1944 noch nichts wußte, war im Februar 1943 zu den Sanitätern eingezogen worden. Ende 1944 geriet er in englische Gefangenschaft. Durch einen Brief des Neffen vom 8. April 1945 erfuhr sein Onkel davon und schrieb postwendend, am 21. April 1945, kurz vor Kriegsende, zurück. Dieser kurze Brief ist in etwas holprigem Englisch abgefaßt, damit ihn auch die Engländer zur Kenntnis nehmen konnten. Er erklärt dem Neffen, daß er ihm die gewünschten Bücher nicht schicken könne. Er solle doch direkt schreiben an die Benediktinerabtei St. Mary's Abbey, Buckfast in Devon. Dort seien die meisten Fathers „germans (Schwaben)". Er nennt namentlich den Prior P. Wilhelm Henle und P. Bruno Fehrenbacher „von Mengen". Der letztere war seit 1939 Abt, was P. Athanasius offensichtlich gar nicht weiß.[27] In Buckfast waren seinerzeit viele Oberschwaben eingetreten. Auch in der St. Augustin's Abbey Ramsgate in Kent, ebenfalls eine Bendiktinerabtei, kenne er sehr viele Patres. P. Athanasius nennt zwei Namen mit der Bemerkung, sie seien alle seine Schüler. Er, Max Miller, müsse sagen, daß er sein Neffe sei.

Der Brief muß hilfreich gewesen sein, denn im September 1945 konnte Max Miller nach Hause zurückkehren. Das Gros der deutschen Gefangenen in England war noch dort, als Kardinal Josef Frings im Sommer 1946 eine Reise durch alle englischen Gefangenenlager unternahm. Bekannt geworden ist sein damaliges Wort, die Gefangenen dort lebten in einem „goldenen Käfig".[28] Dieses Wort scheint die Engländer sehr getroffen zu haben, so daß es bald zur Freilassung kam.

Im Juni 1945 liest man in einem Brief: „Ich bin viel in Veroli, wo ich auf dem Gut der Frauen ein eigenes Priorat eingerichtet habe, das die Frauen mit eigener Arbeit betreuen."[29] Am 27. Februar 1944 war der herzkranke

27 Vgl. W. Eisele, Aus Oberschwaben nach England: Bruno Fehrenbacher OSB (1895–1965) – Mönch und Abt von Buckfast: EuA 92 (2016) 103f.

28 Vgl. J. Kardinal Frings, Für die Menschen bestellt 79–101.

29 Brief an Erzabt B. Baur vom 20.6.1945.

Spiritual der dortigen Nonnen, P. Gabriel Locher, ganz plötzlich verstorben. Er war ein Original gewesen, gebürtig von Bremelau auf der rauhen Alb. Seine Nachfolge übernahm P. Athanasius. So blieb die Sache in Beuroner und schwäbischen Händen. Das Kloster S. Maria dei Franconi, am südlichen Abhang des Städtchens Veroli in den Bergen Latiums, etwa 100 km von Rom gelegen, sollte in der Folgezeit seine Hauptsorge werden.

Den ersten Besuch dort machte er am 7. März 1944, eine Woche nach dem Tod seines Vorgängers. Die Kommunität war nicht zuletzt durch die Kriegsumstände in große Versorgungsschwierigkeiten geraten. Da schlug der Bauernsohn gleich zu Anfang vor, in Scifelli, auf einem acht Kilometer entfernten Landstück, das dem Kloster gehörte, ein Priorat zu eröffnen und ein Hofgut zu betreiben; das entspreche auch dem benediktinischen Wahlspruch Ora et labora. Die Schwestern waren zunächst überrascht und nicht gerade begeistert von diesem Vorschlag. Doch die tüchtige Äbtissin, Mutter Maria Chiara de Felice, begriff sofort die Vorteile eines solchen Gutshofs, und im Herbst des Jahres bezog eine Priorin mit vier weiteren Nonnen und einer Postulantin das leerstehende Landhaus auf dem Gut. Das war die Gründung des Priorats. Es mußten neue Gebäude errichtet werden, Geräte angeschafft und hart gearbeitet werden, denn der Gründer wollte einen landwirtschaftlichen Musterbetrieb aufbauen.[30]

Im Laufe der Zeit wurden Brunnen gebaut, ein Kuhstall und ein Hühnerstall, man legte Obstgärten und Olivenhaine an, sorgte für eine Miste, Pumpen zur Bewässerung und anderes mehr. Neben dem alten Bauernhaus errichtete man ein neues Konventsgebäude und davor eine Lourdesgrotte, die der ganzen Anlage „eine mystische Stimmung (un tono mistico)" gab, wie die Nonnen in ihrem Bericht schreiben. Vermutlich hatte der Gründer

30 Vgl. A. Sarra, Storia del Monastero di S. Maria de' Franconi Veroli, Casamari 1977, 73–80; G. d'Onorio, Con la preghiera e il lavoro: Potenza e carità di Dio 51 (2014) 31–33 (mit Bildern). Ich danke der Äbtissin Mutter Maria Aloysia Ferrante für die Übersendung der Unterlagen. Sie hat auch eine Biographie der damaligen Äbtissin verfaßt: Madre di anime Chiara de Felice, Veroli 2019.

bei dieser Anregung die schöne Lourdesgrotte in Beuron im Hinterkopf. Die Schwestern loben ihn dafür, daß er es nicht bei guten Worten und gelegentlichen Hilfeleistungen beließ, sondern alles „mit der Hartnäckigkeit des deutschen Charakters vereint mit einer ungewöhnlichen Herzensgüte und außerordentlicher Geisteskraft" betrieb und der für ihn typischen „Schlichtheit und Fröhlichkeit".[31] Und zweifellos kamen ihm hier die Kenntnisse und Erfahrungen aus der heimatlichen Landwirtschaft zu Gute. So pflegt die Vorsehung zu arbeiten.

Für eine verstorbene Schwester des Konvents von Veroli namens Fortunata lief ein Seligsprechungsprozeß, dessen Betreiben natürlich ebenfalls am neuen Spiritual lag. Zur Förderung des Prozesses hatte sein Vorgänger eine Biographie verfaßt; P. Athanasius gab eine dritte, bearbeitete Auflage davon heraus.[32] Der Prozeß war am Ende erfolgreich, allerdings erst nach dem Tod von P. Athanasius: Papst Paul VI. sprach Fortunata am 8. Oktober 1967 selig.

In dem zitierten Brief vom Juni 1945 erwähnt P. Athanasius auch die Vollendung eines wissenschaftlichen Werkes, an dem er jahrelang gearbeitet hatte. Es ging um die Überarbeitung und Aktualisierung einer lateinisch verfaßten Einleitung in das Alte Testament, die sein Lehrer Hildebrand Höpfl verfaßt hatte.[33] Dieses Werk ist in der neuen Auflage um 400 Seiten vermehrt worden! Als Mitarbeiter bei dieser Heidenarbeit, wie der Schwabe sagen würde, stand P. Athanasius bereits ein eigener Schüler zur Seite, P. Adalbert Metzinger, der 1937 am Bibelinstitut bei P. Bea promoviert worden war. Er sollte seine Laufbahn als Abt des Klosters Weingarten beschließen. P. Athanasius fügt noch hinzu: „Das ist aber mein letztes Werk!" Er

31 So steht es in einem Bericht aus dem Nachlaß, datiert vom 27.10.1957, der die Anbringung einer Gedenkplatte am Priorat ankündigt.

32 P. Gabriel Locher, Aus Verborgenheit ans Licht. Lebensbild der Dienerin Gottes Schwester M. Fortunata Viti, Benediktinerin, Seckau 1937. 3. Auflage bearbeitet von Athanasius Miller, Beuron 1953.

33 Introductio specialis in Vetus Testamentum, editio 5. ex integro retractata operis P. Hildebrandi Höpfl, quam curaverunt A. Miller et A. Metzinger, Romae 1946.

meint natürlich sein letztes Werk wissenschaftlicher Exegese. Das war es denn auch wirklich.

Der zitierte Brief vom Juni 1945 enthält noch mehr Nachrichten: „Mit Erzabt Raphael [Walzer] stehen wir schon länger in Verbindung. Er musste mit seinen Nonnen seinerzeit fliehen, zunächst nach Südfrankreich, dann nach Africa, wo er heute in Rivet, Algier, ein Seminar für deutsche Theologen vorbildlich leitet: regelrechter Schulbetrieb: Philosophie und Theologie für deutsche Kriegsgefangene. Er fühlt sich sehr glücklich bei dieser Arbeit, wenn er auch Sehnsucht nach dem monastischen Leben hat."[34] Und vermutlich nach seinem Beuron. Ein Zeuge dieses theologischen Seminars in einem nordafrikanischen Gefangenenlager ist P. Gereon Goldmann. Wir haben ihn schon zitiert als jenen seltsamen Besucher auf Montecassino kurz vor dessen Zerstörung. Als Gefangener kam der Franziskaner nach Rivet und nahm an der dortigen Theologenausbildung teil. Es sei gewesen wie in einem Benediktinerkloster:

> „Morgens um 5. 00 Uhr begann der Tag mit dem langen benediktinischen Nachtbrevier. Um 7. 00 Uhr folgten die Laudes, vorher waren noch 30 Minuten Betrachtung. Nach der Terz um 9. 00 Uhr war täglich ein gesungenes Amt. Den ganzen Tag über folgten dann die Zeiten der Horen des Breviers. Jeden Abend gab der Abt aus seiner überreichen geistlichen Erfahrung und aus den tiefen Studien langer Jahrzehnte eine Homilie, die zum besten gehörte, was ich jemals zu hören bekommen sollte.[35] In den anderen Stunden hielt er Vorlesungen, auch diese aus dem Reichtum eines Wissens, das immer neu in Staunen versetzte. Die gesamte Theologie, die Kirchengeschichte, die Tradition der Väter und vor allem die Schätze der Liturgie – es war mir täglich rätselhaft, wie

34 Brief an Erzabt B. Baur vom 20.6.1945. In einem Brief an Erzabt B. Baur vom 21.9.1948 fragt P. Athanasius, wie er zu Erzabt Raphael eingestellt sei.

35 Ein Beispiel einer damaligen Homilie ist publiziert und bestätigt P. Goldmanns Urteil: R. Walzer OSB, „Und das Wort ist Fleisch geworden". Der freudenreiche Rosenkranz, in: S. Blanz u.a. (Hg.), Beuroner Forum Edition 2010, Münster 2010, 15–31.

ein einziger Mann so viel wissen und darbieten konnte. ... Erzabt Walzer war für uns ein Heiliger."[36]

Der zuletzt zitierte Brief, in dem P. Athanasius seinem Erzabt so viele Mitteilungen machte, ist datiert vom 20. Juni 1945. Schon am 8. Mai dieses Jahres hatte das Oberkommando der deutschen Wehrmacht die bedingungslose Kapitulation unterzeichnet. Von diesem Ende des Krieges scheint man in Rom noch nichts gewußt oder keine große Notiz genommen zu haben. Jedenfalls erwähnt sie P. Athanasius nicht. Das Ende des Krieges bedeutete ja noch lange nicht das Ende des Elends, das er heraufbeschworen hatte; es nahm nur neue Formen an.

36 G. Goldmann, Tödliche Schatten – Tröstendes Licht, 190f. 193.

DIE NACHKRIEGSJAHRE BIS 1949 UND EINE TÜBINGER AFFÄRE

Die deutschen Städte lagen 1945 in Trümmern, das Land dagegen blieb von Kriegsschäden teilweise unberührt. Dennoch wurde die Ernährungslage nach dem Krieg schrecklich. Mit den Lieferungen aus den eroberten Ländern war es vorbei, die eigenen Ernteerträge gingen auf weniger als die Hälfte zurück. Dazu kam, daß von 1946 auf 47 über ganz Westeuropa einer der härtesten Winter hereinbrach, die man erlebt hatte. Zahlreiche Männer waren in Gefangenschaft oder vermißt. Viele litten seelisch unter den grausigen Eindrücken des Krieges. Dazu kam die Not der zahlreichen Flüchtlinge und Vertriebenen. Die hungernden Städter gingen aufs Land zum Hamstern. Das nannte man „fringsen". Denn Kardinal Frings hatte im Kölner Dom von der Kanzel erklärt, in höchster Not sei es erlaubt, sich das Lebensnotwendige zu nehmen; das falle nicht unter das 7. Gebot.[1] Damit hat er freilich nur gesagt, was seit ältesten Zeiten Lehre der Kirche ist, die davon ausgeht, daß auf Eigentum eine Sozialpflicht liegt.[2]

In aller Welt waren die Deutschen verhaßt, und mit Grund. Bis Ende Dezember 1945 galt ein alliiertes Verbot, Hilfslieferungen nach Deutschland zu senden. Im November aber war in Amerika bereits eine Hilfsorganisation namens CARE („Cooperative for American Remittances to Europe") gegründet worden, die ab Juni 1946 auch Lebensmittelpakete in die amerikanische Besatzungszone schicken durfte. Die britische und die französische Zone zogen nach. Millionen Pakete wurden versandt. Aber auch andere sandten Hilfsgüter. „Die Spenden kamen in erster Linie aus den Vereinigten Staaten, aus der Schweiz, aus Schweden, vom Vatikan und

1 Vgl. Josef Kardinal Frings, Für die Menschen bestellt 56–58.

2 Vgl. Thomas v. A., Summa Theologiae II-II 66,7; Katechismus der Katholischen Kirche Nr. 2403–2405.

von karitativen Verbänden."[3] P. Athanasius können wir auch in diesem Zusammenhang als Vertreter des Vatikans bezeichnen, wie wir gleich näher sehen werden.

Bis 1949 blieb Deutschland in vier Besatzungszonen aufgeteilt, deren Grenzen faktisch wie Ländergrenzen fungierten. Für Deutsche außerhalb Deutschlands, etwa Emigrierte, war die private Einreise in ihre Heimat verboten. Nur im offiziellen Auftrag der Besatzungsmächte konnten sie in Deutschland wirken. Allenthalben herrschten Armut und Hoffnungslosigkeit. In einem Aufruf zur Gründung der CDU vom Juni 1945 hieß es: „Aus dem Chaos von Schuld und Schande, in das uns die Vergottung eines verbrecherischen Abenteurers gestürzt hat, kann eine Ordnung in demokratischer Freiheit nur erstehen, wenn wir uns auf die kulturgestaltenden sittlichen und geistigen Kräfte des Christentums besinnen und diese Kraftquelle unserem Volke immer mehr erschließen."[4]

Daß die Lage in Rom auch nicht rosig war, haben wir schon gesehen. P. Athanasius begann bereits in den Kriegsjahren mit dem Einverständnis seiner Oberen Hilfsgüter, die vor allem aus Amerika und der Schweiz kamen, zu verteilen. Insgesamt gingen mindestens 57 Millionen, vor allem Dollars und Schweizer Franken, durch seine Hände, und er führte gewissenhaft Buch darüber. „Für viele Frauenklöster, Familien, Priester und Kleriker ist seine großzügige Hilfe ... für ihr ganzes weiteres Leben entscheidend gewesen."[5] Er verschickte unzählige Lebensmittelpakete. Daß er in diesem Zusammenhang auch an die eigenen Familienmitglieder dachte, etwa seinen Neffen, den Archivar, wird man ihm nicht verdenken. Entsprechende Hinweise und Ankündigungen finden sich immer wieder in den Briefen. Für sich selbst war er von größter Genügsamkeit. „Pauperibus dives, sed

3 Gerhart Binder, Deutschland seit 1945. Eine dokumentierte gesamtdeutsche Geschichte in der Zeit der Teilung, Stuttgart-Degerloch 1969, 74.

4 Zitiert nach: G. Binder, Epoche der Entscheidungen 469.

5 B. Schwank, Nachruf: EuA 39 (163) 251f, hier 251. Zur Zahl von 57 Millionen vgl. den Brief an Abt B. Reetz vom 31.12.1957, zitiert u. Kap. 13.

sibi pauper erat" „Für die Armen war er reich, für sich selber war er arm."[6], liest man in einer Grabschrift für einen Archidiakon namens Deusdedit, die in der Callistus-Katakombe in Rom zu finden ist. Seinem Kollegen in Beuron, Basilius Steidle, gegenüber meint er: Die amerikanischen Mitbrüder tun des Guten fast zuviel.[7]

Ende Oktober 1945 teilt er seinem Erzabt mit, er habe keine Nachrichten aus der Heimat. „Nur von einer Nichte aus Tübingen kam Nachricht. Ein dortiger Bruder (vor einigen Jahren gestorben) hat alle 6 Söhne ins Feld schicken müssen. Drei sind in Russland vermisst, einer (Max Miller, Archivrat, Stuttgart) in England gefangen; der älteste in Amerika und bis jetzt nur einer heimgekommen. Dann habe ich weitere vier Neffen im Feld, von denen ich gar nichts weiss."[8] Bis Ende Februar des nächsten Jahres hat er neue Informationen und beginnt, für die Gefangenen Gesuche um Befreiung zu schreiben. Er bemüht sogar den Vatikan, aber: „Vom Vatikan ist gar nichts zu erreichen. Capisco!"[9] Gemeint ist nicht, daß der Vatikan nicht helfen will, sondern daß seine Autorität bei den weltlichen Behörden nicht zählt. Er hat erfahren, daß seine Schwester Athanasia sich in der russischen Zone, in Eisleben, befindet und fügt hinzu: „Hoffentlich ist sie noch am Leben. Sie ist sonst kurragiert und wird sich schon durchhauen."[10] Sie war durch die Kriegsumstände zusammen mit vier Mitschwestern nach Eisleben geraten, wo sie knapp zwei Jahre in der ambulanten Krankenpflege und in der Seelsorge arbeiteten. 1946 konnten sie wieder an ihren alten Arbeitsort, das Christinenstift in Gereonsweiler bei Aachen, zurückkehren. Es ist noch heute eine Einrichtung für Demenzkranke.[11]

Im selben Brief steht noch eine weitere Nachricht ganz am Schluß: „Galen hat hier ungeheure Triumpfe gefeiert, und das von allen Seiten ohne

6 Inscriptiones Latinae Christianae Veteres (ILCV) 1195.
7 Brief an B. Steidle (im Nachlaß Erzabt B. Baur) vom 19.1.1946.
8 Brief an Erzabt B. Baur vom 22.10.1945.
9 Karte an Max Miller vom 15.10.1946.
10 Brief an Max Miller vom 28.2.1946.
11 Nach den Informationen der Archivarin, Sr. Adelheid Scheloske SAC, Limburg.

Unterschied der Nation. Diese wahrhaft christliche Tat des Heiligen Vaters wird uns viel nützen, denn unsere Eminenzen haben die Gelegenheit gut ausgenützt und auch alles gut vorbereitet gehabt." Der Bischof von Münster, Clemens August von Galen, der 1941 drei mutige Predigten gegen die Tötung von Geisteskranken gehalten hatte, war am 21. Februar 1946 in Rom zusammen mit Joseph Frings und Konrad von Preysing zum Kardinal erhoben worden. Unter den vier deutschen Kardinälen, zu denen ja auch Faulhaber gehörte, war Galen der eigentliche Held. Eine anschauliche Schilderung gibt Hubert Jedin in seinem „Lebensbericht": Am Morgen des 15. Februar kamen die Vier in Rom an. Am folgenden Tag fuhren sie nach Vicarello, wo sich etwa 50 deutsche Priester versammelt hatten, die in der Seelsorge der Kriegsgefangenen tätig waren. Am folgenden Sonntag sprach Galen in der Kirche der Anima, wies die These von der Kollektivschuld des deutschen Volkes zurück und erwähnte auch das Unrecht, das gegenwärtig im deutschen Osten geschah.

> „Wie groß sein Ruf in der ganzen Welt war, konnte man schon bemerken, als die drei neuen deutschen Kardinäle nach dem Geheimen Konsistorium vom 18. Februar im Generalat der Salvatorianer nahe St. Peter die Ernennungsbillets in Empfang nahmen. Alles drängte sich um Galen, Inder und Chinesen aus dem nahen Propagandakolleg, die dem baumlangen Galen nur bis an die Brust reichten, schüttelten ihm die Hände, ihm, der als Symbol des Widerstandes gegen Hitler galt. Zu einer großen Ovation für ihn wurde das Öffentliche Konsistorium in St. Peter am 21. Februar. Als Galen der Rote Hut aufgesetzt wurde, ging durch den ganzen Dom ein Sturm des Beifalls. Er war in der Tat, wie Erzbischof [Gustavo] Testa mir sagte, „il santo della festa" (der Tagesheilige)."[12]

In seinem Brief von Ende Februar kommt P. Athanasius auch noch auf ein ungewöhnliches Thema zu sprechen: die Zustände an der Tübinger Theologischen Fakultät. Er schreibt:

---

12 H. Jedin, Lebensbericht, 157.

> Was ist auch mit Fink los? Erst heute sagte mir Prof. Petersen, es bleibe ihm schlechthin unbegreiflich, dass man einen solchen Mann, der sich immer als Mordsnazi hier aufgeführt und jeden andern, der nicht dieser Meinung war, als „Anhänger des Vatikans" degradierte, auf dem Posten lassen könne! Und was ist denn mit Adam los? Es schwirren hier so allerhand Gerüchte umher?

Mit „Fink" ist Karl August Fink (1904–1983) gemeint, der in Tübingen Professor für neuere Kirchengeschichte war. Mit dem Professor „Petersen" ist wohl der Konvertit Erik Peterson gemeint, der seit 1946 Professor am Päpstlichen Institut für christliche Archäologie war. Sant'Anselmo hatte sich bei der Römischen Studienkongregation vergeblich darum bemüht, eine Lehrerlaubnis für ihn zu erwirken.[13] „Adam" ist der Tübinger Dogmatikprofessor Karl Adam (1876–1966). Er hat, ähnlich wie sein Kollege von der Dogmatik in Münster, Michael Schmaus, die nationalsozialistische Ideologie unterstützt und Hitler verehrt. Seinetwegen schrieb P. Athanasius am selben Tag an seinen Erzabt: „Es gehen so viele Gerüchte über Adam, ob wohl etwas wahr daran ist? Nach den Briefen meines Neffen, Tübingen, kann ich es kaum glauben."[14]

Am 6. Mai 1946 antwortet der Neffe von Tübingen aus. Der Brief ist allerdings mit einem verbrauchten Farbband geschrieben und nur sehr schwer entzifferbar, daher in der folgenden Wiedergabe die Fragezeichen:

> Du hast auch recht, es ist ein ganz grosser Skandal, dass Fink sich halten kann und der noch grössere Skandal, dass er sogar nicht ohne Erfolg versucht, die anderen Professoren zu terrorisieren. Er hat es fertig gebracht, als erster zum Ordinarius ernannt zu werden und mit seinen Hehlern soll nun auch Stier, der seit 12 Jahren keinen Strich für sein Fach gearbeitet und 5 Jahre Medizin studiert hat und weiss Gott wie lang mit

13 Vgl. B. Nichtweiß, Erik Peterson. Neue Sicht auf Leben und Werk, Freiburg u.a. 1992, 863.

14 Brief an Erzabt B. Baur vom 28.2.1946.

der S. (?) gesprungen ist, vor andern zum Ordinarius gemacht werden.[15] Jedermann (?) weiss um die Haltung von Fink, allgemein wird er als Nazispitzel angesehen, er machte keinen Hehl aus seiner Gesinnung und ständig berief er sich auf seinen Gönner Kultminister [Bernhard] Rust.[16] Man weiss, daß er Dr. Volbach in Rom[17] als Halbjuden und Dr. Kohlberg (Kolberg?) denunzieren wollte und nur der Rektor die Sache (?) nicht durchliess. Aber nichts geschieht, im Gegenteil, wird er wohl nächstdem Dekan werden, da Steinbüchel[18] Rektor geworden ist und nun auch sein Hehler ist, während er ihn früher als Nazispitzel bezeichnete. Es wäre wirklich an der Zeit, wenn von Rom aus – was geschehen würde, d.h.von dort aus das entsprechende Material an die zuständige Stelle käme. Sonst (?) ist es wohl um die Tübinger Schule geschehen. Allgemein ist man der Ansicht, dass die Klique um Fink als Nachfolger für [Karl] Adam, der nun bald 70 ist, [Friedrich] Stegmüller von Würzburg holen will.[19] Den habe ich seinerzeit in Rom selbst genossen. Überleg Dir mal, was man da tun kann. Ich habe für mich keine Aspirationen. Aber um die Fakultät ist mir es doch leid und um die Theologen, die so unkirchlichen Männern ausgeliefert werden sollen.

Darauf antwortet P. Athanasius am 28. Mai 1946 von Rom aus:

Fink hat hier seinerzeit bei allen recht und katholisch Denkenden abgehaust und Prof. Petersen z.B. schlägt sich heute noch vor den Kopf, dass so etwas möglich ist – aber der Herr weiss, dass das heutige Rom, um das er sich schon früher nie gekümmert hat, zu diplomatisch ist, um in der Sache, ehe es einen Skandal gibt, etwas zu tun – und der gute

15 Fridolin Stier (1902–1981), von 1946–1954 Ordinarius für Altes Testament in Tübingen.

16 Bernhard Rust (1883–1945), Preußischer Kultusminister von 1933–1945.

17 Der Archäologe und Kunsthistoriker Wolfgang Fritz Volbach (1872–1988). Er wurde 1933 Mitglied der Päpstlichen Archäologischen Akademie und an den Vatikanischen Museen beschäftigt. 1950–1958 war er Direktor des Römisch-Germanischen Zentralmuseums Mainz.

18 Theodor Steinbüchel (1888–1949), Moraltheologe und Sozialethiker.

19 Friedrich Stegmüller (1902–1981) war von 1949–1968 Ordinarius in Freiburg.

Bischof [Joannes Baptista Sproll] wird eben auch kampfmüde sein, und das verstehe ich. Also besser, sich überhaupt nicht auf einen Streit einlassen. Ich musste eben heute Herrn Generalvikar Kottmann[20] in einer Angelegenheit schreiben, hab aber den Fall mit keiner Silbe erwähnt. Ich stehe der Sache zu fern, geht mich eigentlich auch nichts an! Dazu kommt, dass unser Herr Erzabt immer sehr anerkennend von der theolog. Fakultät Tübingen schreibt ... und seine Studenten, solange keine Möglichkeit für Rom besteht, zunächst nach Tübingen schickt. Im übrigen ist noch nicht aller Tage Abend. Wir wollen aber das Gericht, wie gesagt, dem lieben Gott überlassen.

In einem Brief vom 12. September 1946 steht noch die rhetorische Frage: „In der Universitäts-Lage wird wohl keine Änderung mehr eingetreten sein?“ Damit war die Angelegenheit für P. Athanasius erledigt.

Die Sache hatte Jahre später allerdings noch ein Nachspiel. Der Skandal trat nämlich wirklich ein. Fink rezensierte im Jahr 1953 ein Werk über Pius IX. Daraufhin hagelte es Beschwerdebriefe an den Bischof von Rottenburg und man fragte ihn, wie ein so unkirchlicher Lehrer katholische Theologen unterrichten könne. Fünf Jahre später erging ein Dekret des Heiligen Offiziums an den Professor, in dem er streng ermahnt wurde, es künftig in seiner Lehre und bei seinen Publikationen nicht mehr an der schuldigen Achtung vor der Kirche und dem *Sentire cum Ecclesia* fehlen zu lassen. Fink allerdings berief sich auf seine Unabhängigkeit als Wissenschaftler und blieb uneinsichtig.[21] Damit hatte alles sein Bewenden.

Die Ferien kann P. Athanasius nach zweijähriger Unterbrechung 1946 wieder in der Schweiz verbringen, wo er „die Früchte dieses glücklichen Landes“ genießt. Das steht in dem erwähnten Brief an seinen Neffen vom 12. September 1946. Er ist von Pfäffikon aus geschrieben. Doch seine Hei-

20 Eugen Kottmann (1888–1947), Generalvikar der Diözese Rottenburg seit 1927. Nach Auskunft des Rottenburger Archivs ist dieser Brief dort nicht vorhanden.

21 Vgl. D. Burkard, Revisionistische oder kritische Kirchengeschichtsschreibung? Der Tübinger Theologe Karl August Fink (1904–1983): Rottenburger Jahrbuch für Kirchengeschichte 32 (2013) 173–2010, hier 200–208.

mat durfte er aufgrund der alliierten Bestimmungen nicht besuchen, so daß er sich wieder mit der Schweiz begnügen mußte. An den Erzabt schreibt er von Disentis aus:

> Ich hätte natürlich allzu gerne einen Besuch gemacht – aber! So werde ich halt von den Höhen von St. Gallen aus einen Blick ins Schwabenländle werfen. Ich halt' es langsam mit dem hl. Franz von Sales: „Auf dieser Welt wenig Wünsche hegen und auf die wenigen nicht viel geben."[22]

Das Wort des hl. Franz von Sales ist offensichtlich aus dem Gedächtnis zitiert. Gemeint ist wohl folgendes: „Ich will nur wenig, und was ich will, das will ich nur für Gott. Ich habe wenig Wünsche; würde ich aber wieder auf die Welt kommen, dann hätte ich oder vielmehr möchte ich gar keine Wünsche mehr haben."[23]

Was Sant'Anselmo angeht, meldet P. Athanasius im November 1945, man habe bereits wieder über 70 Zuhörer, davon freilich nur 15 im Haus wohnende. Darauf teilt ihm der Erzabt mit, in Beuron habe man nur noch 10 Hörer an der Schule.[24] Ein Jahr später kann der Professor in Sant'Anselmo stolz mitteilen: „Wir sind wieder glücklich in S. Anselm beisammen, die Internationalität ist fast vollständig zurückgekehrt; ausser Schweiz und Österreich wohl alle Länder wieder vertreten; die Zahl der Zuhörer mit den Auswärtigen so gross wie vielleicht noch nie, seitdem S. Anselm besteht. Wie freilich das Niveau sein wird, muss die Zukunft zeigen."[25]

1946 arbeitet P. Athanasius „mit Hochdruck" an der letzten Revision seiner Psalmenübersetzung.[26] Im Februar des folgenden Jahrs meldet er den

22 Brief an Erzabt B. Baur vom 19.8.46.

23 Werke des hl. Franz von Sales. Deutsche Ausgabe der Werke, Bd. 2: Geistliche Gespräche, Eichstätt und Wien 1958, 312. Vgl. auch ebd. 91. 100. Für Auskünfte danke ich P. Herbert Winklehner OSFS, Wien.

24 Brief an Erzabt B. Baur vom 13.11.1945. Antwort des Erzabts vom 17.12.1945.

25 Brief an Erzabt B. Baur vom 8.11.1946.

26 Karte an Max Miller vom 16.3.1946.

Abschluß.[27] Der Anlaß für die Revision war eine von Pius XII. initiierte lateinische Neuübersetzung des Psalters, die zur Aufnahme in die Breviere dienen sollte. Die Unzufriedenheit mit dem gebräuchlichen (alt)lateinischen Text des Psalters ist so alt wie dieser selbst. Schon Hieronymus hatte vergeblich daran zu bessern gesucht. 1941 erteilte der Papst in aller Verschwiegenheit den Auftrag zur neuen Revision an das Bibelinstitut. Augustin Bea bildete eine Kommission, die in 139 Sitzungen mit großer Mühe den neuen Text erstellte; er sollte verständlicher sein und den hebräischen Text besser berücksichtigen. Zur Empfehlung des Werkes schrieb Bea ein ganzes Büchlein über die Geschichte der lateinischen Psalterübersetzungen und den Charakter der neuen.[28] Dieser gab er die Bezeichnung „Psalterium Pianum". Durch das *Motu proprio* vom 24. März 1945 stellte der Papst allen zum kirchlichen Stundengebet verpflichteten Klerikern frei, nach Gutdünken die neue Übersetzung zu gebrauchen.

Es sollte Bea und seinen Mitarbeitern jedoch nicht besser ergehen als dem hl. Hieronymus. P. Athanasius fand an der Neuübersetzung nicht nur viele Vorzüge, sondern auch viele Schwächen.[29] Auch sonst gab es neben viel Zustimmung auch viel Kritik. Unzufrieden war man vor allem mit dem gehobenen, dem klassischen angenäherten Latein dieser Übersetzung. Kardinal Tisserant, der Präses der Bibelkommission, teilte Bea seine Unzufriedenheit mit und meinte: Vier von fünf Bearbeitern seien Deutsche gewesen, und so finde man an ihrem Produkt auf Schritt und Tritt die deutsche Pedanterie.[30] Vielleicht war Tisserant auch ein wenig verärgert darüber, daß man die Arbeit nicht *seiner* Kommission anvertraut hatte, zu der Bea ja ebenfalls gehörte. Die neue Übersetzung gelangte dann zwar in die Breviere, aber schon nach 25 Jahren wurde sie aus dem Verkehr gezogen. Und der es tun

27 Karte an Erzabt B. Baur vom 24.2.1947.

28 A. Bea SJ, Die neue lateinische Psalmenübersetzung. Ihr Werden und ihr Geist, Freiburg i.B. 1949.

29 Karte an Max Miller vom 16.3.1946.

30 É. Fouilloux, Eugène cardinal Tisserant 268.

mußte, war Bea selbst. Denn 1965 wurde er von Paul VI. mit der Revision der Vulgata, der Nova Vulgata, betraut und mußte im Zuge dieser Revision sein eigenes Werk zu Grabe tragen. Darin liegt zweifellos eine gewisse persönliche Tragik, die Bea jedoch mit der ihm eigenen Größe und Demut hinnahm.[31]

Im April 1947 schreibt P. Athanasius an seinen Neffen: „Ich habe jetzt meine Übersetzung des neuen Psalteriums abgeliefert und bin überzeugt, dass sie, wie die alte, gute Aufnahme finden wird – trotz Guardini –, der ja offiziell für die Diözesen beauftragt ist, eine Übersetzung herzustellen."[32] Die Übersetzung des Psalmen-Millers ist zweifellos volkstümlicher gehalten als die Romano Guardinis, die ebenfalls nach dem *Psalterium Pianum* angefertigt wurde. Beide erschienen fast gleichzeitig 1949.[33] Der Psalmen-Miller konnte mit seiner zweisprachigen Ausgabe den Erfolg der früheren Ausgaben jedoch nicht mehr wiederholen. Guardinis „Deutscher Psalter" scheint etwas erfolgreicher gewesen zu sein. 1998 erschien noch eine 7. Auflage, der die „Theologischen Gebete" des Übersetzers beigefügt waren. Die Zeit beider Übersetzungen ging spätestens mit der Einheitsübersetzung zu Ende. Leider.

Mit der neuen und letzten Ausgabe der Psalmenübersetzung haben wir chronologisch etwas vorgegriffen. Im März 1947 schreibt P. Athanasius dem Erzabt, von seiner Schwester Athanasia habe er einen Brief erhalten, der das Nachkriegselend in grauenhaften Farben schildere, und fährt dann fort:

---

31 Gut dargestellt bei Max Zerwick SJ, Am Päpstlichen Bibelinstitut in Rom 77–80. Vgl. auch M. Gilbert SJ, The Pontifical Biblical Institute 127–131.

32 Brief an Max Miller vom 17.4.1947.

33 Die Psalmen nach dem neuen im Auftrag von Papst Pius XII. hergestellten lateinischen Wortlaut. Lateinisch und deutsch. Mit kurzer Erklärung von Athanasius Miller OSB, Freiburg 1949. Meine Ausgabe ist als 14. Auflage bezeichnet. In den Bibliographien wird sie aber als 15. Auflage geführt. Deutscher Psalter. Nach der lateinischen Ausgabe Papst Pius' XII. übersetzt von Romano Guardini. Im Auftrag der deutschen Bischöfe, München 1949.

Übermorgen gehe ich wieder nach Veroli, um dort Ostern zu feiern. Ich tu es sehr gerne, zumal ich selber funktionieren [sic!] kann. Im übrigen geht es dort gut, auch im neu gegründeten Priorat. Nur sind halt die guten Schwestern keine deutschen Arbeitskräfte; man muss unendlich Geduld mit ihnen haben. Wären sie auf der anderen Seite nicht so gute Kinder, könnte einem die Arbeit oft verdriessen.[34]

Ende Juli dieses Jahres ist er noch in Rom. Da erlebt er eine große Überraschung: „Die Generaloberin von Untermarchtal mit Begleitung, die es in 5 Tagen fertig gebracht hat, nach Rom zu kommen! Da hab ich manches erfahren!“[35] Auch in diesem Jahr war es noch nicht möglich, in den Ferien die gewohnten Heimatbesuche zu machen. In dem Brief, mit dem er das seinem Neffen Max mitteilt, fügt er hinzu: „Nur gut, dass niemand den Weg zum Himmel verrammeln kann!“[36] Er schreibt ihm von Pfäffikon aus am 21. August 1947. Seinem Erzabt teilt er dann von Rom aus Weiteres von seinem Schweizaufenthalt mit: „Bis 21. September war ich in Sarnen [gemeint ist wohl das Benediktinerinnenkloster St. Andreas] beschäftigt; dann hatte ich in Chur am Seminar [gemeint ist wohl die Theologische Hochschule] zur Eröffnung des Schuljahres einen Vortrag zu halten und schließlich musste ich die ersten Oktobertage benützen, um meinen Pass erneuern zu lassen. So kam ich erst am 8. Oktober hierher zurück.“[37] Zuvor war er noch in Disentis.[38] Um dieselbe Zeit bittet er den Erzabt um „Generalabsolution“ für die Verwaltung der letzten sieben Jahre über Almosen, Zuwendungen, Beschaffungen, Liebespakete etc. Die dafür aufgewendeten Summen gingen in die Millionen.[39]

Am 22. April 1948 schreibt er einen Brief an seinen Neffen in Stuttgart mit folgenden Mitteilungen:

---

34 Brief an Erzabt B. Baur vom 6.3.1947.
35 Brief an Max Miller von Pfäffikon am 21. 8.1947.
36 Brief an Max Miller vom 17.4.1947.
37 Brief an Erzabt B. Baur vom 25.10.1947.
38 Karte an Max Miller vom 24.9.1947
39 Brief an Erzabt B. Baur vom 1.8.1947.

Carissime! Deinen Brief vom 12. April habe ich erhalten. Auch ich bin mit meiner Korrespondenz schwer im Hintertreffen! Ich habe neben so vielem immer einige hunderte von Druckbogen vor mir liegen [gemeint sind die zu korrigierenden Druckbogen für sein neues Psalterium], und die Briefe mit den unmöglichsten Wünschen fliegen nur so von aller Welt herbei. Für die Oster- und Namenstagswünsche [Athanasius ist am 2. Mai] danke ich von Herzen und erwiedere erstere noch nachträglich. Habe seit Jahren Ostern nicht mehr in Rom gefeiert, sondern immer bei meinen Nonnen in den Abruzzen [d.h. in Veroli]. Ich kann mich dabei wenigstens immer wieder etwas erholen.

Mit Politik beschäftige ich mich überhaupt nicht – ich bete nur, dass einmal die Vernunft wiederkehrt, sonst ist nichts zu hoffen. Wenn der liebe Herrgott mal will, ist bald Ordnung im Haus. Aber der hat hier ebenso wenig etwas zu sagen, als nach dem ersten Weltkrieg. Ich habe vor einiger Zeit verschiedene Schriften gelesen – aus den deutschen Konzentrationslagern, auch katholische – das hat mir wieder für lange Zeit jeden gustus an der Menschheit benommen.

So wenig ich mich sonst über Politik aufrege, so hat mich die Wahl in Italien doch stark beschäftigt, wie jedermann leicht versteht. Das Resultat ist über Erwarten glänzend, selbst der Democrazia Cristiana zu viel. Sie muss jetzt die ganze Last und Verantwortung auf sich nehmen.[40]

In den Wahlen dieses Monats hatte die Democrazia Cristiana eine absolute Mehrheit errungen, die sie bis 1953 behielt. In der Fakultät von Sant'Anselmo sind 256 Examina abzunehmen. Die Bibelkommission beschäftigt den Konsultor einen ganzen Monat. Danach reist er wieder in die Schweiz. Im Theodosianum in Zürich muß er sich im Juli einer Operation unterziehen. In dieser Zeit hat er viel Besuch: „4 Schweizer-Äbte und viele Patres, und Oblaten von Beuron“. Danach geht es „in das stille und mir liebste Disentis“.[41]

40 Brief an Max Miller vom 22.4.1948.

41 Brief an Erzabt B. Baur vom 20.7.1948.

In diesem Jahr 1948 erhält er erstmals nach dem Krieg eine Erlaubnis zur Einreise in Deutschland. Schon im März hatte er den Erzabt um eine dringliche Einladung nach Beuron für die französische Zonenbehörde gebeten,[42] und es klappte. Bei dieser Gelegenheit will er auch wieder Wolfartsweiler besuchen, sein Heimatdorf. Am 7. August setzt er sich in Disentis hin und schreibt „eine Kriegs- und Friedenspredigt“, wie er sie in der Überschrift nennt. Wenig später, wohl Ende September oder Anfang Oktober, wurde die Predigt tatsächlich gehalten. Sie ist recht sorgfältig ausgearbeitet, natürlich handschriftlich wie alle seine Predigten. Er wollte für seine Heimatgemeinde offenbar eine Art Bilanz aus den vergangenen Jahren ziehen, Trost und Mahnung geben. Er beginnt mit einer Einleitung:

> Viele Jahre sind es her, seitdem ich das letztemal auf dieser Kanzel meines lieben Heimatkirchleins stand – und noch viel mehr ist seitdem geschehen, was zutiefst in unser aller Leben eingegriffen hat.
>
> a) Wir haben die Jahre *brutalster Vergewaltigung* vonseiten unserer eigenen Landsleute über uns ergehen lassen müssen. b) Der schrecklichste aller *Kriege* ist über uns hinweggebraust und hat über die meisten Familien so viel Leid und Kummer gebracht. c) So viele unserer Landsleute schmachten heute noch in *Gefangenschaft* oder ruhen irgendwo auf dem Meeresgrund oder in fremder Erde, ohne daß ihre Angehörigen auch nur eine Ahnung davon haben. d) Zu alledem geknechtet, verarmt und mehr oder weniger von der ganzen Welt *verachtet.*
>
> Das ist wahrlich kein schönes Wiedersehen, wenn wir nur die Außenseite dieser Ereignisse betrachten und dabei noch gar – was die Zukunft bringt!

Auf diese Einleitung folgt ein erster Teil, den der Prediger überschreibt mit „Tatsachen und Trost“. Er beginnt:

> Aber so wahr das alles ist, meine Lieben, so bringt uns der Gedanke an das Erlittene und das Grübeln um die Zukunft keinen Schritt weiter.

42 Brief an Erzabt B. Baur vom 22.3.1948.

Derselbe Gott, der uns lehrt, im Glück nicht übermütig zu werden, der lehrt uns auch, im Unglück nicht zu verzagen. ... Und schließlich, meine Teuren, gehören wir selber gar nicht zu denen, die in dieser Katastrophe am meisten mitgenommen worden sind. Von wenigen schweren Wunden abgesehen steht unsere nähere Heimat noch unversehrt da. Wir sind nicht herausgerissen von Heimat und Hof und müssen nicht ziellos und mittellos in aller Welt umherirren. Wir können wieder frei unseren Glauben leben und müssen nicht immer fürchten, von irgend einem unwürdigen Taugenichts verraten zu werden.

Es folgt dann ein zweiter Teil mit der Überschrift: „Wir haben in dieser Zeit viel gelernt“:

Nur im Leid und in der Trübsal, in Not lernt der Mensch, was eigentlich „Nachfolge Christi“ heißt, mit anderen Worten wirkliches Christentum. Es kostet wenig Mühe, mit der Kerze in der Hand einer Fronleichnamsprozession zu folgen. Es kostet jedoch großes Opfer, mitten in Frieden und Glück einer Sonntagspflicht zu genügen. Aber im Schrecken eines Konzentrationslagers, in der erstickenden Öde und Enge einer langjährigen Gefangenschaft, in der Drangsal, Mühe und Not des heutigen Lebens die Geduld zu bewahren, alles gelassen, ja dankbar aus der Hand Gottes anzunehmen – das ist wahres Christentum.

Aber wir haben noch mehr gelernt:

Heute, da alle Werte umgestoßen und alle Stände umgekehrt und durcheinander geworfen werden, da Leben und Gut, Reichtum und Ehre und Wohlstand keine sichere Stütze mehr bieten, hat auch das Leben in den Augen eines jeden Nachdenkenden, Besinnlichen, seine richtige Einschätzung wieder gefunden. Dieses Leben ist eben nicht *das* Leben, sondern nur eine kurze, kurze Probe- und Prüfungszeit. Sonst kämen vor allem heute unendlich viele Menschen schlecht weg. Aber die Welt von heute will es anders haben: Sie will das Leben hier auf Erden wieder zum Paradies machen: pfeifen auf Himmel und Hölle und auch auf den lieben Herrgott. Im Osten ist der liebe Herrgott ganz abgesetzt – im Westen kehren sie sich nicht um ihn. ... Und der liebe Herrgott läßt ihnen den Willen: „Wenn ihr mich nicht mehr braucht, so macht es halt allein“: Und das ist die größte Strafe für die Menschen, wenn er sie sich selber überläßt.

Darauf folgt noch ein dritter Teil: „Was sollen wir da tun inmitten einer solchen Gesinnungs- und Sittenverwirrung? Ich sage: *Haltet fest an den 3 Sternen: Glaube, Hoffnung, Liebe*.“ Diese Stichworte und ihre aktuelle Bedeutung geht er dann einzeln durch: In dieser Welt ohne Ordnung und ohne Gerechtigkeit ist der *Glaube* „unsere einzige Orientierung in allen Lagen. Menschen, die keinen Glauben haben, hängen ihr Herz an alles mögliche, um schließlich arm und mit leeren Herzen dazustehen.“ „Wir können auch heute noch mit starkem Herzen und frohem Gemüte singen: ‚O mein Christ, laß Gott nur walten...‘.“ Die schönste Frucht der *Hoffnung* ist die Geduld. Es ist zwar die schwerste Tugend, „aber die einzige Möglichkeit, bei der wir Gott gleichsam etwas von unserm Eigenen anbieten können. Der Herr versagt keinem seine Gnade, der auf ihn vertraut, und belohnt Geduld mit ewigem Himmelslohn!“

Die *Liebe* als die höchste Tugend fordert zwei Dinge: 1. das Halten der Gebote und 2. Tat. Liebe, die nicht auch zu leiden bereit ist, besteht nur aus leeren Worten. Sie hat zwei Seiten: Gottes- und Nächstenliebe. Für den „Wiederaufbau unseres Vaterlandes“ ist nichts wichtiger, als „daß wir unter uns den Frieden bewahren, Liebe erweisen, tätige Liebe, und jede schmutzige Ausnützung der Verhältnisse von uns ferne halten.“ „Wir müssen anfangen am Aufbau, aber bei uns!“[43]

Diese Predigt, die wir natürlich nur noch als Gerippe haben, war nicht als allgemeine Betrachtung und Beurteilung der schlimmen Zeit gedacht, sondern konkret für die Heimatgemeinde mit dem Blick auf ihre derzeitige Lage. Und es ist charakteristisch, daß der Prediger nicht in erster Linie

43 Meine Wiedergabe dieser Predigt ist diplomatisch. Das Original ist, wie alle Predigtskizzen des Autors, sorgfältig untergliedert in viele sehr kurze Absätze, die im mündlichen Vortrag ausgebaut werden konnten. Die Untergliederungsziffern habe ich nach Möglichkeit beseitigt. Das ergibt natürlich nur das Gerippe der Predigt.

zu „Ärmel aufkrempeln, anpacken, aufbauen“ aufruft, sondern zu Glaube, Hoffnung, Liebe. Das schöne Lied „O mein Christ, laß Gott nur walten“, das er der Gemeinde ans Herz legt, wurde in meiner Kindheit und Jugendzeit noch viel gesungen. Seine Botschaft war auch für einen Eugen Bolz Lebensinhalt, wie er selbst bezeugt.[44] Es stand im Gesangbuch der Diözese Rottenburg. Auch im neuen Gotteslob von 2013 findet man es mit allen sieben Strophen und zwei verschiedenen Melodien im gemeinsamen Anhang der Diözesen Rottenburg-Stuttgart und Freiburg (Nr. 844/845). Wir werden ganz am Ende noch einmal darauf zurückkommen.

In Deutschland wehte zum Zeitpunkt der Predigt jedoch bereits ein anderer Wind. Im Juni 1948 hatte die Währungsreform stattgefunden, und unmittelbar danach setzte das sogenannte Wirtschaftswunder ein. Damit begann eine geistige und religiöse Entwicklung, die nicht nach dem Sinn des Predigers von Wolfartsweiler war. Die Parole des Wirtschaftsministers Ludwig Erhard „Wohlstand für alle“ ging dem einfachen Bürger besser ein als Glaube, Hoffnung, Liebe oder die Seligpreisungen der Bergpredigt.

Im Oktober des Jahres 1948 hält sich P. Athanasius in Sorrent auf. Dort befindet sich ein Benediktinerinnenkloster (Monastero San Paolo al Deserto). 1930 wurde dort Emmanuella Moretti zur Äbtissin gewählt, sie starb 1972. Auf einer Postkarte an seinen Neffen teilt P. Athanasius mit, er weile hier für biblische Konferenzen und genieße nebenbei „die unvergleichlichen Herrlichkeiten eines sonnigen Herbstes im Golf von Neapel.“ Das Thema der italienisch ausgearbeiteten Vorträge – sie sind erhalten – war: „Das Ideal der Seelenvereinigung mit Gott nach den Psalmen“ und „nach dem Alten Testament im Licht des Neuen Testaments“. Über diese Thematik hatte er bereits 1937 einen langen Aufsatz veröffentlicht.[45] Die Karte schließt mit einer Ankündigung: „Nächstens folgen einige kleine Packetchen.“[46]

44 Vgl. M. Miller, Eugen Bolz, 337.

45 A. Miller, Das Ideal der Gottverbundenheit im Alten Testament nach der Lehre der Psalmen: BenM 19 (1937) 153–173.

46 Karte an Max Miller vom 6.10.1948.

Im Jahr darauf, 1949, verbringt er die Karwoche in Veroli und geht dann über Ostern wieder 14 Tage nach Sorrent, um dort die im vergangenen Oktober begonnenen Konferenzen fortzusetzen.[47] Im Mai teilt er dem Erzabt mit:

> Meine Nonnen von Veroli, Boville, Rom haben mir [zu seinem Namenstag am 2. Mai] so viel „Dolce“ und „Wein“ verehrt, dass es für die ganze Kommunität [von Sant'Anselmo] reichte! Ich hab jetzt acht Konvente, aber nur 2 als Ordinarius, 3 als Adjunctus und 3 als Extraordinarius. Nun genügt es![48]

Das Kloster in Veroli kennen wir bereits. Mit „Boville“ dürfte das Monastero Benedettine San Giovanni Battista in Boville Ernica gemeint sein. Die dortige Kommunität nahm sich die Reform von Veroli zum Vorbild und holte sich von dort sogar die neue Äbtissin.[49] „Rom“ meint in diesem Zusammenhang die Villa San Francesco in der Via dei Monti Parioli. Dort ist er Spiritual.[50] Zum Verständnis der Begriffe muß man wissen, daß der ordentliche Beichtvater für Nonnenkonvente damals vom Bischof bestellt werden mußte. Der Extraordinarius hatte nur einige Male im Jahr zum Beichthören zu kommen, der Adjunctus wohl nur aushilfsweise. Die beiden Gemeinschaften, für die P. Athanasius als Ordinarius zuständig war, dürften Veroli und Vicarello sein. In den Briefen begegnen noch Sorrent, das wir bereits kennengelernt haben, und Potenza. Damit ist wohl das Monastero delle Benedettine di Santa Caterina in San Sisto in Potenza Picena gemeint. Dieser Gemeinschaft besorgt er aus den ihm zur Verfügung stehenden Mitteln eine Strickmaschine, „um ihren Lebenskampf etwas zu mildern“ und gibt dort 1949 die Exerzitien.[51] Eine Strickmaschine besorgt er einige Jahre

---

47 Karte an Max Miller vom 29.3.1949; Brief an Erzabt B. Baur vom 4.4.1949.

48 Brief an Erzabt B. Baur vom 8.5.1949.

49 Vgl. A. Sarra, Storia del Monastero di S. Maria de' Franconi 64; M.A. Ferrante, Madre di anime Chiara de Felice 46–52.

50 Vgl. Brief an Erzabt B. Baur vom 16.12.1951.

51 Briefe an Erzabt B. Baur vom 10.11.1949 und 15.12.1949.

Letzte Vorlesung als Professor in Sant'Anselmo.

später auch für Veroli.[52] Drei Jahre vorher, als er erst bei sechs Konventen angekommen war, erklärt er in einem Nebensatz: Die Seelsorge befriedige ihn am meisten.[53] Das bleibt auch so. Wenn er einmal von Vicarello schreibt: „Diese Nonnen bringen einen um",[54] so ist das als schwäbische Redewendung zu verstehen, die lediglich bedeutet, daß die Nonnen mit ihren Anliegen auch etwas anstrengend werden können.

Am 8. Mai 1949 ernannte Papst Pius XII., wohl auf den Rat Beas hin,[55] den 69jährigen P. Athanasius zum Sekretär der Päpstlichen Bibelkom-

52 Brief an Erzabt B. Baur vom 8.2.1959.

53 Brief an Erzabt B. Baur vom 8.11.1946.

54 Brief an Erzabt B. Baur vom 6.4.1951.

55 Das gibt P. Johannes Schildenberger an: P. Athanasius Miller: EuA 57 (1981) 455f, hier 456.

misssion. Sein Vorgänger, der Dominikaner Jacques-Marie Vosté, war kurz zuvor verstorben. Die große Neuigkeit wurde von P. Adalbert Metzinger dem Erzabt per Telegramm mitgeteilt. Daß der frisch Berufene einen Monat später „müde und abgearbeitet“ ist, wird man verstehen.[56] Mit dem neuen Amt mußte er freilich die geliebte Professur für Altes Testament am Kolleg von Sant’Anselmo aufgeben. Der Briefwechsel mit seinem Neffen, dem Archivdirektor in Stuttgart, bricht jetzt ab.

Am 11. Juli hat der neue Sekretär seine erste Audienz beim Papst. Im Brief an den Erzabt vom Tag darauf schreibt er lediglich: „Der Hl. Vater war sehr lieb, und dankte mir zweimal herzlich, daß ich das Amt angenommen habe.“[57] Bei dieser Gelegenheit fragte ihn der Papst aber auch, ob er der Verfasser des schönen Büchleins über die Reise der sieben Schwaben ins Kloster sei?[58] Woher wußte der Papst davon? Hat ihm das vielleicht Bea erzählt? Doch als ehemaliger Nuntius in München und Berlin, der auch den württembergischen Innenminister und späteren Staatspräsidenten Eugen Bolz gut kannte und in Pfullendorf am 30. August 1929 gepredigt und den Päpstlichen Segen gespendet hatte,[59] könnte der Papst auch auf anderem Weg damit bekannt geworden sein.[60] Mit Bea, der schon seit 1931 Konsultor der Bibelkommission war, verstand sich P. Athanasius schon lange sehr gut. Mit dem neuen Amt wuchsen die beiden noch enger zusammen und wurden gute Freunde.

Die Ferien hatte P. Athanasius in diesem Jahr besonders nötig. Er hatte seinen Erzabt wieder um eine Einladung an die Adresse der Zonenbehörde gebeten, habe sie doch im vorhergehenden Jahr „Wunder gewirkt“.[61] Aber diesmal blieb das Wunder aus – „die Alliierten sind zu ecklig [sic!]

56 Brief an Erzabt B. Baur vom 12.6.1949.

57 Brief an Erzabt B. Baur vom 12.7.1949.

58 P. Benedikt Schwank, Zum Tode von P. Athanasius Miller: EuA 39 (1963) 251f. Ich habe die Anekdote aus seinem eigenen Mund gehört.

59 Das liest man auf einer im Kirchenschiff angebrachten Tafel.

60 Zur Bekanntschaft mit Eugen Bolz vgl. Max Miller, Eugen Bolz 339. 372.

61 Brief an Erzabt B. Baur vom 14.3.1949.

dieses Jahr".[62] Von der Schweiz aus gelang der Heimatbesuch dann aber doch. So kann P. Athanasius am 29. Juli seinem Erzabt von Disentis aus seine weiteren Pläne mitteilen: zuerst nach Einsiedeln, „dann über S. Gallen (geschäftlich) für 8 Tage nach Wangen, das mir immer am besten getan hat. ... Am 14./15. treffen sich die ‚Miller' in der Heimat. Auch die Klosterschwestern dürfen kommen. Die eine habe ich seit 15 Jahren nicht mehr gesehen." Um den 20. August will er dann nach Beuron kommen bis zum 10. September.[63]

Die Klosterchronik vermerkt: „Noch im Monat August trafen bei uns aus Rom die R.R. P.P. [Reverendi Patres] Athanasius und Adalbert [Metzinger] ein. R.P. Athanasius, der neuernannte Sekretär der PBK hielt uns einige interessante Vorträge über den Stand der Bibelwissenschaft." Diese beiden Vorträge sind im Nachlaß vorhanden. Der erste schildert den exegesegeschichtlichen Hintergrund der Enzyklika *Divino afflante Spiritu* von 1943, der zweite zeigt auf, wie man – trotz allen verbleibenden Schwierigkeiten – mit Hilfe der Bestimmung der literarischen Art auch bei Texten wie der Urgeschichte der Genesis an der Irrtumslosigkeit der Heiligen Schrift festhalten könne. Ein archäologischer Lichtbildervortrag wäre dem Konvent vielleicht doch lieber gewesen. Aber das waren nun einmal die brennenden Probleme, mit denen sich der Sekretär der Bibelkommission herumzuschlagen hatte.

---

62 Briefkarte (mit Bildnis von Fortunata Viti) an Max Miller vom 12.7.1949. Vgl. Brief vom selben Tag an Erzabt B. Baur.

63 Brief an Erzabt B. Baur vom 29.7.1949.

ZUR GESCHICHTE DER PÄPSTLICHEN BIBELKOMMISSION

Um zu verstehen, welche Verantwortung auf dem Amt des Sekretärs der Bibelkommission zu jener Zeit lag, muß man sich die Geschichte dieser Kommission und die Lage der katholischen Exegese vor und nach der Enzyklika *Divino afflante Spiritu* verdeutlichen. Erst von daher läßt sich dann auch einschätzen, was P. Athanasius in diesem delikaten Amt geleistet hat. Wir müssen also etwas weiter ausholen.

Seit der Zeit des Humanismus und der sogenannten Aufklärung bemüht sich die wissenschaftliche Exegese verstärkt um ein historisches und kulturgeschichtliches Verständnis der Heiligen Schrift. Bei solchen Untersuchungen werden die biblischen Texte als antike Literatur betrachtet und nicht anders untersucht als andere antike Literatur auch. Dabei ergaben sich Erkenntnisse, die mit traditionellen Ansichten über die biblische Geschichte kollidierten oder zu kollidieren schienen. Das führte vor allem auf katholischer Seite zu ständigen Querelen mit dem Lehramt und hatte teilweise schlimme, vor allem für die Betroffenen harte Folgen, wenn kirchliche Obere oder gar römische Stellen sich zu Verurteilungen genötigt sahen.

Die Hauptursache der Auseinandersetzungen erkannte bereits im 17. Jahrhundert einer der größten katholischen Bibelwissenschaftler, Richard Simon (1638–1712): Es ist die mangelnde Unterscheidung der Zuständigkeiten.[1] In allen kritischen, das heißt: historischen, kulturgeschichtlichen und literaturwissenschaftlichen Fragen hat nicht das Lehramt, sondern allein die entsprechende Kompetenz der Exegeten zu entscheiden; in allen Fragen der theologischen Deutung der biblischen Texte dagegen muß eine kirchliche Exegese die kirchliche Tradition und Lehre berücksichtigen.

1 Zu Richard Simon vgl. M. Reiser, Bibelkritik und Auslegung der Heiligen Schrift, 185–217; ders., Richard Simon. Histoire critique du Vieux Testament, in: O. Wischmeyer (Hg.), Handbuch der Bibelhermeneutiken, Berlin / Boston 2016, 547–558.

Und Richard Simon war zu Recht überzeugt, daß sich Theologie und wissenschaftliche Kritik nicht ins Gehege kommen, wenn diese Fragen und Zuständigkeiten sorgfältig unterschieden werden. Leider hat sich diese Einsicht in der Kirche jedoch nur sehr langsam durchgesetzt und man muß wohl sagen: auch heute noch nicht überall. Das zeigt sich überdeutlich an der Geschichte der Päpstlichen Bibelkommission, am deutlichsten vielleicht an ihrer Vorgeschichte.[2]

Als P. Athanasius zum Sekretär der Bibelkommission ernannt wurde, begann er als erstes selbst ihre Geschichte genauer zu studieren. Das Ergebnis hat er in einem handschriftlich erhaltenen Exposé festgehalten. Es datiert vom 2. Juli (für den geschichtlichen Teil) und vom 15. Juli 1949 (für die Ratschläge und Vorsätze), war also abgeschlossen, bevor er in Ferien gehen wollte. Die folgenden Zitate sind diesem Exposé entnommen. Seine Darstellung entspricht in den Grundlinien dem, was wir aus anderen Quellen und Untersuchungen kennen, in Einzelheiten bietet es jedoch Informationen, die nur dem Eingeweihten bekannt waren.

Demnach war der eigentliche Anlaß zur Gründung der Bibelkommission der „mißliche Fall" des sogenannten *Comma Johanneum* im Jahr 1897. Damals entschied die römische Inquisitionsbehörde – später zum Heiligen Offizium, heute zur Glaubenskongregation geworden – eine Frage, für die sie nach Richard Simons Grundsatz nicht zuständig war. Sie erklärte nämlich den lateinischen Text der Vulgata von 1 Joh 4,7 für authentisch, obwohl er einen späten trinitätstheologischen Zusatz – eben jenes *Comma Johanneum* – zum griechischen Text enthält. Die Nichtursprünglichkeit des Zusatzes hatte bereits Richard Simon erkannt und wissenschaftlich um-

2 Zum Folgenden vgl. A. Vanhoye, Passé et présent de la Commission Biblique: Gregorianum 74 (1993) 261–275; J.P.M. van der Ploeg OP, Zur Geschichte der päpstlichen Bibelkommission; B. Montagnes OP, Eugène Tisserant, 92–119. Sehr informativ ist das Kapitel: „Libérer les études bibliques" bei É. Fouilloux, Eugène cardinal Tisserant 233–277. Zu vergleichen ist auch der kurze Artikel von Athanasius Miller, Art. Commissione Pontifica Biblica: Enciclopedia Cattolica 4 (1950) 61f.

fassend bewiesen.[3] So stieß die Entscheidung des Heiligen Offiziums alle kompetenten Exegeten vor den Kopf. 1927 sah sich diese oberste Behörde der römischen Kurie gezwungen, eine beruhigende Erklärung abzugeben: Selbstverständlich seien weitere Forschungen zu dieser Frage erlaubt.[4]

Auf die unglückliche Entscheidung des Jahres 1897 hin beschloß Leo XIII., eine Kommission für solche Fragen zu gründen, „die nicht ex cathedra zu entscheiden sind". Außerdem sollte sie angesichts der modernen Probleme in den biblischen Wissenschaften solide katholische Forschungen fördern. Die Kommission wurde 1902 gebildet. Sie bestand aus einigen Kardinälen und Konsultoren, die Fachleute sein sollten. Aus den Konsultoren sollte der Sekretär der Kommission genommen werden, den der Papst ernannte. Präses der Kommission war natürlich ein Kardinal, doch der Sekretär unterzeichnete die Dokumente und hatte sie damit auch zu verantworten. Da man die Bibelkommission als ein dem Heiligen Offizium untergeordnetes Organ betrachtete, hatte sie bis in die vierziger Jahre hinein ihren Ort in dessen Nähe. Ab 1904 erhielt sie zusätzlich das Recht, die akademischen Grade des Lizentiats und des Doktorats zu verleihen.

Durch das *Motu proprio* „Praestantia Scripturae Sacrae" vom November 1907 wurden die Entscheidungen der Kommission den Dekreten der Heiligen Kongregationen gleichgestellt, verlangten also unbedingte Unterwerfung und banden das Gewissen.[5] 1924 legte Pius XI. fest, daß künftig niemand in kirchlichen Ausbildungsstätten Hl. Schrift unterrichten sollte, der nicht zuvor den entsprechenden Studiengang absolviert und die akademischen Grade entweder bei der Bibelkommission oder beim Bibelinstitut erlangt habe. Dieses römische Monopol, das faktisch nicht vollständig einzuhalten war, wurde erst 1979 von Johannes Paul II. aufgehoben.[6] Jeden-

3 Vgl. M. Reiser, Theologie und Kritik. Richard Simon und das *Comma Johanneum*, in: Ders., Die Autorität der Schrift, 53–66.

4 EnchB 136.

5 EnchB 286.

6 Vgl. K. Stock SJ, Augustin Bea als Rektor des Päpstlichen Bibelinstituts und Konsultor der Päpstlichen Bibelkommission, in: C. Brodkorb / D. Burkard (Hg.), Der Kardinal

falls machten diese Vorgaben vor allem dem Sekretär der Bibelkommission, der die Prüfungen vorzubereiten und durchzuführen hatte, viel Mühe und Arbeit.

Leo XIII. starb im Jahr nach der Gründung der Kommission. Sein Nachfolger Pius X. sah in der neuen Kommission nicht so sehr ein Instrument zur Förderung von Studien als ein Instrument zur Bekämpfung der sogenannten Modernisten, die sich eine zeitgemäße Kirche und moderne Exegese wünschten.[7] Die Frage war nur, welches die geeigneten Mittel in diesem Kampf wären. Der Dominikaner Marie-Joseph Lagrange war der Überzeugung, man müsse „Kritik mit Kritik beantworten." Mit „Kritik" meinte er dabei wissenschaftliche Fragen und Anfragen, Betrachtungsweisen und Methoden. Wissenschaftliche Kontroversen müssen nun einmal mit wissenschaftlichen Mitteln ausgetragen werden. Für dieses Prinzip berief sich P. Lagrange zu Recht auf das Gründungsdokument Leos XIII. für die Bibelkommission, das Apostolische Schreiben *Vigilantiae*: Das sei die Überzeugung dieses Papstes gewesen.[8] Das Rom Pius X. aber zog Überwachung und Sanktionen vor, um modernistische, das heißt: allzu liberale, traditionsfeindliche und häretische oder vermeintlich häretische Ansichten fernzuhalten. Selbst ein frommer, kirchlich gesinnter Gelehrter, zudem Konsultor der Bibelkommission, wie der Jesuit Franz von Hummelauer galt plötzlich als hyperkritisch und gefährlich liberal. Er mußte die Bibelkommission verlassen und die Exegese ganz aufgeben.[9] Das 1909 eröffnete *Päpstliche Bibelinstitut*, das ja auch P. Athanasius einige Monate lang besucht hatte, sollte ebenfalls dazu dienen, jene Richtung in der Exegese zu bekämpfen,

---

der Einheit. Zum 50. Todestag des Jesuiten, Exegeten und Ökumenikers Augustin Bea (1881–1968) (Jesuitica 22), Regensburg 2018, 131–149.

7 Vgl. K. Schatz, Kirchengeschiche der Neuzeit II, Düsseldorf 1989, 120–130; C. Arnold, Kleine Geschichte des Modernismus, Freiburg i.B. 2007.

8 M.-J. Lagrange OP, M. Loisy et le modernisme. A Propos des „Mémoires", Juvisy 1932, 118.

9 Näheres dazu bei M. Reiser, Wahrheit und literarische Arten der biblischen Erzählung, in: Ders., Bibelkritik, 355–371.

als deren Exponent und geistiges Haupt Lagrange galt.[10] Lagrange selbst wurde belangt und konnte sich nur durch große Demut retten.

Die 14 kurzen Dekrete, die die Bibelkommission in den ersten zehn Jahren ihres Bestehens veröffentlichte, betrafen fast durchweg historische und literaturwissenschaftliche Fragen, die ohne große Begründung lehramtlich entschieden wurden und damit die Freiheit weiterer Forschung beschnitten. Die meisten dieser Entscheidungen konnte kaum ein kompetenter Wissenschaftler guten Gewissens akzeptieren, und doch sollten die Dekrete der Kommission auch das Gewissen binden. So wirkte sich die Arbeit der Bibelkommission in den ersten Jahren auf die katholische Wissenschaft bestürzend und lähmend aus. Man fürchtete ihr Eingreifen. Eine Reihe von Forschungsgebieten war plötzlich zum verminten Gelände geworden, das man lieber gar nicht erst betrat. Dazu gehörte für Alttestamentler vor allem die Urgeschichte der Genesis. Wie sollte man dieses Buch wissenschaftlich auslegen, wenn man Mose als Verfasser annehmen und alles als Faktenbericht verstehen mußte? Der Genesiskommentar Lagranges, der die literarische Art der entsprechenden Erzählungen anders verstand, durfte nicht publiziert werden. Er wechselte daraufhin zum Neuen Testament. Aber auch sein hervorragender Kommentar zum Markusevangelium mißfiel seinen römischen Gegnern. Er zitiere viel zu viele ungläubige Autoren. Wozu noch gegen sie argumentieren?[11] In protestantischen Augen erschien die katholische Exegese einfach als rückständig und dogmatisch beschränkt.

Im Jahr 1922 schrieb der gelehrte Kardinal Franz Ehrle (1845–1934), den P. Athanasius schon als Landsmann gut kannte,[12] einen Brief an den gelehrten Papst Pius XI. Darin legte er dem Papst „in freier, offener Sprache" dar, daß die restriktive Arbeit der Kommission negativ wirke und vor allem im Ausland auf Ablehnung stoße. Daraufhin hörten die Dekrete der

10 Vgl. K. Schatz, Geschichte der deutschen Jesuiten (1814–1983), 6 Bde., Münster 2013–2017, hier II 6; B. Montagnes, Marie-Joseph Lagrange, 321–325.

11 Vgl. B. Montagnes, Marie Joseph Lagrange, 239–243.

12 Das sagt er im Brief an Max Miller vom 22.6.1927.

Kommission auf. Im Vorwort einer Dissertation über die Inspiration und Wahrheit der Heiligen Schrift, die 1932 in Rom erschien, konnte man (auf Latein) lesen: „Nachdem die biblische Modernismuskrise endlich überwunden ist, genießen wir dankbar den Frieden und das hellere Licht, das uns verschiedene kirchliche Dokumente gebracht haben, besonders die Entscheidungen (responsa) der Päpstlichen Bibelkommission.“ Der Verfasser dieser voreiligen Feststellung war seinerzeit Professor am Angelicum in Rom und seit drei Jahren Konsultor der genannten Kommission. Sieben Jahre später sollte er ihr Sekretär werden, sah die Dinge mittlerweile jedoch etwas anders. Es war der Dominikaner Jacques-Marie Vosté (1883–1949), der gleichzeitig mit P. Athanasius an der École biblique studiert hatte. Noch 1933/34 wurden zwei Exegeten von der Bibelkommission gemaßregelt.[13]

Die neuen Untersuchungsmethoden und literaturwissenschaftlichen Ansätze der Exegese verlangten begründete Stellungnahmen der zuständigen Autoritäten, die nicht einfach auf Verbote hinausliefen. P. Athanasius nennt Gattungsforschung, Geschichte und Archäologie. Sie hätten „gewaltige Fortschritte gemacht und klopften mit Gewalt an das Tor vermeintlich katholischer Glaubensfestungen“. Auch die Textkritik und der Inspirationsbegriff stellten ganz neue Fragen und verlangten neue Lösungen. Die katholischen Exegeten wünschten sich zu Recht nicht Mißtrauen und Überwachung, sondern Ermutigung und Klärung. Viele flüchteten sich in Nebenfächer wie Geschichte, Textkritik, Apokryphen und Archäologie, wo man keine dogmatischen Konflikte und Maßregelungen befürchten mußte. So blieb die Hauptsache auf der Strecke, das, was P. Athanasius „die eigentliche, tiefere Sinndeutung der Schrift“ nennt, also theologische und geistliche Exegese. Die tiefere Ursache des Übels war freilich, daß man die Fragen der Kritik und der theologischen Deutung immer noch nicht auseinander zu halten wußte, auch bei den Exegeten selbst nicht.

13 Vgl. J.P.M. van der Ploeg, Bibelkommission, 21.

Den Umschwung in der Haltung der Bibelkommission brachte nach der Darstellung von P. Athanasius das Sekretariat Vostés, das 1939 begann. Vosté hatte 1909 bis 1911 an der École biblique in Jerusalem studiert und nach dem Tod Lagranges 1938 einen ausführlichen Nachruf verfaßt, in dem Person und Werk Lagranges gewürdigt werden, mehrfach mit persönlichen Erinnerungen. Er schloß seine Würdigung mit dem Satz: „Die Erinnerung an einen solchen Mann ist wertvoller als seine bleibenden Werke."[14] Augustin Bea, seit 1931 Konsultor der Bibelkommission, hat Vosté einmal als seinen besten Freund bezeichnet, obwohl er kein einfacher Charakter gewesen sei.[15]

Ohne Zweifel hatte Vosté seine großen Verdienste um den Richtungswechsel der Bibelkommission, aber wir wissen heute, daß es ein anderer war, der ihn in die Wege leitete: Kardinal Eugène Tisserant (1884–1972). Er war selbst ein Bibelwissenschaftler und Orientalist und hatte 1904/5 ebenfalls an der École biblique bei Lagrange studiert. Die erste große Darstellung von Lagranges Leben und Werk erschien 1943 mit einem bemerkenswerten Vorwort aus seiner Feder, das den Bibelwissenschaftler als Diener der Kirche würdigt.[16] Im Juli 1938 wollte Tisserant dem Papst gerade die Abschaffung der unfruchtbaren Bibelkommission vorschlagen, da ernannte ihn Pius XI. zu ihrem Präses. Tisserant war fest entschlossen, die Kommission umzugestalten und ihr eine neue Richtung zu geben, vor allem aber jene Aufgabe, die sie ursprünglich haben sollte: die wissenschaftliche Forschung katholischer Exegeten zu fördern, statt sie kleinlich zu überwachen und auf der genauen Einhaltung der Dekrete aus der Anfangszeit zu bestehen, die offiziell selbstverständlich weiterhin in Geltung blieben. (Die katholische Kirche tut sich schwer, Fehler einzugestehen.)[17]

14 J.-M. Vosté, In memoriam Rev. adm. Patris M.-I. Lagrange, O.P.: Angelicum 15 (1938) 245–261.

15 S. Schmidt, Augustin Bea, 122.

16 F.-M. Braun, L'œuvre du Père Lagrange. Étude et bibliographie. Préface de S.E. Le Cardinal Tisserant, Fribourg en Suisse 1943. Es sind vier Seiten: VII–X.

17 Vgl. die Beispiele bei M. Seewald, Reform, Freiburg i.Br. 2019, 67–110. Es darf nun einmal nicht alles beim Alten bleiben, wenn alles beim Alten bleiben soll.

Dieses Ziel verfolgte der neue Präses der Kommission vor allem durch eine entsprechende Personalpolitik. Die alte Garde wurde nach und nach durch kompetente, aufgeschlossene Mitglieder unter den Kardinälen wie unter den Konsultoren ersetzt. Tisserant war es auch, der dafür sorgte, daß Vosté ab Mai 1939 Sekretär wurde. Der neue Papst, Pius XII., bemerkte dazu, er freue sich, mit dieser Berufung dem Orden der Dominikaner einen Gefallen tun zu können, der sich um die biblischen Studien so verdient gemacht habe, besonders in Jerusalem.[18] Er meinte natürlich Lagranges École biblique. Die päpstliche Bemerkung kam einer späten Rehabilitation Lagranges gleich. Dieser war kurz zuvor verstorben, ohne die Veröffentlichung seines Genesiskommentars gesehen zu haben. Am Ende waren es also zwei Schüler Lagranges, die den Umschwung bewerkstelligten. Durch diesen Umschwung kehrte die Bibelkommission zu jenen Grundsätzen zurück, die Leo XIII. in seinem Apostolischen Schreiben *Vigilantiae* dargelegt hatte.

1940 wurde der sechzigjährige P. Athanasius zum Konsultor der Bibelkommission berufen. Im Jahr darauf zeigte sich der neue Kurs zum erstenmal öffentlich. Ein Priester aus Neapel, Dolindo Ruotolo, verschickte an die Kardinäle und Bischöfe Italiens unter dem Pseudonym Dain Cohenel ein Pamphlet, in dem die historisch-kritische Exegese als große Gefahr für die Kirche und die Seelen hingestellt wurde. Der Autor griff sowohl die Päpstliche Bibelkommission als auch das Päpstliche Bibelinstitut der Jesuiten an. Unter der Leitung von Vosté arbeitete eine kleine Unterkommission, zu der auch der Rektor des Bibelinstituts, Augustin Bea, gehörte, eine Stellungnahme aus. Die Vorwürfe wurden als Verleumdung zurückgewiesen und dem Autor in einigen Fällen Ignoranz der tatsächlichen Sachverhalte nachgewiesen. Das Votum der Kommission wurde vom Papst gutgeheißen und mit der eigenhändigen Unterschrift Kardinal Tisserants an alle 384 Empfänger des Pamphlets verschickt.[19] Weiter erreichte es Tisserant,

18 É. Fouilloux, Eugène cardinal Tisserant 259.

19 F. Laplanche, La crise de l'origine 318f; M. Gibert SJ, The Pontifical Instiute 121–123; É. Fouilloux, Eugène cardinal Tisserant 264f; M.F. Pfister, Ein Mann der Bibel 468–519.

daß dieses Dokument in den *Acta Apostolicae Sedis* veröffentlicht und später in das *Enchiridion biblicum* aufgenommen wurde.[20] Dieses Enchiridion war eine Sammlung von lehramtlichen Dokumenten, die sich auf die Bibelwissenschaft bezogen. So wurden die Bibelkommission und das Bibelinstitut „zusammengeschmiedet", wie P. Athanasius schreibt, aber auch allgemein bekannt, daß sich der Wind gedreht hatte. Außerdem bereitete dieses Schreiben „den Boden" zur Abfassung der Bibelenzyklika *Divino afflante Spiritu*. Mit ihr kam der eigentliche Durchbruch.

Diese Enzyklika Pius XII. wurde 50 Jahre nach der ersten Bibelenzyklika *Providentissimus Deus* am 30. September 1943, dem Gedenktag des Heiligen Hieronymus, veröffentlicht. Wie wir schon gesehen haben, konnte sie Kardinal Tisserant als Präses der Bibelkommission mit gutem Recht als „unsere Enzyklika" bezeichnen.[21] Auch P. Athanasius hatte in der Unterkommission für den Entwurf mitgearbeitet, aber die Hauptverfasser waren zweifellos Vosté und Bea. Da las man nun in einer päpstlichen Enzyklika die erstaunlichen Sätze: Man solle die Arbeit der katholischen Exegeten „nicht nur mit Billigkeit und Gerechtigkeit, sondern auch mit höchster Liebe beurteilen. Das mögen sich alle anderen Söhne der Kirche merken und sich von jenem wenig klugen Eifer fernhalten, der meint, alles Neue schon deshalb bekämpfen oder verdächtigen zu müssen, weil es neu ist".[22] Die Exegeten ihrerseits werden ermahnt, sich nicht nur um die historische und kritische Auslegung der biblischen Texte zu bemühen, sondern auch um ihre theologische und geistliche Deutung, und dies schon im Hinblick auf die Liturgie, in der diese Texte ihren gewichtigen Ort finden. Dabei seien die Väter und Kirchenlehrer eine wichtige Hilfe. Es wird ihnen weiter ans Herz gelegt, sich um ein besseres Verständnis der Inspiration zu bemühen. Das waren berechtigte Ermahnungen, aber sie fielen leider unter die Dornen.

20 EnchB 522–533.
21 Vgl. É. Fouilloux, Eugène cardinal Tisserant 252f. Zur Entstehung der Enzyklika vgl. o. Kap. 8.
22 EnchB 564.

Was den Literalsinn angeht, müsse man vor allem auf die Aussageabsicht der heiligen Autoren achten und dabei die jeweilige literarische Art berücksichtigen. Der entsprechende Abschnitt der Enzyklika liest sich wie ein Ausschnitt aus einer Vorlesung von Bea.[23] Er hat unermüdlich auf die Bedeutung der literarischen Arten hingewiesen. Als erster erkannt hat ihre Bedeutung freilich ein anderer: Marie-Joseph Lagrange. Bereits im Jahr 1890 bei der Eröffnung der École biblique wies er auf die verschiedenen literarischen Arten der biblischen Autoren hin, ja damit begann er seine Eröffnungsrede.[24] In seinen Vorträgen von 1902 über die historische Methode führte er aus, daß die Urgeschichte im Alten Testament nicht das ist, was wir heute unter einer historischen Darstellung verstehen.[25] Ganz in diesem Sinn erklärte auch Bea seinen Studenten am Bibelinstitut, daß nicht jede Aussage der Heiligen Schrift im gleichen Sinn genommen werden dürfe. Die Wahrheit ihrer Aussagen könne sich in jedem Fall nur auf jenen Sinn beziehen, den der Hagiograph durch seine Worte ausdrücken wollte. Dieser Sinn wiederum könne nicht aus dem Dogma heraus bestimmt werden, sondern nur von der Exegese mit den ihr eigenen Methoden. Man müsse einfach einsehen, daß die antike Geschichtsschreibung eine Faktentreue wie die moderne weder anstreben konnte noch wollte.[26] Diese Einsichten sind grundlegend.

Die Wichtigkeit dieses Gesichtspunktes notiert sich auch P. Athanasius in seinem Exposé. In dem zweiten der beiden Beuroner Vorträge, die er im August 1949 als frisch ernannter Sekretär hielt, legt er zunächst die Schwierigkeiten dar, vor die sich die Bibelwissenschaft gerade durch die Urgeschichte der Genesis gestellt sah: Wie kann man an der Irrtumslosig-

---

23 EnchB 558.

24 Diese Rede ist abgedruckt in: M.-J. Lagrange, L'Écriture en Église (LD 142), Paris 1990, 103–114 und bei : L.-H. Vincent, Le père Marie-Joseph Lagrange, 621–631.

25 Vgl. M.-J. Lagrange, La méthode historique surtout à propos de l'Ancien Testament, Paris 1903, 183–220.

26 Augustinus Bea, De inspiratione Scripturae Sacrae. Quaestiones historicae et dogmaticae, quas accomodavit in usum privatum auditorum, Rom 1930, 54–71. Vgl. auch seinen Artikel „Inspiration“: LThK^2 5 (1960) 703–711.

keit der Heiligen Schrift festhalten angesichts der naturwissenschaftlichen Erkenntnisse der Moderne? Das sei eben nur möglich durch die richtige Bestimmung der literarischen Art der entsprechenden Kapitel. Er macht aber auch deutlich, daß die derzeitige Forschung noch nicht in der Lage sei, diese literarische Art konkret zu bestimmen. Aus der Schrift allein jedenfalls sei die Frage nicht zu lösen. Das sei eine Aufgabe der kommenden Forschung. Licht erhofft er sich vor allem von den altorientalischen Texten.

Die Enzyklika *Divino afflante Spiritu* von 1943 war wirklich die Ermutigung, die die katholischen Exegeten bitter nötig hatten. Doch die damit brüskierte antimodernistische Richtung ließ nicht locker. Es kam noch zu manchen Nachwehen der Modernismuskrise. Bis in die sechziger Jahre hinein teilte das Heilige Offizium Schläge aus. Auch die Indexkongregation beteiligte sich. Wie wir noch sehen werden, hatte P. Athanasius in einem langwierigen Streit zwei Prozesse gegen das Heilige Offizium zu führen. Seine Stellung als Sekretär wurde noch dadurch erschwert, daß der Präses der Bibelkommission, Kardinal Tisserant, zwar stets zu ihm stand, aber mit weiteren Ämtern so überladen wurde, daß er sich ab dem Jahr 1948 aus der Arbeit dieser Kommission nach Möglichkeit zurückzog.

In dem Exposé, an dem wir uns orientiert haben, folgen auf den geschichtlichen Teil noch gute Ratschläge zur Amtsführung, die sich der neue Sekretär von älteren Mitgliedern der Kommission geben ließ: Kardinal Giovanni Mercati (1866–1957), ein großer Gelehrter, rät, das Alte zu schätzen und keinen professoralen Ton anzuschlagen. Andere mahnen: langsam vorgehen, väterlich suggerieren, nichts forcieren, sich nicht in Dinge einmischen, die den Sekretär der Bibelkommission nichts angehen. Bea habe ihm gesagt, „dass bei den Plenaria nur Praeses Wort führt und ich nur meine Notizen machen muß für etwaige Abänderungen bzw. Antwort geben auf Fragen, die an mich gestellt werden." Seinen eigenen Hauptvorsatz formuliert P. Athanasius am Ende des ersten Teils: „Mit Gottes Hilfe Mittelweg". Diesen zu finden und einzuhalten erwies sich freilich als schwierig genug, zumal der Mittelweg oft eine Gratwanderung bedeutet.

DER SEKRETÄR DER BIBELKOMMISSION UND SEINE SIEGE

Als P. Athanasius ihr Sekretär wurde, bestand die Päpstliche Bibelkommission aus fünf Kardinälen und 27 Konsultoren, von denen zehn in Rom selbst wohnten. Sein Beuroner Mitbruder Damasus Zähringer, der damals gerade Schriftleiter der Benediktinischen Monatsschrift geworden war, gab darin folgendes wissenschaftliche Charakterbild des neuen Sekretärs: Er sei „frei von jedem Fanatismus, ohne Neigung zu starrem Buchstabendienst, abhold jeder Vergötzung steriler Doktrinen, voller religiöser Lebendigkeit, am Fortschritt der Erkenntnis lebhaftest interessiert und produktiv auch in reinen Fachfragen." Und zu wissen, daß er so sei, empfinde man „ohne Zweifel sehr wohltuend".[1] Was das neue Amt jedoch vor allem verlangte, waren Diskretion, Takt, Geschick, Beharrlichkeit und eine dicke Haut. Und Freunde wie Augustin Bea.

Der neue Sekretär machte sich mit Feuereifer an die Arbeit. Zunächst ging es darum, der Enzyklika *Divino afflante Spiritu* von 1943 zur gehörigen Wirkung zu verhelfen. Die Enzyklika war zwar trotz der Kriegszeit in aller Welt geradezu enthusiastisch begrüßt und als Befreiung der katholischen Exegese aus doktrinärer Enge gepriesen worden, aber ihre Forderungen und Anregungen mußten in der Lehre und Ausbildung vor allem der Kleriker und Ordensleute auch umgesetzt werden. Zu diesem Zweck hatte die Bibelkommission bereits unter dem Sekretariat von Vosté eine Instruktion vorbereitet. Sie konnte mit dem Titel *Sanctissimus Dominus Noster* schon am 13. Mai 1950 erscheinen.[2] Dieses erste offizielle Dokument, das mit „Athanasius Miller OSB" unterschrieben ist, hat drei Kapitel: 1. Über

1 D. Zähringer, P. Athanasius Miller von Beuron: BenM 25 (1949) 384–386, hier 385.

2 Sanctissimus Dominus noster: AAS 42 (1950) 495–505; EnchB 582–610. Eine deutsche Übersetzung kann man im Internet in Kathpedia finden. Ausführlich über die Vorbereitung informiert M.F. Pfister, Ein Mann der Bibel, 562–588.

den Lehrer der biblischen Wissenschaften 2. Über die Methode des Bibelunterrichts 3. Ratschläge und Regeln.

Dem Lehrer der biblischen Wissenschaften wird die Lektüre wissenschaftlicher Neuerscheinungen und die Benutzung der Bibliotheken anempfohlen, aber auch der Besuch von Fachtagungen und gelegentlich eine Reise ins Heilige Land. *Beim Bibelunterricht gehe es in erster Linie darum, in den Studierenden die Liebe zur Heiligen Schrift zu wecken.* (Diesen Grundsatz möchte der Biograph gerne dreimal unterstreichen!) Dazu wird ihre tägliche Lesung und Betrachtung empfohlen. Man solle sie mehrmals und methodisch ganz durchlesen. Das Studium der hebräischen und griechischen Sprache dürfe nicht völlig unterlassen werden. Bei der allgemeinen Einführung in die Heilige Schrift sei die Lehre von ihrer Inspiration, ihrer Wahrheit und der Hermeneutik (Auslegungsgrundsätze und -regeln) zu behandeln. Im Alten Testament sei der Schwerpunkt auf die Lehre vom Ursprung des Menschengeschlechts, die messianischen Prophezeiungen und die Psalmen zu legen, im Neuen Testament auf das Leben Jesu und besonders jene Texte, die in den Sonntagslesungen der Liturgie figurieren. Man solle vermitteln, wie die Offenbarung von den Ursprüngen bis zu Jesus Christus und den Aposteln fortschreitet.

Unter den Ratschlägen und Regeln wird beklagt, daß die biblischen Studien nicht immer den Ehrenplatz erhalten, den sie verdienen, und zugunsten anderer Fächer zurückgestellt werden. Der Lehrer der biblischen Wissenschaften solle nicht mit anderen Aufgaben und Verantwortlichkeiten belästigt werden, damit er mit Kompetenz, Freude und lebenslang dabei bleibe. Noch heute lohnt sich die Lektüre dieser Instruktion, und sei es auch nur, um unseren eigenen Standort einzuschätzen.

Im Juni 1950 schickt der Sekretär der Bibelkommission einen Artikel über die Frage der verschiedenen Schriftsinne an seinen Kollegen Schildenberger in Beuron. Weil jetzt alles, was er öffentlich sage und schreibe, leicht ‚offiziös' gedeutet werde, so wolle er „den Artikel Eurer Hochwürden zur Censur unterwerfen, da Sie ja gerade in dieser Materie kompetentes Urteil besitzen“. Er habe sich das 7. Kapitel im Buch des Kollegen gut durchgelesen.[3] Mit diesem Buch ist Johannes Schildenbergers „Vom Geheimnis des Gotteswortes“ gemeint, das in eben diesem Jahr erschienen war.[4] Das 7. Kapitel darin handelt über den „geistigen Sinn der Heiligen Schrift“. Es legt die traditionell allegorische Auslegung der Kirchenväter dar und verteidigt sie. Damit war Schildenberger allerdings ein einsamer Rufer in der Wüste. Man war sich seinerzeit auch unter den katholischen Exegeten einig, daß der geistige Sinn zwar der „religiösen Erwärmung dienen mag“, aber als Textdeutung „keinen Anspruch auf ein theologisch legitimes Verfahren erheben“ könne.[5] So äußert sich Rudolf Schnackenburg im Jahr 1958, und das ist bis heute die dominierende Sicht auch in der katholischen Bibelwissenschaft.

Wie wir bereits gesehen haben, war der Psalmen-Miller in diesem Punkt anderer Meinung, auch wenn er die Akzente etwas anders setzte als sein Kollege und Freund in Beuron. Sein Aufsatz erschien dann in italienischer Sprache und verteidigte vor allem den typischen oder typologischen Sinn es Alten Testaments.[6] Er versuchte eine Synthese aller bisher vorgeschlagenen Wege einer geistigen, tieferen, spirituellen Auslegung, konnte aber zu keiner konsistenten, überzeugenden Lösung gelangen, wie wir schon im Zusammenhang mit der Psalmenauslegung festgestellt haben.[7] Das ist angesichts der komplexen Materie und der antiallegorischen Stimmung unter den Kollegen auch nicht zu verwundern. Hier gilt das alte Sprichwort: „Bei großen Unternehmungen genügt schon das Gewollthaben.“[8]

---

3 Brief an J. Schildenberger vom 12.6.1950.

4 J. Schildenberger, Vom Geheimnis des Gotteswortes. Einführung in das Verständnis der Heiligen Schrift, Heidelberg 1950.

5 R. Schnackenburg, Der Weg der katholischen Exegese: Biblische Zeitschrift NF 2 (1958) 161–176, hier 165.

6 A. Miller OSB, Sui diversi sensi della Sacra Scrittura, in: Problemi scelti di Teologia contemporanea (Analecta Gregoriana 68), Rom 1954, 233–249.

7 Vgl. H.W. Seidel, Die Erforschung des Alten Testaments in der katholischen Theologie seit der Jahrhundertwende, hg. und eingeleitet von Ch. Dohmen (BBB 86), Frankfurt a.M. 1993, 294–303.

8 Prop. eleg. II 10,6.

Im Januar dieses Jahres (1950) schreibt der neue Sekretär seinem Erzabt: „Der Heilige Vater sagte mal zu P. Bea, seinem Beichtvater: Das Schmerzlichste in meinem Amt ist sehen zu müssen, wie meine Worte und meine Auktorität mißbraucht werden. Auch wieder eine Lehre!“[9] Im März schreibt er auf einer Karte: Er sei „mit Arbeit überladen“ und habe vom Vatikan noch ein neues Amt erhalten, worüber er nicht reden dürfe.[10] Auf Ostern kamen in diesem Jahr Schwestern von Sießen zu einem Besuch nach Rom. P. Athanasius besorgte Unterkunft und Billette für die Ostermesse in St. Peter. Nach den Festtagen überreichte er persönlich dem Hl. Vater eine Adresse der Töchterschule in Stuttgart.[11] Mit der „[Höheren] Töchterschule“ ist das Katharinenstift gemeint, wo Sießener Schwestern unterrichteten. Mitte Juni schließt er einen Brief an den Kollegen in Beuron mit einem charakteristischen Seufzer: „Ich freue mich sehr auf die Ferien; ich habe in meinem Leben nie so viel schaffen müssen wie in diesem Jahr. Amtsgnade!“[12]

Ende Juni ist er in Disentis, Ende Juli in Wangen. Er sei recht gut erholt und wolle einen Neffen, der nach sechsjähriger Gefangenschaft aus Rußland heimgekehrt sei, in seiner Heimat Geisslingen trauen.[13] Im August 1950 liest der Erzabt auf einer Postkarte, die von Stuttgart kommt, den Satz: „Rom erfordert meine letzte Kraft.“[14] Drei Tage später unterschreiben beide zusammen in Sigmaringen einen Entnazifizierungsbogen für den Auslandsdeutschen.[15] Die 91. und letzte Frage darin erkundigt sich nach der „Kenntnis fremder Sprachen und dem Grad der Vollkommenheit“. Als Antwort liest man lediglich: „Italienisch, perfekt“. Alles andere sind die üblichen biographischen Daten.

9 Brief an Erzabt B. Baur vom 18.1.1950.
10 Karte an Erzabt B. Baur vom 17.3.1950.
11 Karten an die Oberin vom 31.3. und 13.5.1950.
12 Brief an P. Johannes Schildenberger vom 12. Juni 1950.
13 Briefe an Erzabt B. Baur vom 28.6. und 30.7.1950.
14 Karte an Erzabt B. Baur vom 21.8.1950.
15 Ich danke dem Staatsarchiv Sigmaringen für die Kopie.

Im März 1951 hat er die Überarbeitung der Biographie über Maria Fortunata für die 3. Auflage fertig. Im Vorwort bemerkt er: Der Bearbeiter habe seinerzeit schon die zweite Auflage vorbereitet und an Form und Gewand ihrer Vorgängerinnen wenig geändert. „Die Zeiten sind unterdessen wesentlich nicht besser geworden." Die Osterwoche verbringt er in Vicarello, meint aber: „Diese Nonnen bringen einen um." Anschließend macht er einen Besuch in Nursia. Im Juni hat er viel Arbeit und muß „nach dem Zucker schauen" lassen.[16] Beides bleibt ihm.

Auf den 22. September 1951 fällt der 70. Geburtstag des Sekretärs der Bibelkommission. Aus diesem Anlaß wird ihm in Sant'Anselmo am 4. November mit einem Festakt eine Festschrift überreicht. Sie erschien in den Studia Anselmiana und enthält zunächst eine Bibliographie der Werke des Geehrten, dann 34 wissenschaftliche Beiträge von Kollegen.[17] 16 dieser Beiträge sind in deutscher Sprache verfaßt, sechs in französischer, vier in lateinischer, vier in italienischer, zwei in spanischer und zwei in englischer Sprache, der eine von einem Engländer (John M.T. Barton, London), der andere von einem Amerikaner (John E. Steinmueller, Brooklyn). Es sind Gelehrte aus elf Nationen, die in sechs verschiedenen Sprachen schreiben. Von den Verfassern sind 22 Mitglieder der Bibelkommission, darunter zwei Kardinäle (Eugène Tisserant und Giovanni Mercati) sowie Félix M. Abel von der École Biblique und Bernard Jan Alfrink, Koadjutor der Erzdiözese Utrecht. Von den zwölf Nichtmitgliedern sind drei Kollegen aus Beuron (Alban Dold als Leiter des Palimpsest-Institutes, Bonifatius Fischer vom Vetus Latina-Institut und Johannes Schildenberger von der Theologischen Hochschule), drei Kollegen von Sant'Anselmo (Adalbert Metzinger, Sebastiano Bovo und Edmund Beck), außerdem Theodor Schwegler von Einsie-

16 Briefe an Erzabt B. Baur vom 10.3., 6.4., 19.4. und 7.6.1951.

17 A. Metzinger O.S.B. (Hg.), Miscellanea biblica et orientalia R.P. Athanasio Miller O.S.B. Vgl. ders., Eine Festschrift für P. Athanasius Miller: BenM 28 (1952) 242–246. Auch sein Vorgänger hatte 1943 eine Festschrift erhalten: Angelicum 20 (1943). Sie umfaßt 22 Beiträge: 7 in französischer, 5 in italienischer, 4 in lateinischer, 4 in deutscher und 1 in englischer Sprache.

deln, Benedikt Probst von Salzburg – zwanzig Jahre vorher der Begleiter auf der Mesopotamienreise –, Nikolaus Schneider von Luxemburg, Maurus Witzel vom Bibelinstitut in Rom und der junge Herbert Haag von Luzern. So ist diese Festschrift in vieler Hinsicht auch ein Monument jener Zeit.

Die meisten Beiträge sind kurz. Von den längeren möchte ich drei herausheben. Da ist zunächst der Beitrag von Augustin Bea über „Die Instrumentalitätsidee in der Inspirationslehre".[18] Er ist dogmengeschichtlich angelegt und behandelt die Frage, wie die Zusammenarbeit Gottes als Autor der Heiligen Schrift mit den Hagiographen als Werkzeugen dieses Autors zu denken ist. Seine Überlegungen führen bereits hin zur Lehre des Zweiten Vatikanischen Konzils darüber.[19] Der Beitrag des Beuroner Kollegen Johannes Schildenberger behandelt die Samuelbücher, ihre „Gattungs- und Formgeschichte", das heißt vor allem ihre literarische Art, auf die in der Enzyklika *Divino afflante Spiritu* so eindringlich hingewiesen worden war. Auch dieser Beitrag, den er seinem „verehrten Lehrer als Ausdruck herzlichen Dankes" widmet, weist in die Zukunft.[20] Eine Besonderheit bietet der Beitrag des Mitbruders und Freundes aus Einsiedeln, Theodor Schwegler (1887–1967). Er war Natur- und Bibelwissenschaftler, und sein Beitrag behandelt den Fall Galileo Galilei. Als Widmungsadresse ist dem Beitrag ein selbst verfaßtes griechisches Distichon vorangestellt:

Τῆς βιβλικῆς σοφίας νέος ὢν μέγας ἦσθα ἐράστης
Νῦν δὲ γέρων γεγονώς, ταύτης ἴσθι φύλαξ.

In der Jugend warst Du ein großer Liebhaber der biblischen Weisheit,
Jetzt, da du ein Greis geworden bist, sei deren Hüter![21]

---

18 A. Metzinger O.S.B. (Hg.), Miscellanea biblica 47–65.

19 In *Dei Verbum* 11. Vgl. M. Reiser, Die Autorität der Schrift und die Tradition römisch-katholischer Exegese, in: Ders., Die Autorität der Schrift 207–226, hier 218f.

20 J. Schildenberger OSB, Zur Einleitung in die Samuelbücher, in: A. Metzinger O.S.B. (Hg.), Miscellanea biblica 130–168.

21 Th. Schwegler OSB, Der Beitrag der Naturwissenschaften zur Schrifterklärung, in: A. Metzinger O.S.B. (Hg.), Miscellanea 424–442, hier 424.

Bei dem Festakt hatte der Geehrte natürlich eine Dankrede zu halten. Diese kurze Dankrede in italienischer Sprache ist erhalten. In der Einleitung bezieht er sich auf ein Wort des 1926 verstorbenen Rottenburger Bischofs Paul Wilhelm Keppler, der bei seiner Goldenen Priesterweihe gesagt habe: Er beginne zu begreifen, daß wir alle nur unnütze Knechte Christi seien. Darauf erklärt er, er wolle kurz seine Laufbahn bis zum Professor der Heiligen Schrift und zum Sekretär der Päpstlichen Bibelkommission skizzieren. Da müsse er in erster Linie „mit zärtlicher Dankbarkeit" seine Mama nennen, eine einfache Bäuerin und Mutter von zehn Kindern. Er gebraucht die deutsche Form „la mia Mama", nicht die italienische „la mia mamma".

> Sie hat mich – ich war gerade fünf Jahre alt – zur Liebe und Begeisterung für die Hl. Schrift inspiriert. Denn an den langen Tagen und Abenden des deutschen Winters, beim Flicken der Wäsche, hat sie mir die köstlichen Geschichten der Bibel aus dem Neuen und dem Alten Testament erzählt. Und als ich mit sieben Jahren in die Volksschule eintrat, hatte ich von der biblischen Geschichte bereits mehr als kindliche Kenntnisse. So verdankt auch meine schöne und wertvolle Bibliographie [in der Festschrift] einen guten Teil der Großherzigkeit (generosità) meiner Mutter.

Nach der relativ ausführlichen Würdigung seiner Mutter werden die übrigen Lehrer der Heiligen Schrift nur noch kurz erwähnt: P. Hildebrand Höpfl, den er beim Studium in Sant'Anselmo hörte, die Professoren der École biblique von Jerusalem und schließlich Kardinal Faulhaber in Straßburg. Es folgen noch einige Erinnerungen an das alte Sant'Anselmo, als es noch auf dem Land lag mit zwei Gasthäusern in der Nähe, das erste namens „Gasthaus zur Hölle" (Osteria dell'Inferno), das zweite namens „Gasthaus zum armen Teufel" (Osteria del povero Diavolo). Als fromme Mönche hätten sie diese natürlich nie besucht. Die kurze Rede schließt mit einer Reihe von Dankadressen.

Der Schweizer- und der Heimaturlaub fielen in diesem Jahr offenbar aus. In der Osterwoche des folgenden Jahres 1952, vom 16. bis 18. April, hielt P. Athanasius in Sorrent Psalmenvorträge. Das Manuskript ist noch vorhanden. Im gleichen Jahr wurde in Sant'Anselmo ein Monastisches Institut errichtet. Es sollte den Studenten mit einem abgeschlossenen Theologiestudium eine zweijährige Spezialausbildung in der Tradition des christlichen Mönchtums, vor allem des Benediktinertums, bieten. „In dieses Institut", so schreibt P. Athanasius, „ist nun auch meine Wenigkeit wieder eingebaut worden und zwar mit dem Auftrag, Stellung, Bedeutung und praktische Wertung der Psalmen in der Liturgie und im benediktinischen Gebetsleben praktisch darzulegen und zu würdigen." „Wieder eingebaut" ist der Psalmen-Miller damit im Studienbetrieb von Sant'Anselmo nach dem unfreiwilligen Verzicht auf seine Professur. Das bemerkt er einleitend zu dem bereits besprochenen Vortrag „Vox Christi in Psalmis", den er am 27. August 1952 abgeschlossen hat. Er sollte „die Krone" all seiner Arbeiten und Studien über die Psalmen bilden. Vier Jahre später, am 9. Dezember 1956, hielt er allerdings einen ganz ähnlichen, weit sorgfältiger ausgearbeiteten Vortrag am Päpstlichen Bibelinstitut mit dem Titel: „Die Psalmen in christlicher Schau". Diesen möchte ich als die eigentliche Krone seiner Beiträge zu dieser Thematik bezeichnen. Er wurde leider nie veröffentlicht.

Die Beuroner Chronik verzeichnet für das Jahr 1952: P. Athanasius hält während seines Ferienaufenthalts einige „Schriftkonferenzen über die gegenwärtig umstrittenen Probleme und Richtungen in der Exegese". Diese Probleme und Richtungen waren von Anfang an die Hauptsorge des Sekretärs der Bibelkommission. Konkret ging es um die Frage, wie man mit den 14 heiklen Dekreten der zehn Anfangsjahre der Bibelkommission umgehen sollte, insbesondere aber mit der Maßgabe, daß sie einen im Gewissen verpflichtenden Charakter haben sollten, wie das *Motu proprio* „Praestantia Scripturae Sacrae" vom 18. November 1907 verlangte. In der Bibelkommission gab es dazu heiße Diskussionen. Darüber informiert in den Grundzügen ein – natürlich lateinisch abgefaßter – Bericht, der als *Relatio generalis* bezeichnet wird.[22] Er war dem Sekretär der Bibelkommission vom

22 Pontificia Commissio de re Biblica, De modo procedendi in applicatione Motus proprii „Praestantia Scripturae sacrae". Relatio generalis totius quaestionis tractatae in gremio commissionis, Typis polyglottis Vaticanis 1958.

Präses aufgetragen worden und referiert die Auseinandersetzungen bis Juni 1957. Dieses ungewöhnliche Dokument fand sich im Beuroner Nachlaß in einer vom Vatikan gedruckten Fassung, datiert von 1958, war aber zweifellos nur für den internen Gebrauch bestimmt. Eine gute Illustration der dortigen Darlegungen hinsichtlich der Sachfrage und der Stimmung unter den katholischen Exegeten bilden die erwähnten Schriftkonferenzen in Beuron, die handschriftlich erhalten sind.

An die Abfassung der *Relatio generalis* macht sich P. Athanasius in seinen Herbstferien in der Schweiz. Am 4. September 1957 schreibt er an Bea:

> Augenblicklich bin ich daran, die von Kard. Tisserant so sehr gewünschte General-Relation in der leidigen Angelegenheit Pizzardo – Ruffini vorzubereiten. Wenn es auf mich ankäme, würde ich am liebsten mit dem Propheten Jonas sagen: „Si haec commotio facta est propter me, mittite me in mare“![23]

„Wenn dieser Aufruhr meinetwegen entstanden ist, werft mich ins Meer!“ Das ist eine Anspielung auf das Buch Jona (1,12). Er wäre gern bereit gewesen, sich zu opfern, aber der Aufruhr war nicht seiner Person wegen entstanden, sondern um der Sache willen, die er vertrat. Auffällig ist die Bezeichnung des Problems: Der Briefschreiber nennt es „die leidige Angelegenheit Pizzardo – Ruffini“. Die Genannten gehörten als Konsultoren der Bibelkommission an, hatten aber noch weitere hohe Ämter. Kardinal Giuseppe Pizzardo (1877–1970) war Sekretär des Hl. Offiziums. Zu diesem Amt muß man auch im Hinblick auf den Gang der Ereignisse in unserem Fall eine Besonderheit mitbedenken, die nur für das Hl. Offizium als der „obersten Kongregation“ der Katholischen Kirche galt: Das eigentliche Haupt dieser Kongregation war der Papst selber. Deshalb trug das älteste Kardinalsmitglied lediglich den Titel „Sekretär“.[24] Kardinal Ernesto Ruffini

23 Brief an A. Bea vom 4.9.1957 (Archiv der Jesuiten in München N8 1957/206). Den lateinischen Text darf man nicht in der Vulgata suchen, der Autor hat ihn selbst fabriziert.

24 Ausführlich handelt über die Eigenheiten des Hl. Offiziums S. Schmidt, Augustin Bea, 181–189.

(1888–1967) war Sekretär der Kongregation für die Seminare und kirchlichen Studien, außerdem Konsultor des Hl. Offiziums. In der Bibelkommission wäre alles glatt gegangen, hätten nicht diese beiden einflußreichen Kardinäle ihren beharrlichen Widerspruch eingelegt. Das Ganze war eben auch ein Kompetenz- und Machtkampf zwischen verschiedenen kurialen Gremien. Zugrunde liegen unterschiedliche Überzeugungen davon, wie man der Kirche und ihrem Glauben unter den gegebenen Umständen am besten dient. Betrachten wir den Gang der Ereignisse etwas eingehender.

Die Affäre begann in der Sitzung vom 21. Oktober 1951, einen Monat nach dem 70. Geburtstag des Sekretärs. Er legte seiner Kommission folgende Frage vor: Beziehen sich die im Gewissen verpflichtenden Dekrete der Bibelkommission auf alles, was darin entschieden wird, oder nur auf Angelegenheiten des Glaubens und der Sitten bzw. solche, die damit notwendig verbunden sind, so daß jene Angelegenheiten, die rein historischer, kritischer oder philologischer Natur sind, weiterer Forschung offenstehen? Diese Frage ist ganz im Stil der alten Dekrete gehalten und enthielt bereits die angezielte Lösung des Problems. Sie bestand darin, daß man in allen historischen und kritischen Fragen Forschungsfreiheit zugestand und nur soweit Gehorsam verlangte, als Fragen des Glaubens und der Sitten direkt oder indirekt berührt waren. Alle Mitglieder der Kommission, darunter vier Kardinäle (Tisserant, Faulhaber, Liénart, Mercati), äußerten sich zustimmend, nur die beiden Kardinäle Pizzardo und Ruffini lehnten den Vorschlag ab. Sie fürchteten, daß die so formulierte Lösung eine Bestärkung des Rationalismus und Agnostizismus in der Theologie nach sich ziehen werde und eine Schwächung der kirchlichen Autorität. Außerdem werde sie dazu führen, daß die alten Dekrete der Kommission gar nicht mehr beachtet würden. Diese Befürchtungen waren durchaus berechtigt, wie wir heute wissen.

Am 6. Mai 1952 legte der Sekretär die Streitfrage in einer Privataudienz dem Papst vor. Der Papst wünschte, die Frage vorläufig unentschieden zu lassen. Nach den Sommerferien jedoch gab er nach einem weiteren Bericht seine formelle Zustimmung zu der vom Sekretär befürworteten Lösung, bat jedoch darum, sie nicht als solche zu veröffentlichen, sondern bei einer günstigen Gelegenheit auf diskrete Weise bekannt zu machen. Diese Gelegenheit sah der Sekretär im Jahr 1954 gegeben. Damals erschien die von ihm selbst erarbeitete neue Ausgabe des *Enchiridion Biblicum*. Schon 1927 hatte die Kommission eine Sammlung von kirchlichen Dokumenten herausgebracht, die sich auf die Heilige Schrift bezogen. Diese Sammlung mußte revidiert und auf den neuesten Stand gebracht werden. 22 neue Dokumente waren einzuarbeiten, nicht zuletzt natürlich die Bibelenzyklika von 1943. Ein heikles Problem stellten die 14 alten Dekrete der Bibelkommission dar. Man hatte in der Kommission offenbar überlegt, ob man sie nicht einfach weglassen solle. Aber das hätte nach einer Rücknahme der Dekrete ausgesehen und dem Charakter der Sammlung widersprochen, die ja vollständig sein sollte.[25] Das ist nicht die römische Art. Doch gab die neue Ausgabe dem Sekretär die günstige Gelegenheit für den Schachzug, mit dem er die angestrebte und von höchster Stelle bereits approbierte Lösung öffentlich bekannt machen konnte.

Der Schachzug kam ganz unscheinbar daher als Vorstellung des neuen *Enchiridion Biblicum* im ersten Heft der Benediktinischen Monatsschrift von 1955. Sie benötigte kaum mehr als eine Seite. Diese Seite oder vielmehr ein Satz daraus wurde zur Sensation und zur Affäre. Ich zitiere den ganzen Absatz, in dem er steht, denn er ist bezeichnend für das römische Vorgehen, die Situation der Exegese und die Lösung, die man in der Kommission für die Frage der peinlichen alten Dekrete und ihrer Tragweite gefunden hatte. Die beiden entscheidenden Sätze sind im folgenden hervorgehoben:

> Das Enchiridion hat zunächst als Sammlung einen hohen dogmengeschichtlichen Wert, insofern ja gerade die heilige Schrift zu allen Zeiten erste Quelle und Grundlage der katholischen Glaubenswahrheiten und ihrer Entfaltung und Entwicklung bildete. Auf der anderen Seite zeigt sich aber auch ebenso deutlich das gewaltige Ringen, das die Kirche

25 Vgl. J.P.M. van der Ploeg, Bibelkommission 23.

mehr oder weniger zu allen Zeiten um den Bestand, die Reinheit und Wahrheit des Wortes Gottes zu bestehen hatte. *Unter diesem Gesichtspunkt sind gerade die Dekrete der päpstlichen Bibelkommission von hohem Interesse. Insofern indes in diesen Dekreten Ansichten vertreten werden, die weder mittelbar noch unmittelbar mit Wahrheiten des Glaubens und der Sitten zusammenhängen, kann der Forscher selbstverständlich in aller Freiheit seine Untersuchungen fortsetzen und die Ergebnisse verwerten, allerdings immer mit Vorbehalt der kirchlichen Lehrautorität.* Wir können uns heute kaum mehr eine rechte Vorstellung machen, in welcher Situation z.B. die katholischen Gelehrten um die Wende des Jahrhunderts sich befanden, ja in welcher Gefahr die katholische Lehre über Schrift und Inspiration selbst sich befand, als die Flut liberaler und rationalistischer Kritik alle Schranken bisher heilig gehaltener Traditionen wegzuschwemmen drohte. Heute, da der Kampf wesentlich abgeflaut ist, da nicht wenige Gegensätze friedlich überwunden, und manche Probleme in einem völlig neuen Licht erscheinen, ist es bequem, über damals herrschende „Gebundenheit“ und „Enge“ zu lächeln.[26]

Mit einem schlichten „Insofern indes“ werden die untragbaren alten Dekrete in ihrer Tragweite beschnitten und so erträglich gemacht. Der kleine Beitrag ist nur mit „A. M.“ gezeichnet, aber man wußte, wer das war. Sein Untersekretär, Arduin Kleinhans, veröffentlichte an anderer Stelle eine Erklärung desselben Inhalts auf Latein.[27] Der Text wurde auch in die Neuauflage des *Enchiridion Biblicum* von 1955 aufgenommen.[28] In der *Relatio generalis* zitiert der Sekretär die hervorgehobenen Sätze und betont, daß dies kein Alleingang gewesen sei, sondern der einmütige Konsens der Bibelkommission. Bei der Formulierung habe Bea geholfen und dabei offen gestanden, daß er in seinen Vorlesungen am Bibelinstitut ganz in diesem

26 A. Miller, Das neue biblische Handbuch: BenM 31 (1955) 49f.

27 A. Kleinhans: Antonianum 30 (1955) 63–65. Dazu kam ein kurzer Artikel von J. Dupont, A propos du nouvel *Enchiridion biblicum*: Revue Biblique 62 (1955) 414–419.

28 EnchB 1955, 135f.

Sinn lehre. Damit war offiziös geklärt, daß man in allen Fragen, die weder mittelbar noch unmittelbar mit Wahrheiten des Glaubens und der Sitten zusammenhängen, „selbstverständlich in aller Freiheit“ forschen und publizieren durfte, allerdings mit Vorbehalt der kirchlichen Lehrautorität, was für Katholiken eigentlich selbstverständlich ist. Mit diesem Grundsatz kommt die Regel zur Geltung, die Richard Simon 300 Jahre vorher aufgestellt hatte: In Fragen der wissenschaftlichen Kritik muß Forschungsfreiheit herrschen.

Wie das in den ersten Jahren nach dieser Notiz praktisch aussah, kann man etwa am Kommentar zum Markusevangelium von Josef Schmid sehen, der 1958 erschien. Am Ende seiner Einleitung referiert er gehorsam die Urteile des entsprechenden Dekrets der Bibelkommisssion von 1912 und sagt dann im Kommentar dazu, was man nach dem Stand der Forschung dazu sagen mußte.

Das letzte Dokument des *Enchiridion Biblicum* von 1954 ist eine Declaratio, die mit dem Datum vom 9. Juni 1953 wiederum von Athanasius Miller gezeichnet ist. Es ist eine Maßregelung. Sie betrifft ein Buch über die Psalmen, dem vorgeworfen wird, daß es weder den Regeln der katholischen Hermeneutik entspreche noch der katholischen Tradition, sondern großenteils nach subjektiven und willkürlichen Maßstäben urteile. Deshalb sei es für kirchliche Seminarbibliotheken ungeeignet. Er, der positive und ermutigende Impulse aus der Bibelkommission schicken wollte, sieht sich jetzt also zum Warnen gezwungen. Aber das gehört zu dem Mittelweg, den er mit Gottes Hilfe finden wollte.

Dem Zweck der Warnung gilt auch eine weitere Instruktion, das letzte von ihm verantwortete Dokument der Bibelkommission. Es datiert vom 15. Dezember 1955 und handelt grundsätzlich über die Art, wie heutige biblische Fragen im Unterricht zu behandeln seien.[29] Mehrfach wird die Enzyklika *Divino afflante Spiritu* in Erinnerung gerufen, aber auch die In-

29 Instructio de quaestionibus biblicis hodiernis probe tractandis: AAS 48 (1956) 61–64; EnchB 622–633.

struktion von 1950. Die Irrtumslosigkeit der Heiligen Schrift könne man nicht auf Angelegenheiten des Glaubens und der Sitten beschränken und die exegetischen Lehrer mögen auch die Glaubensregel (Regula fidei, Analogia fidei) und die Tradition berücksichtigen. Es gäbe viele Exegeten, die mit Hilfe der neuen Methoden die Grundlagen des Glaubens umstürzen wollten. Von den Methoden wird vor allem die Literarkritik genannt. Diese könne kein Selbstzweck sein. Im übrigen sollten die biblischen Lehrer die Geister ihrer Zuhörer, besonders der Anfänger, nicht unnötig mit kniffligen Problemen verwirren, die für das Verständnis der biblischen Texte wenig austragen. Auch sollten sie die historische Zuverlässigkeit der Evangelien nicht grundsätzlich in Frage stellen. Man merkt dieser Instruktion an, daß es dem verantwortlichen Sekretär zwar nicht an gutem Willen fehlt, wohl aber an der Kraft und der nötigen Zeit für eine gründlichere Auseinandersetzung mit den neuen Methoden und der zunehmenden Willkür und Leichtfertigkeit der Exegeten im Umgang mit den heiligen Texten.

Doch die Gegner, die mit der offiziösen Entschärfung der 14 alten Dekrete den Glauben in Gefahr sahen, schliefen nicht. Es kam zu einem auf Italienisch geführten Briefwechsel zwischen dem Sekretär des Hl. Offiziums, Kardinal Pizzardo, und dem Präses der Bibelkommission, Kardinal Tisserant, der seinen Sekretär und dessen Notiz in den Benediktinischen Monatsheften in einem längeren Schreiben verteidigte. Mit einem kurzen Schreiben Kardinal Pizzardos vom 6. Juni 1957 endet die *Relatio generalis*, die im Oktober 1957 fertiggestellt wurde, wie P. Athanasius Bea brieflich mitteilt.[30] Im März 1958 schickte er sie an seinen Erzabt mit der Bemerkung: „Ein kleines Andenken ist auf dem Wege; es steht zwar mein Name nicht drinn, da ich das Werk im Namen der Kommission zusammenstellte; aber Gott hat es gesegnet. Ich dachte damit meine 10jährige Tätigkeit als Sekretär abzuschliessen, habe aber bis jetzt immer noch we-

30 Bief an A. Bea vom 10.10.1957 (N8, 1957/244). P. Athanasius bittet um Korrektur und Hinweise. Auch Beas Antwort ist erhalten: Brief A. Beas vom 20.101957 (N8, 1957/253).

nig Aussicht."[31] So konnte sich dieses ungewöhnliche Dokument in den Nachlaß retten.

Kardinal Pizzardos nächster Schritt bestand darin, daß er vor dem obersten Richter der Kirche im Namen des Hl. Offiziums Klage erhob und einen öffentlichen Widerruf der beiden Notizen des Sekretärs und Untersekretärs der Bibelkommission verlangte. Zu diesem Prozeß kam bald darauf noch ein zweiter, ebenfalls von Kardinal Pizzardo angestrengter. Dabei ging es um ein großes französisches Einleitungswerk zum Alten und Neuen Testament, dessen erster Band im Vorjahr von Professoren des Institut Catholique in Paris herausgegeben worden war.[32] Kardinal Pizzardo erklärte vor der Kongregation für die Seminare und kirchliche Studien, deren Präfekt er war, ebenso wie vor dem Heiligen Offizium, dieses Buch enthalte gefährliche Auffassungen und könne nicht als Lehrbuch in kirchlichen Studienhäusern verwendet werden. Der Sekretär der Bibelkommission übernahm die Verteidigung des angegriffenen Werks.

Die Sache wirbelte einigen Staub auf. In einem Artikel des Osservatore Romano vom 11. Juli 1957 wird dem kritisierten Einleitungswerk „Mangel an Ehrfurcht vor der Überlieferung und der kirchlichen Autorität" vorgeworfen. Die darin vertretene Inspirationslehre sei mangelhaft. Die literarischen Gattungen würden mit Berufung auf *Divino afflante Spiritu* als Vorwand benützt, um den Wahrheitsgehalt der heiligen Texte abzuschwächen oder gar zu leugnen. Die gebotene Pentateuchkritik sei unannehmbar, und die protestantische Methode der Formkritik dürfe man nicht ins katholische Lager bringen.

Auch Bea war mit der Angelegenheit befaßt. Er führte einen Briefwechsel mit einem Pater von Kloster Engelberg namens Barnabas Steiert. Dieser hatte einen Artikel darüber in der Schweizerischen Kirchenzeitung veröffentlicht und beklagt sich jetzt bei Bea, daß sich über dieser Affäre sein

31 Brief an Erzabt B. Reetz vom 18.3.1958.
32 A. Robert / A. Feuillet, Introduction à la Bible, tome I, Tournai 1957.

früher gutes Verhältnis zu P. Athanasius getrübt habe.[33] Darauf antwortet ihm Bea, das müsse er schon mit ihm selber ausmachen, und schickt den ganzen Briefwechsel an P. Athanasius zur Kenntnis weiter.[34]

Im Briefwechsel mit Henri Cazelles, dem Hauptherausgeber des verdächtigten Werkes für das Alte Testament, empfiehlt Bea einige Modifikationen. Besonders schwierig erscheint ihm die Sache mit den literarischen Gattungen. „Das genre littéraire ist nicht ein aus anderen Litteraturen übernommenes Schema, sondern die *Art und Weise, wie der Semit solche Begebenheiten zu erzählen pflegte*, ob sie nun streng historisch waren oder ob es sich um Dichtung handelte. Mir möchte scheinen, dass Sie ohne genügendes Fundament erst ein genre littéraire konstruieren und dann daraus ableiten wollen, was historisch ist und was nicht.“ Doch die Frage der Historizität müsse man anders feststellen.[35] Das ist eine gute Beobachtung Beas, die immer noch gilt.

Doch der Sekretär der Bibelkommission stand nun mit zwei Prozessen am Hals da. Zunächst schien die Sache gut zu gehen. Anfang Dezember 1957 kann er seinem Erzabt mitteilen: „Der Prozess ist abgeblasen. Tisserant erklärte, die Verteidigungsschrift [gemeint ist die *Relatio generalis*] sei so klar und überzeugend, dass jeder Grund zu einer Verhandlung illusorisch sei. So ist für mich allerdings die Gelegenheit, von Rom vielleicht wegzukommen, wieder ins Wasser gefallen.“[36] Mitte März des folgenden Jahres heißt es dann allerdings: „Mein berühmter (!) Prozess ist ... immer noch nicht beendet und jetzt auf Wunsch aller Konsultoren unmittelbar beim Heiligen Vater!“[37] Doch dieser stirbt am 9. Oktober 1958. Während des

33 B. Steiert OSB, Zur Verurteilung einer Einführung in die Heilige Schrift: Schweizerische Kirchenzeitung 43 (1958) 523f.

34 Ich danke dem Archivar Clemens Brodkorb vom Archiv der Deutschen Provinz der Jesuiten München, der mir die Einsicht in die entsprechenden Briefunterlagen und Dokumente gewährt hat. Sie sind alle in der Abt. 47 zu finden. Dort unter der Signatur N9, 1958, 136 und N10, 1958, 287.

35 Brief A. Beas an H. Cazelles vom 20.7.1958: T 1/27.

36 Brief an Erzabt B. Reetz vom 3.12.1957.

37 Brief an Erzabt B. Reetz vom 18.3.1958.

Konklaves zur Wahl seines Nachfolgers unterrichtet P. Athanasius seinen Erzabt vom Stand der Dinge: „Wie jetzt meine Sache weiterläuft, hängt vom kommenden Papst ab. Der Kreis meiner Klientele hat sich aber unterdessen erweitert: Bibelinstitut und École Biblique, Jerusalem, treten geschlossen an meine Seite.“[38] Das waren gute Hilfstruppen.

Drei Tage später steht der neue Papst fest: Johannes XXIII. Von ihm sagt P. Athanasius wenige Tage darauf in einem Brief an den Erzabt, er sei „ein lieber, gesprächiger Papa, der auf Etiketten nicht viel gibt und sich sein Haus zu unbestimmter Zeit allein ansieht“.[39] Seine Wahl sollte sich für P. Athanasius als äußerst glücklich erweisen. Bereits am 8. Februar des folgenden Jahrs kann er seinem Erzabt erleichtert mitteilen: „Die beiden Prozesse habe ich jetzt glücklich gewonnen. Für den ersten [wegen der Notiz über die alten Dekrete der Bibelkommission] erhielt ich ein grosses Lob statt einer Bestrafung und den zweiten [wegen der Einleitung in die Heilige Schrift von A. Robert / A. Feuillet] mussten die Hauptankläger mit ihrer Stellung bzw. Förderung bezahlen. Nun werde ich wohl Ruhe haben.“[40] Ende Mai sind weitere erfreuliche Neuigkeiten zu berichten:

> Am 22. Mai hatte die Kommission eine überaus herzliche Privat-Audienz. Der König von Griechenland war vor uns im Saal. Zuerst war der offizielle Teil. Tisserant berichtete kurz über die letzten 11 Jahre meines Sekretariats, berührte auch kurz die Kämpfe, welche die Kommission in den letzten Jahren zu führen hatte. Der Papst antwortete kurz ohne auf Probleme einzugehen, sagte aber einen Satz, der für mich überaus kostbar war. „Ich habe nichts gegen die Bibelkommission zu sagen; wenn ich etwas hätte, würde ich es offen sagen.“ Bekanntlich war ja die „Bibelkommission *von heute*“ schwer verschrien worden. Diesen Satz habe ich gut in meiner Korrespondenz verwahrt, um ihn – sollte es wieder notwendig werden – zu verwerten. Dann begann der gemütliche Teil.

38 Brief an Erzabt B. Reetz vom 25.10.1958.
39 Brief an Erzabt B. Reetz vom 17.11.1958.
40 Brief an Erzabt B. Reetz vom 8.2.1959.

Privataudienz der Bibelkommission bei Johannes XXIII. am 22.5.1959. Zur rechten Seite des Papstes Kardinal Tisserant, linker Hand P. Athanasius. In der hinteren Reihe ganz links außen Augustin Bea.

Über eine halbe Stunde sassen wir um ihn im Kreise herum. Er erzählte Geschichten und Erinnerungen. Auch er sei einmal beim H. Offizium verklagt, aber nicht verbrannt worden, sonst wäre er heute nicht Papst! Ich überreichte ihm dann auch die Bücher von P. Alban. Er freute sich ungemein über das Sakramentar von Monza, über das er selbst einmal Studien gemacht habe.[41]

Mit P. Alban ist P. Alban Dold von Beuron gemeint, der auch ein Buch über das Sakramentar von Monza – ein Buch mit alten liturgischen Gebe-

41 Brief an Erzabt B. Reetz vom 28.5.1959.

ten – herausgegeben hat.[42] Von dieser Audienz existiert ein offizielles Bild, auf dem man in der ersten Reihe den Papst sitzen sieht. Zu seiner Rechten sitzt Kardinal Tisserant als Präeses der Kommission, zu seiner Linken P. Athanasius als Sekretär. In der zweiten Reihe links außen steht Kardinal Bea. Nach dem Photo verließen die Konsultoren den Saal und Tisserant und sein Sekretär erledigten „den offiziellen, amtlichen Teil". Ende Juli erhält der Erzabt Post vom Krankenhaus in Leutkirch:

> Vorgestern erhielt ich von der Staats-Sekretarie ein Schreiben des Inhalts, daß S.H. Joh. XXIII. alle meine Wünsche, die ich bei der Audienz (Bild!) ihm schriftlich übergab, bestätigt habe. Damit ist ein jahrzehntelanger Kampf zu Ende. Mein Vorgänger hat trotz aller Versuche nie etwas erreicht. Das Hl. Offizium hat also in allen Bibelfragen wieder ein Votum von der Bibel-Kommission einzuholen. Die Frage spielte viel in meinem letztjährigen Prozess mit. Man wollte zeigen, daß die Bibel-Kommission „von heute" (= meine Periode) zu rationalistisch eingestellt sei, um in Glaubensfragen mitzusprechen! Sehr unterstützt hat mich allerdings im ganzen Kampf Tisserant.[43]

In dem Prozeß ging es also nicht nur um konkrete Anklagen, sondern auch um grundsätzliche Fragen der Zuständigkeit zwischen der Bibelkommission und dem Hl. Offizium, die seit Jahren immer wieder Reibereien hatten. Jetzt wurde das Hl. Offizium also verpflichtet, in allen Fällen, die Bibelfragen berührten, ein Votum der Bibelkommission einzuholen.

Das verdächtigte Werk zur Einleitung in die Hl. Schrift erschien schließlich 1959 mit leichten Modifikationen auf Französisch und 1963 auch auf Deutsch. Im Vorwort wird ein eigener Dank an die Geburtshelfer, „S. E. Kardinal A. Bea und P. Prof. Dr. A. Miller", ausgesprochen.[44] Das teilt P. Athanasius seinem Freund P. Johannes Schildenberger mit und fügt hinzu:

42 Alban Dold, Das Sakramentar von Monza, Beuron 1960.
43 Brief an Erzabt B. Reetz vom 26.7.1959.
44 A. Robert / A. Feuillet, Einleitung in die Heilige Schrift Bd. I, Wien u.a. 1963, VI. Ebd. 199. 308 wird auf die Notiz als von Athanasius Miller stammend hingewiesen.

„Die ‚alten, sturen Herrschaften' haben in letzter Zeit manche moralische Belehrung erhalten, sodass sogar Pizzardo etc. zum Kreuz gekrochen ist."[45] Kardinal Pizzardo mußte, nachdem er beide gegen die Bibelkommisssion angestrengten Prozesse verloren hatte, am 12. Oktober 1959 von seinem Amt beim Hl. Offizium zurücktreten. Das war ein seltener Sieg eines einfachen Paters gegen einen mächtigen Kardinal vor dem höchsten kirchlichen Gericht. Aber da mit dem Zweiten Vatikanischen Konzil, das der neue Papst schon Ende Januar 1959 angekündigt hatte, sowohl die Bibelkommission als auch das Hl. Offizium umgestaltet wurden, sollte dieser mühsam errungene Sieg kaum Auswirkungen haben.

Kurz vor Weihnachten 1959 erhält der Erzabt in Beuron wieder einen Brief aus Rom:

> Sie haben vielleicht ein weisses Weihnachten – wir leiden dauernd an dem warmen feuchten Schirokko-Winter. Ich leide schwer an Rheuma und wenn es im Frühjahr nicht besser wird, dann mache ich Schluss. Vom Hl. Vater hat die Kommission letzthin einen Brief erhalten des Inhalts, dass er in Zukunft für so viele laufende Probleme in innigerem Kontakt mit der Kommission bleiben wolle. Nachdem jetzt Bea unter den „membra purpurata" der Kommission ist, sind so manche Schwierigkeiten und Probleme, um die man seit Jahren gestritten, gelöst.[46]

Bea war am 16. Dezember zum Kardinal erhoben worden. Da er nicht nur der Bibelkommission als Konsultor angehörte, sondern auch dem Hl. Offizium und weiter der Kommission für die Seminarien und kirchlichen Studien, die oft mit dem Hl. Offizium Hand in Hand arbeitete, war die neue Ehre für seinen Freund von großer Bedeutung.

´Trotz ihrer Niederlage ließen die verhärteten antimodernistischen Gegner nicht locker, und sie fanden noch Opfer. Einer der rührigsten Gegner von P. Athanasius, aber auch des Bibelinstituts, war ein Exeget der Lateran-

45 Brief an J. Schildenberger vom 21.12.1959.
46 Brief an Erzabt B. Reetz vom 21.12.1959.

Universität, Antonino Romeo (1902–1978). Er hatte schon die Enzyklika *Divino afflante Spiritu* bekämpft. In einem Brief vom 7. Februar 1961 teilt P. Athanasius seinem Erzabt mit:

> Wir sind heute in einer schweren Kampfstimmung drinn, an der [= für die] sich auch Seine Heiligkeit lebhaft interessiert; der unglückselige Artikel ist vorzüglich geeignet, S.E. Kard. Bea seine ganze Aktion zu verderben. Videant Consules [Die Konsuln mögen zusehen, daß dem Staat kein Schaden entsteht]![47]

Der „unglückselige Artikel" voller Polemik stammte von Antonino Romeo. Er widerspricht Beas Deutung der Enzyklika *Divino afflante Spiritu*, verteidigt die absolute Irrtumslosigkeit der Heiligen Schrift, die überall wörtlich zu verstehen sei, und behauptet, einige Professoren des Bibelinstituts verträten Auffassungen, die mit den 14 alten Dekreten der Bibelkommission unvereinbar seien. Die Notiz des Sekretärs der Bibelkommission aus dem Jahr 1955 könne ihre Gültigkeit nicht aufheben.[48] „Seine Heiligkeit" erklärte in einem Telefongespräch gegenüber dem Rektor des Bibelinstituts, er habe den Artikel mit äußerstem Mißfallen (con dispiacere e disgusto) gelesen. Diese Äußerung des Papstes war am Vortag des zitierten Briefs von P. Athanasius gefallen.[49]

Zur Verteidigung des Bibelinstituts schickte P. Athanasius im Namen der Bibelkommission einen Brief an den Rektor Ernst Vogt. Dieser selbst veröffentlichte eine Verteidigungsschrift. Kardinal Tisserant weigerte sich,

47 Brief an Erzabt B. Reetz vom 7.2.1961.

48 A. Romeo, L'Enciclica „Divino Afflante Spiritu" e le „opiniones novae": Divinitas 4 (1960) 385–456.

49 Vgl. Th.M. Bolin, The Biblical Commission's Instruction, On the Historical Truth of the Gospels (Sancta Mater Ecclesia) and Present Magisterial Attitudes Toward Biblical Exegesis: Gregorianum 93,4 (2012) 765–785, hier 771f. Die dort in Anm. 28 zitierte Äußerung des Papstes nach dem Konzilstagebuch von Sebastian Tromp vom 6. Februar 1961. Ausführlich dazu: A. Dupont / K. Schelkens, Katholische Exegese vor dem Zweiten Vatikanischen Konzil (1960–61): Zeitschrift für Katholische Theologie 132 (2010) 1–24.

die Lateran-Universität zu betreten, solange diese ihre Polemik gegen das Bibelinstitut und Mitglieder der Bibelkommission fortsetze.[50] Es war jedoch alles vergeblich. Kardinal Ruffini, der alte Widersacher des Sekretärs der Bibelkommission, unterstützte Romeo, und mit dem Ende des Studienjahrs 1961/62, kurz vor Konzilsbeginn, wurde vom Hl. Offizium gegen zwei Professoren des Bibelinstituts, Stanislas Lyonnet und Max Zerwick, ein Lehrverbot verhängt, das erst Papst Paul VI. im Mai 1964 wieder aufhob.[51] An der Jesuiten-Hochschule St. Georgen in Frankfurt wurde um dieselbe Zeit aufgrund von römischem Drängen der allgemein geschätzte Professor für Neues Testament Franz Josef Schierse ohne gravierenden Grund abgesetzt. Er verließ darauf den Orden und heiratete.[52] Ein tragischer Fall.

Endgültig drehte sich der Wind für die moderne Exegese erst mit der öffentlichen Verteidigung der am Bibelinstitut angefertigten Dissertation von P. Norbert Lohfink SJ am 22. November 1962. Das Bibelinstitut machte die Sache bewußt zur Sensation. Wegen einer Konzilspause konnten damals 12 Kardinäle, darunter B. Alfrink, A. Bea, J. Döpfner, J. Frings und E. Tisserant, und etwa 400 Bischöfe anwesend sein.[53] Sie sahen bei dieser Gelegenheit, daß man historische und kritische Bibelwissenschaft ohne Schaden für den katholischen Glauben treiben kann. Der Kandidat wurde mit der Bestnote beschieden. Den Vorsitz der Prüfungskommission bei dieser Gelegenheit hatte als Großkanzler des Bibelinstituts Kardinal Pizzardo. Es wird ihm nicht ganz wohl dabei gewesen sein.

Zwei Jahre später, in der Sitzungspause zwischen der zweiten und dritten Session des Konzils, erschien die letzte von der Bibelkommission alten Stils erstellte Instruktion mit dem offiziellen Titel *Sancta Mater Ecclesia*,

---

50 Vgl. É. Fouilloux, Eugène cardinal Tisserant, 593–595. 630.

51 Vgl. J.A. Fitzmyer SJ, A Roman Scripture Controversy, in: Ders., The Interpretation of Scripture, New York / Mahwah, N.J. 2008, 17–36; M. Gilbert SJ, The Pontifical Biblical Institute 158–172. 182–186. 224f.

52 Vgl. K. Schatz SJ, Der „Fall Schierse" (1961). Ein vorkonziliarer Konflikt mit tragischem Ausgang: Theologie und Philosophie 81 (2006) 247–256.

53 Vgl. M. Gilbert SJ, The Pontifical Biblical Institute, 170.

besser bekannt unter dem Titel *Instructio de historica Evangeliorum veritate* „Über die historische Wahrheit der Evangelien". Sie ist vom Nachfolger von P. Athanasius, dem Prämonstratenser Benjamin N. Wambacq, unterzeichnet und noch heute sehr lesenswert.[54] Ihr Hauptgedanke ging in die berühmte Dogmatische Konstitution *Dei Verbum* (Artikel 19) ein. Der Antimodernisteneid von 1910 wurde 1967 stillschweigend abgeschafft. 1971 löste Paul VI. die alte Bibelkommission ganz auf. Sämtliche Mitglieder wurden durch neue ersetzt, die Kardinäle verschwanden. Die neue Bibelkommission ist seither ein Beratungsgremium ohne lehramtliche Autorität. Ihre Dokumente haben kein großes Gewicht mehr. Man mag sich angesichts der heutigen Situation in der katholischen Exegese fragen, ob diese Entscheidung Pauls VI. richtig war.

P. Norbert Lohfink hat 1997 ein bemerkenswertes, sehr einfühlsames Interview über P. Bea als Exeget und Kardinal gegeben. Darin kommt er auch auf eine gewisse Enttäuschung zu sprechen, die Bea in seinem Alter von der – nicht zuletzt durch sein eigenes Wirken – befreiten Exegese bereitet wurde. Er meint: „Wahrscheinlich war er doch auch ein wenig der Zauberlehrling, der den wildgewordenen Besen nicht mehr in die Ecke zurückbrachte."[55] Ob auch P. Athanasius gegen Ende seines Lebens so etwas empfunden hat? Der Weg, den die befreite Exegese genommen hat, war jedenfalls nicht ganz nach seinem Sinn. Das ändert jedoch nichts daran, daß sein Kampf ein guter Kampf war und sein Sieg ein Segen für die katholische Exegese und den katholischen Glauben. Abusus non tollit usum. Mißbrauch ist kein Einwand gegen eine Sache.

Seine Freunde kannten sein Mittel, um nach aufregenden Sitzungen oder großem Ärger vor dem Schlafengehen die nötige Ruhe zu finden: Er

---

54 Sie datiert vom 21.4.1964. Text und Kommentar bei J.A. Fitzmyer, Die Wahrheit der Evangelien (Stuttgarter Bibelstudien 1), Stuttgart 1965.

55 N. Lohfink SJ, Interview am 16. August 1997, in: Augustin Bea (1881–1968). Begleitbuch zu einer Ausstellung der Historischen Bibliothek der Stadt Rastatt 1998, Stadt Rastatt 2000, 503–528, hier 519.

machte in alle vier Himmelsrichtungen eine lange Nase und ließ damit alles hinter sich. Da man diese apotropäische Geste heute vielleicht nicht mehr kennt und gar nicht mehr weiß, wie eine lange Nase geht, sei die Erklärung des Schwäbischen Wörterbuchs angeführt: „Einem eine lange Nase machen: ihn verspotten durch Verlängerung der Nase mit den gespreizten Fingern“.[56]

56 Schwäbisches Wörterbuch, bearbeitet durch Hermann Fischer, Bd. 4, Tübingen 1914, Sp. 1962.

„ALTERSERSCHEINUNGEN"

Augustin Bea pflegte zu sagen, Jubiläen, Ehrendoktorate und Ähnliches seien „Alterserscheinungen".[1] Am 8. April 1952 beging er selbst sein goldenes Ordensjubiläum und tat alles, um die Sache nicht bekannt werden zu lassen, denn er wollte vermeiden, von diesbezüglichen Glückwünschen überhäuft zu werden, die dann zu beantworten wären. Er erhielt dennoch Briefe aus aller Welt und ein Glückwunschtelegramm von seinem Beichtkind, Papst Pius XII., das ihn besonders freute.[2] Das Problem der Dankesschreiben löste er mit einem allgemeinen Rundbrief, den auch P. Athanasius erhalten hat. Am 15. Oktober desselben Jahres feierte dieser sein goldenes Profeßjubiläum, und Bea ließ es sich nicht nehmen, ihm dazu seinen Glückwunsch auszusprechen. Da sich der Jubilar um diese Zeit wie gewohnt in Beuron befand, tat es der Gratulant rechtzeitig vorher und auf eine sehr persönliche Art, die ihre Verbundenheit zum Ausdruck bringt:

> Hochwürdiger, sehr verehrter P. Athanasius!
>
> Auch wenn Sie keinen Brief wollten für Ihr goldenes Professjubiläum, so wäre es von mir wirklich unrecht, wenn ich mich dieses Mal Ihrem Willen fügte. Also der grossen Schar derer, die Ihnen zu diesem schönen Feste ihre Glückwünsche aussprechen, schliesse auch ich mich an. Ich werde am 15. Oktober mit Ihnen Gott dem Herrn danken für die Gnaden dieser fünfzig Jahre, und ich werde ihn auch bitten, dass er Sie noch manche Jahre in Kraft und Gesundheit erhalte, damit Sie noch recht viel für die Ehre Gottes, für die hl. Kirche und die hl. Wissenschaft tun können. Aber damit es nicht bloss Worte seien, werde ich dieser Tage einmal eine hl. Messe in 1[a] intentione nach Ihrer Intention applizieren, auch zum Dank für alle die Liebe und das Vertrauen, das Sie mir immer geschenkt haben. Gerne würde ich an diesem Tage im schönen Beuron sein, wo ich als Student so oft gebetet habe und – ich darf es wohl sagen,

1 S. Schmidt, Augustin Bea, 200.
2 Vgl. S. Schmidt, Augustin Bea, 202f.

obwohl es für einen Jesuiten sonderbar klingen mag – ein Stück Herz gelassen habe. Gedenken Sie während Ihres Beuroner Aufenthalts auch einmal meiner beim Gnadenaltar und sagen Sie der Muttergottes, das sei der, der vor 50-60 Jahren sooft zu ihr gekommen sei. Also von ganzem Herzen alles Gute ad multos annos![3]

„Für die Ehre Gottes, für die hl. Kirche und die hl. Wissenschaft", schreibt Bea, und es war ihm zweifellos ernst damit. Dabei war Bea wohl vertraut mit all dem Unheiligen, das man in Rom erleben kann. Die heilige Kirche und die heilige Wissenschaft waren für ihn keine Floskeln, sondern innere Überzeugung, und in dieser Überzeugung sah er sich mit seinem Freund verbunden.

Der Rest des Briefes ist einer kniffligen und sehr speziellen Frage der alttestamentlichen Chronologie gewidmet, der Frage der „70 Jahrwochen" im Danielbuch. P. Athanasius hatte Bea in einem Brief vom 22. Juli 1952 um sein Urteil gebeten. Er war nämlich bei einem kurzen Aufenthalt in Einsiedeln auf ein „Handbuch der mathematischen und technischen Chronologie" (von F.K. Ginzel) gestoßen, in dem eine Theorie dazu geboten wird. Bea rät in seiner Antwort mit ausführlicher Begründung zur Vorsicht. Übrigens schließt P. Athanasius seinen Brief vom 22. Juli ganz charakteristisch mit den Sätzen: „Hier im Allgäu ist es im allgemeinen recht kühl und ich wünschte Euer Hochwürden gerne eine Porzion davon! Zum Glück naht Ihre vorübergehende Erlösung ja auch bald."

In dem zitierten Glückwunschschreiben zum Goldenen Priesterjubiläum spricht Bea von seiner jugendlichen Verbundenheit mit Beuron und dem Gnadenaltar. Schon Beas Mutter war häufig dorthin gepilgert und hatte mit den Kindern die Andacht zur Schmerzhaften Gottesmutter gebetet.[4] So ist es verständlich, daß er auch als Kardinal noch einmal einen Besuch in Beuron machen wollte, um am Gnadenaltar zu beten. Er erhielt eine Einladung des Erzabtes. Der Besuch war allerdings nicht ganz leicht in den Terminka-

3 Brief Beas an P. Athanasius vom 5.10.1952 (N2, 1952, 161).
4 S. Schmidt, Augustin Bea, 29f.

lender einzubauen. Auch wünschte Bea, daß P. Athanasius mit dabei wäre, doch das ging nicht.[5] Im Februar 1960 kann dieser jedoch dem Erzabt Benedikt Reetz mitteilen, Bea werde bestimmt am 8. August zu einem Besuch in Beuron eintreffen, von München her.[6] In München war in diesem Jahr vom 31. Juli bis zum 7. August der 37. Eucharistische Weltkongreß. Es war das erste international bedeutende Großereignis im Nachkriegsdeutschland. Dabei wurde auch eine deutsche Betsingmesse gefeiert, zelebriert von Kardinal Bea – für die damalige Zeit eine Sensation.[7]

Von München aus fuhr Bea direkt nach Beuron. An der Tür der Kirche wurde er von Erzabt Benedikt Reetz empfangen. Seine Begrüßungsworte begann er mit folgender Geschichte:

> Man hat mir erzählt, daß Augustin Bea in seiner Jugend oft die Abtei Beuron besucht hat und anfänglich Benediktiner werden wollte, dann aber fand, daß ihm für diesen Beruf eine Eigenschaft fehlte: das Talent zum Singen. Als er später in Rom einen Abtprimas [wohl Fidelis von Stotzingen] singen hörte, meinte er: „So hätte ich es auch gekonnt!“[8]

Über den hohen Besuch berichtet natürlich auch die Beuroner Chronik. Diesem Bericht zufolge segnete der Kardinal am 9. August „in Anwesenheit des hochwürdigsten Herrn Weihbischofs Sedlmeier von Rottenburg, des Fürsten von Hohenzollern“ und weiterer Honoratioren das neue Vetus-Latina-Institut.

Aber kehren wir nach diesem kleinen Exkurs zu Bea und Beuron wieder zurück zu P. Athanasius. Bereits im Januar 1953 will der Sekretär der Bibelkommission den Hl. Vater um Amtsenthebung bitten.[9] Ende Juni die-

---

5 Brief an Erzabt B. Reetz vom 26.11.1959.

6 Brief an Erzabt B. Reetz vom 17.2.1960.

7 Vgl. F.X. Bischof, München als Treffpunkt der Kirche. Der 37. Eucharistische Weltkongress 1960: Münchner Theologische Zeitschrift 62 (2011) 101–118. Zu Beas Haltung vgl. S. Schmidt, Augustin Bea 286–291.

8 S. Schmidt, Augustin Bea 38. Da eine Quellenangabe fehlt, war P. Schmidt wohl selbst dabei.

9 Brief an Erzabt B. Baur vom 24.1.1953.

Krankenhaus Wangen auf einer Postkarte vom 27. Juli 1954.

ses Jahres heißt es: „Gottlob ist das [Studien-]Jahr zu Ende, das wohl das strengste war, das ich vielleicht je in Rom erlebt.“[10] Im Frühjahr 1954 stellt er das *Enchiridion Biblicum* fertig.[11] In der Osterzeit gibt er den Priesterjubilaren der Diözese Rottenburg den bereits vorgestellten Exerzitienkurs in Vicarello.[12] Im Mai nimmt er 110 Examina ab.[13] Die Ferien dieses Jahres verbringt er hauptsächlich im Allgäu, zunächst im Krankenhaus in Wangen und dann zur Kur in Weiler. Es reicht ihm nur für einige Tage in Beuron.

Im März 1955 schreibt er an den Erzabt, er dürfe „seine Nonnen in den Abruzzen“, also Veroli, nicht vergessen, „wo meiner noch manche Sorgen harren, bis das Werk abgeschlossen ist“.[14] Ende April meint er: „Ich habe

10 Brief an Erzabt B. Baur vom 26.6.1953.
11 Brief an Erzabt B. Baur vom 15.3.1954.
12 Vgl. o. Kap. 7.
13 Brief an Erzabt B. Baur vom 24.5.1954.
14 Karte an Erzabt B. Baur vom März 1955.

nicht vor, in Rom zu sterben!"[15] Auch in diesem Jahr verbringt er die Ferien hauptsächlich im Allgäu. Da das Krankenhaus in Wangen umgebaut wird, weicht er nach Leutkirch aus. Er ist jetzt 73 Jahre alt und leidet an Diabetes und Rheuma. Von der Zugreise vom Allgäu zurück nach Rom berichtet er: „Man muß sagen, es gibt noch sehr viele gute Menschen auf der Welt. Die Leute merkten bald, dass ich schwer tue im Ein- und Aussteigen, und so hatte ich, auch ohne mich bei den Schaffnern zu melden, immer nur für mich allein zu sorgen. In Zürich trug mir eine Dame den Koffer, ohne dass es eines Wortes oder einer Bitte gebraucht hätte, bis zur Gepäckabgabe."[16]

Das Jahr 1955 brachte, abgesehen von der Festschrift, die erste Ehrung des Bescheidenen, der keine wollte. Ende Juli hatte der Botschafter am Heiligen Stuhl, Wolfgang Jaenicke, der evangelischer Konfession war, dem Auswärtigen Amt die Verleihung des Großen Verdienstkreuzes (Halskreuz) an P. Athanasius vorgeschlagen, „mit Rücksicht auf die bedeutende Stellung, die Professor P. Miller in der wissenschaftlichen Welt und in der Päpstlichen Bibelkommisssion einnimmt".[17] Gleichzeitig beantragte er dieselbe Ehrung für P. Cunibert Mohlberg OSB, der ebenfalls Professor in Sant'Anselmo war. Im Dezember bat er die beiden zu Ehrenden zusammen mit P. Gerhard Österle, der bereits Träger des Bundesverdienstkreuzes war, dem Rektor P. Augustin Mayer und dem Abtprimas Bernhard Kaelin in seine Wohnung zum Frühstück und machte dort die Mitteilung.[18] Wenige Tage darauf, am 16. Dezember 1955, überreichte er persönlich die Urkunden. Sie datieren vom 21. Oktober 1955 und sind unterschrieben von Bundespräsident Theodor Heuss. Er verleiht „in Anerkennung der um die Bundesrepublik Deutschland erworbenen besonderen Verdienste", die nicht genauer genannt werden, „dem hochwürdigen Herrn Pater Professor Dr. Athanasius

15 Brief an Erzabt B. Baur vom 25.4.1955.

16 Brief an Erzabt B. Baur vom 2.10.1955.

17 Schreiben vom 27. Juli 1955.

18 Ich danke dem Politischen Archiv des Auswärtigen Amtes für die Kopie des Vorgangs aus PAAA, Bestand B 8, Band 308. Für Vermittlungsdienste danke ich Herrn Ralf Empl.

Miller das grosse Verdienstkreuz des Verdienstordens der Bundesrepublik Deutschland". Übrigens hatte Bea das Bundesverdienstkreuz schon im Jahr zuvor erhalten.[19] Im Januar 1956 wurde P. Athanasius zum Mitglied der Päpstlichen Akademie für Theologie honoris causa ernannt, im Namen des Präsidenten, Kardinal Pizzardo.

Nun gibt es neben dem goldenen *Profess*jubiläum auch ein goldenes *Priester*jubiläum. Dieses wird auch in der weltlichen Öffentlichkeit beachtet. Das Fest fiel für P. Athanasius auf den 22. September 1957, der zugleich sein 76. Geburtstag war. Diesen Tag wollte er in Beuron feiern und eine Woche darauf in Wolfartsweiler. Das teilt er seinem Freund Bea am 4. September mit und bittet ihn zugleich, „wenn es nicht unbescheiden ist", ihm beim Heiligen Vater die Vollmacht zu erwirken, in seiner Heimatgemeinde den päpstlichen Segen erteilen zu dürfen.[20] Das ist ein selten und meist nur höheren Klerikern gewährtes Privileg. Die Antwort Beas, der ja auch Beichtvater des Heiligen Vaters war und ihn deshalb jeden Samstag eine halbe Stunde sprechen konnte, hatte er wenige Tage darauf in der Hand: „Ihren Brief vom 4. ds. Ms. habe ich richtig erhalten und gestern Gelegenheit gehabt, den Heiligen Vater auf Ihr bevorstehendes 50-jähriges Priesterjubiläum aufmerksam zu machen. Er meinte sofort, dass er dazu wohl ein Telegramm schicken müsse." Die Bitte, in der Heimatgemeinde den Päpstlichen Segen spenden zu dürfen, habe er gerne gewährt mit der gewöhnlichen Klausel „praemonito Ordinario" (mit dem Einverständnis des zuständigen Ordinarius, in diesem Fall des Erzabtes). Er, Bea, werde auch selbst ein Gedenken einlegen. „Gott der Herr, für den Sie in diesen 50 Jahren so vieles tun konnten, möge Ihnen auch noch recht lange Kraft und Gesundheit geben, damit Sie für die Sacra Scientia Scripturarum [die heilige Schriftwissenschaft] noch recht viel und recht erfolgreich wirken können!"[21] Das damals verwendete – natürlich lateinische – Formular mit

19 Vgl. S. Schmidt, Augustin Bea 202.
20 Brief an A. Bea vom 4.9.1957 (N8 1957/206).
21 Brief A. Beas an P. Athanasius vom 15.9.1957 a.a.O.

dem Ritus für den Päpstlichen Segen und der dazugehörigen Oration fand sich noch im Nachlaß.

Das Fest in Wolfartsweiler wurde dann auch mit ungewöhnlichem Aufwand und Prunk gefeiert. Die politische Gemeinde griff bei dieser Gelegenheit zur höchsten Ehrung, die sie in solchen Fällen zu vergeben hat. Die Schwäbische Zeitung berichtete ausführlich darüber:

> Wer am vergangenen Samstag und Sonntag nach Wolfartsweiler kam, erkannte das kleine Bauerndörflein kaum wieder. Sieben mit Spruchbändern und Wimpeln geschmückte Bogen überspannten die Dorfstraße. Gelb-weiße Fahnen und Fähnchen wehten von den girlandengeschmückten Hauswänden. Von fleißigen Händen war das kleine Dorfkirchlein verwandelt worden. In tagelanger Arbeit hatte jung und alt mitgeholfen, dem großen Fest einen würdigen Rahmen zu geben.
>
> P. Professor Dr. Athanasius Miller feierte sein goldenes Priesterjubiläum. Schon in der Ausgabe vom 25. September hatte die Heimatzeitung über Leben und Werk dieses Mannes berichtet. Ein echt schwäbisches Original, ein treuer Sohn seines Heimatdörfleins, dem bei aller Bescheidenheit des einfachen Bauernkindes doch der Schalk aus den Augen blitzt, so tritt er uns entgegen. Wer würde hinter diesem schlichten Äußeren den weltbekannten Gelehrten vermuten, der als Forscher den ganzen biblischen Orient bereiste und zu dessen Füßen höchste kirchliche Würdenträger sitzen? Ist es da verwunderlich, daß sein Ehrentag zum Familienfest des ganzen Dorfes wurde?
>
> In einem Triduum [dreitägige Begehung] bereitete Pater Barbian, SVD, aus dem Missionshaus Blönried die Gemeinde auf den hohen Tag vor. Seine Worte fielen auf fruchtbaren Boden; dies zeigte die rege Beteiligung der ganzen Bevölkerung. Aber auch die politische Gemeinde war sich der Seltenheit dieses Festes und der Bedeutung ihres großen Sohnes wohl bewußt. So hatte sie für ihn auch eine besondere Überraschung bereit. Nach dem Empfang des Jubilars am Samstagabend im heimatlichen Kirchlein wurde Pater Athanasius Miller in einem Festakt auf dem Rathaus die Ehrenbürgerurkunde überreicht. Sichtlich gerührt

Prozession auf dem Weg zur Kirche. Neben P. Athanasius Pfarrer Paul Reck, vor ihm sein Neffe, Archivdirektor Max Miller, daneben P. Ludwig Barbian SVD von Blönried.

dankte der Jubilar mit den Worten: „Wenn man mich zum Ehrenbürger von Rom ernannt hätte, hätte man mir keine größere Freude bereiten können.“ Eine neue Überraschung gab es beim anschließenden Festesssen, als die zwei einzigen noch lebenden Schulkameraden des Jubilars ihm ihre Glückwünsche brachten.

Mit Böllerschüssen und Glockengeläute begann der Festtag. Auf der Treppe des väterlichen Hauses überreichten ein Knabe und ein Mädchen dem Jubelpriester mit sinnreichen Gedichten eine Kerze und die goldene Primiziantenkrone. Unter den Klängen der Musikkapelle Friedberg wurde er von der Geistlichkeit und den Gläubigen zum Gotteshaus geleitet, das die große Schar der aus nah und fern Herbeigekommenen nicht zu fassen vermochte. Die Festpredigt hielt Staatsarchivdirektor Dr. Dr. Max Miller, ein Neffe des Jubilars. Er sprach über den Engelsdienst

Beim Gottesdienst. Rechter Hand von P. Athanasius Pfarrer Paul Reck,
linker Hand P. Ludwig Barbian SVD.

des Priesters, den der Jubilar ein halbes Jahrhundert lang als Seelsorger und als Diener am Worte Gottes ausgeübt hat. Anschließend zelebrierte Pater Athanasius Miller den Festgottesdienst. Überwältigend war der Eindruck, als die ganze Gemeinde geschlossen aus der Hand des ergrauten Priesters das göttliche Brot empfing. Am Schluß des feierlichen Hochamtes erhielten alle Anwesenden den besonderen päpstlichen Segen. Seine Heiligkeit Papst Pius XII. hatte dem Jubilar eine Glückwunschadresse übermittelt und ihn eigens dazu ermächtigt, den päpstlichen Segen zu spenden.

Nach einer feierlichen Vesper traf man sich am Nachmittag zu einer Gemeindefeier im Gasthof „Kreuz“. Freilich war auch hier der Raum viel zu klein, um alle zu fassen. Der Kirchenchor leitete mit zwei Chören die Feier ein. In Gedicht und Lesung wurden Priestertum und Priesterjubiläum gewürdigt. Der Ortsgeistliche, Pfarrer Reck, gedachte in seiner Ansprache des Ordensmannes und stellte die Zeitgemäßheit der drei Regeln des hl. Benedikt heraus. Als Geschenk der Kirchengemeinde überreichte er ein Bild des Heimatkirchleins. Er übergab dem Jubilar auch ein Schreiben, in dem Bischof Carl Joseph Leiprecht seine persönlichen Glückwünsche übermittelte. Zur Besinnung mahnte das Gedicht „Priestermutter", umrahmt von zwei Musikstücken für Klavier und Violine. Aus den Dankesworten des Jubilars sprach eine tiefe Heimatliebe, wenn er sagte, daß es ihm in allen Basiliken Roms nie so warm ums Herz werde, wie wenn er in seinem Heimatkirchlein auf seinem „Känzele" stehe. In humorvollen Worten erzählte er dann vom Weg des kleinen Bauernbübleins, das im leeren Güllefaß hinter Vaters Haus Latein studierte, bis zum Sekretär der päpstlichen Bibelkommission.

Als mit dem Chor „Die Himmel rühmen des Ewigen Ehre" die Feierstunde ausklang, da wußten alle, daß sie einem Manne eine Freude bereitet hatten, der seit Jahrzehnten in der ewigen Stadt lebt und wirkt, mit dessen Name auch der Name seiner Heimatgemeinde in alle Welt getragen wird, der aber trotz aller Ehren und der Großartigkeit seiner Umgebung ein schlichtes, liebendes Kind seiner schwäbischen Heimat geblieben ist.

Möge es dem hochwürdigen Jubilar noch lange vergönnt sein, seinem göttlichen Meister zu dienen und sein umfassendes Wissen in den Dienst der Reinerhaltung des göttlichen Wortes zu stellen. Die Glückwünsche der Heimat werden ihn auf seinem Weg begleiten![22]

Unter den Honoratioren bei dieser Gelegenheit waren drei aus der Familie Miller: Neben dem Jubilar sein Neffe, der Staatsarchivdirektor, als Festprediger, und ein weiterer Neffe, der Bürgermeister des Orts, der auch die Ehrenurkunde unterschrieben hat. Alle drei trugen den Namen Max Miller. Die kunstvoll geschriebene Ehrenbürgerurkunde verkündet: „Hochwürdigem Herrn Pater Athanasius Miller ... wird als Sohn unserer Gemeinde und

22 Schwäbische Zeitung, Donnerstag, den 3. Oktober 1957.

Goldenes Priesterjubiläum in Wolfartsweiler am 29. September 1957.
Überreichung eines Bildes der Heimatkirche durch Pfarrer Paul Reck.

Triumphbogen vor der Kirche

in dankbarer Würdigung seiner allzeit bekundeten Treue und Verbundenheit zur Heimat anlässlich seines Goldenen Priesterjubiläums durch einstimmigen Beschluß des Gemeinderates das Ehrenbürgerrecht der Gemeinde Wolfartsweiler verliehen." Der Pfarrer für Friedberg und Wolfartsweiler war von 1952 bis 1960 Paul Reck (1918–2005), ab 1968 Stadtpfarrer von Saulgau. Das Triduum zur Vorbereitung hielt der Steyler Pater Ludwig Barbian SVD (1901–1978). Er ist natürlich auch am Festtag anwesend und assistiert zusammen mit Pfr. Reck dem Zelebranten am Altar.

Als der Jubilar wieder nach Sant'Anselmo zurückgekehrt ist, bedankt er sich bei Bea „für die Besorgung des huldvollen päpstlichen Telegrammes mit Erlaubnis den Segen zu erteilen. Dann für Ihre Wünsche und Gedenken zum Fest, das besonders in meiner Heimat feierlich begangen wurde: 240

Einwohner, 7 Triumpfbogen, ganze Gemeinde zur Kommunion!“[23] Man sieht an dieser Aufzählung, was ihm an all den Feiern und Ehrungen das Wichtigste war.

Über die Rückreise nach Rom berichtet der mit Glückwünschen Überhäufte in einem Brief vom 18. Oktober. Es geht los mit dem „Schwäbischen Langweiler“, durch den er den Schweizer Zug in Tuttlingen verpaßt. In Immendingen fuhr der „Schwarzwälder“ gerade aus, als sie einfuhren. Dann ging es „mit lauter Bummeleien“ bis Zürich. Dort gab es keinen Anschluß mehr. In Mailand nahm er dann den Rapido, „der auf der ganzen Strecke nur zweimal je 7 Minuten hält.“[24] „Das Reisen gehört im Orient, in dem weg- und wasserlosen Lande, nicht gerade zu den größten Annehmlichkeiten“: So hatte er einmal geschrieben. Nicht immer nur im Orient, wie man sieht.

In Rom beginnt wieder der Alltag. Am 20. Oktober 1957 soll eine Sitzung der Bibelkommission stattfinden. Bea bittet, ihn zu entschuldigen. Darauf fürchtet der Sekretär schon, er wolle sich ganz von der Kommission zurückziehen. Aber Bea beruhigt ihn. Immerhin liegt dem Schriftwechsel die Tagesordnung bei, so daß man einen Eindruck von der konkreten Arbeit bekommt.[25] Es handelt sich in diesem Fall hauptsächlich um Examina. Darunter ist auch die halbstündige mündliche Prüfung des Dominikaners und Eleven der École biblique, Peter Gerard Duncker. Er wurde später Professor am Angelicum, der Päpstlichen Hochschule der Dominikaner, und schrieb nach dem Tod seines Lehrers in der Festschrift für Kardinal Tisserant die erste ausführliche Würdigung.[26]

Am 27. Oktober, dem Christkönigsfest – es lag damals noch auf dem letzten Oktobersonntag –, gedenkt die Kommunität von Veroli auf ihre Weise des Jubilars. Sie hat beschlossen, ihren Wohltäter durch eine Mar-

23 Brief an A. Bea vom 10.10.1957 (N8 1957/244).

24 Brief an Erzabt B. Reetz vom 18.10.1957.

25 Der Briefwechsel vom 17.10., 19.10. und 7.11. 1957: N8,1957/246.269.

26 P.G. Duncker OP, Dom Atanasio Miller O.S.B.

Gedenkplatte für P. Athanasius in Veroli.

morplatte zu ehren, die an dem von ihm gegründeten Priorat angebracht wurde. Die Inschrift lautet in Übersetzung:

Pater Athanasius Miller
Sekretär der Päpstlichen Bibelkommission
hat dieses Priorat gegründet
als Oase für Gebet und Arbeit
im ländlichen Frieden

In Dankbarkeit
für den großen Wohltäter
Die Benediktinerinnen von Veroli
27. Oktober 1957

Ihre Dankbarkeit äußern die Schwestern außerdem durch eine interne, sehr persönlich gehaltene Festschrift, die im Nachlaß erhalten ist. Sie umfaßt maschinenschriftlich einen Bericht über seine Tätigkeit für das Kloster, die zum Beschluß der Gedenkplatte geführt hat, zwei anrührende Gedichte, eine Ansprache, die wohl die schönste Würdigung seines Lebenswerkes und seiner Person darstellt, und schließlich, in eigenhändiger Schönschrift, eine lange Dankadresse der Äbtissin, Madre Maria Chiara de Felice, an „nostro Confratello e Padre Amatissimo". Noch heute gedenken die Schwestern ihres Wohltäters im täglichen Gebet.[27] Diese Ehrung dürfte P. Athanasius die liebste sein.

Am 20. November ist „das Jubelessen [aus Anlaß des goldenen Priesterjubiläums] unter Vorsitz von Tisserant im Vatikan, an dem alle Konsultoren teilnahmen."[28] Eine Woche darauf gibt es ein politisches Ereignis zu berichten: Der evangelische Württemberger Theodor Heuß (1884–1963), seit 1949 erster Bundespräsident der Bundesrepublik Deutschland, besucht die Stadt Rom. Sein Besuch „wurde viel mehr gefeiert, besonders im Vatikan, als vor Monaten der französische Präsident. Er hat die Herzen der Römer im Nu erobert, besonders durch seinen Besuch der Grotte Ardeatine." In den Ardeatinischen Höhlen wurden am 24. März 1944 als Racheakt 335 italienische Zivilisten, darunter 75 jüdische Geiseln, mit Zustimmung des Generalfeldmarschalls Albert Kesselring erschossen. Der Bericht fährt fort:

> Am 27. abends, also nach der Papstaudienz, war ich mit P. Rector [Augustin Mayer] zum Abendtisch bei ihm im Grand Hotel geladen. Es war nur ein kleiner Kreis von deutschen Diplomaten: [Außenminister Heinrich von] Brentano, [Botschafter Rudolf Graf] Strachwitz u.a. Ich musste mich neben Heuss setzen. Wir haben uns auch vorzüglich unterhalten; doch glaubten einige, dass ich im „Schwäbeln" den Sieg davongetragen habe! Er erkundigte sich eingehend nach den Arbeiten in Beuron: Vetus Latina; Palimpsest-Institut etc. Er sprach von Neresheim, dessen Kirche er nicht genug bewundern könne; er sprach von seinem Freund Abt [Basilius] Ebel und besonders vom „rührigen" Prior von

27 Das schreibt mir die Äbtissin Mutter Aloyisia Ferrante in Ihrem Brief vom 7.10.2019. Ich danke Ihr für die Zusendungen und das abgebildete Foto.

28 Brief an Erzabt B. Reetz vom 3.12.1957.

Trier.[29] Am Mittag war Pranzo [Diner] für die Kardinäle. Tisserant rief mich zu sich mit dem Auftrag, ihm einen flotten Trinkspruch auf deutsch zu machen. Seine selbstgemachte Probe begann: „Herr praesiden, ich überhebe das Glas zu Ihren Wohlen...". ... Nun ist indessen der stille Advent gekommen...

Der stille Advent bringt dann am 4. Dezember noch ein Pranzo in der Villa S. Francesco, wo P. Athanasius schon gegen 20 Jahre als Spiritual wirkt. Danach kann er erleichtert schreiben: „Mit dem Jubilieren ist es Gottlob jetzt aus."

29 Basilius Ebel OSB (1896–1968) wurde 1929 Abt von St. Matthias in Trier und 1946 Abt von Maria Laach als Nachfolger von Ildefons Herwegen.

LOS VON ROM!

Die stillen Tage nach Weihnachten benutzt der Jubilar für eine ausführliche „Rechenschaftsablage“ seinem neuen Abt gegenüber.[1] Am 18. August 1957 war sein ehemaliger Student Benedikt Reetz in Beuron als Abt eingeführt worden. In der Rechenschaftsablage, die vom 31. Dezember 1957 datiert, führt er sämtliche Konten auf, die er verwaltet, mit den derzeitigen Kontoständen und beschreibt genau ihre Eigenart. Eines dieser Konten dient für den Seligsprechungsprozeß der Maria Fortunata. Die Verwaltung dieses Kontos mache ihm „viel Arbeit und noch mehr Sorgen“. Den Grund für diese Sorgen erklärt erst ein späterer Brief, der über den plötzlichen Tod seines Vorgängers, P. Gabriel Locher, berichtet und die finanziellen Verluste, die dadurch eintraten.[2] Einen eigenen Posten bildet die „Fürsorge für Veroli und arme Nonnen. Auch das ist ein Erbe von P. Gabriel und macht mir ebenfalls oft schwere Arbeit und Sorgen. In den 12 Jahren sind 57 Millionen zur Verteilung durch meine Hände gegangen. Hier hatten auch Kellenried [St. Erentraud] und besonders Bert[h]oldstein [St. Gabriel] grossen Anteil.“ Diese Konten, so erläutert er, „unterstehen als solche Beuron nicht, sondern nur die Erlaubnis zu ihrer Verwaltung, und wenn Sie mich von dieser befreien, so bin ich Ihnen unendlich dankbar. Freilich die Folgen, die ich klar voraussehe, müssen Hochwürdigster Vater tragen.“

Darauf kommt er zur Hauptsache: Die verlangte Rechenschaftsabgabe sei die erste, die in den 38 römischen Jahren von ihm verlangt werde. „Vater Erzabt Raphael sagte mir am Schluss vom ersten Jahr 1922, als ich ihm eine genaue, schriftliche Abrechnung übergab: ‚Herr P. Athanasius, diese Bildchen schenke ich Ihnen für alle Zeiten; ich weiss, dass Sie nichts Unnötiges ausgeben.‘“ Erzabt Baur habe diese Verfügung bestätigt und nur verlangt, daß er den P. Cellerar über die Konten informiere. Er nennt dann

1 Die folgenden Zitate aus diesem mehrseitigen Bericht an den Erzabt B. Reetz vom 31.12.1957.

2 Vgl. Brief an Erzabt B. Reetz vom 8.2.1959.

noch zwei Kollegen, deren Äbte ebenfalls verlangt hätten, sie mit finanziellen Rechenschaftsberichten zu verschonen. Im übrigen sei eine genaue Verrechnung im einzelnen rein unmöglich. „Hochwürdigster Vater waren nie in Rom als Professor, haben daher auch keine Ahnung von den heutigen, kleinlichen und widerwärtigen Verhältnissen in dieser Beziehung.“

Darauf nennt er Summen, die er angespart und an Bedürftige verteilt hat. So habe er etwa P. Benedikt 500 Dollar für seine Orientreise gegeben. Über diese Reise berichtet P. Benedikt Schwank in seiner Autobiographie. Demnach wurde 1954 vom Bibelinstitut, an dem P. Benedikt seine Promotion vorbereitete, eine Exkursion ins Heilige Land angeboten. Er wußte, daß die Teilnahme eine Weichenstellung in seinem Leben bedeuten würde und fragte verschiedene Autoritäten um Rat. P. Athanasius habe ihm entschieden zugeraten mit dem Argument: „Wenn jemand von Ihnen verlangt, Sie sollten Violine spielen, so muss er Ihnen auch ein Instrument dazu geben.“[3] So erfolgte die Weichenstellung tatsächlich.

Der Rechenschaftsbericht kommt anschließend noch auf ein eigenes Bedürfnis zu sprechen: „Ich hätte dringend notwendig einen Habit gebraucht und vor allem einen neuen Überzieher; mein jetziger ist ein altes, in allen Farben schimmerndes Erbe von P. Gabriel selig. Nach vielem Betteln habe ich es dieses Jahr erreicht, dass mir einer angewiesen wurde; aber bekommen habe ich ihn nicht. So habe ich nun hier in Rom einen Schneider gefunden, der mir um mässige Preise arbeitet.“

Er fährt fort, „wenn ich schon am Brutteln bin“, mit einer Angelegenheit des Konvents, die Neuordnung des Brüder-Institutes.[4] Seine Stellungnahme führt zu einem kleinen Zwist mit dem Vorgesetzten, den er jedoch schon mit dem nächsten Brief gütlich beilegt. Er schließt diese erstaunli-

3 B. Schwank OSB, Er führte mich ins Weite. Wie ich das 20. Jahrhundert erlebte, St. Ottilien 2005, 178. Es folgt eine ausführliche Schilderung dieser Reise.

4 Vgl. dazu Br. Jakobus Kaffanke OSB, „Alle Brüder haben alles gemeinsam!“ – Das Beuroner Brüder-Institut im Wandel, in: Erzabtei St. Martin (Hg.), 150 Jahre Benediktiner in Beuron. Ein Kloster im Wandel, Beuron 2013, 188–197.

che Rechenschaftsablage mit einer Anekdote über einen Kapuzinerpater, der 2002 heilig gesprochen wurde und heute einer der beliebtesten Heiligen Italiens ist:

> Jetzt zum Schluß noch ein Punkt, der mir eigentlich für die Zukunft von Beuron der wichtigste erscheint. Ein Geschichtchen, das erst vor kurzem passiert ist, möge meinen Gedanken praktisch erhellen. Kommt da ein Spiritual einer Kongregation, die Beuron nahe steht, im Auftrage der Generaloberin zu P. Pio, Kapuziner, und frägt an, was sie tun sollen, um mehr Berufe [d.h. Berufungen] zu bekommen, woran es eigentlich fehle. Pater Pius antwortete: „Mehr Liebe und Achtung der Schwestern vor ihren Obern; mehr Liebe und Verständnis der Obern für ihre Untergebenen; mehr Liebe und Achtung der Schwestern unter sich.“ Ich denke, das wäre auch das beste Rezept für unser Beuron.

Im nächsten Brief vom 16. Januar 1958 erklärt er seine „Bruttelei“ ein wenig mit seinen Umständen: Er habe den vorigen Brief „unter starkem inneren Druck geschrieben“.

> Ich hatte kurz vorher die Asiatika, die in meinem Alter (78) nicht so spurlos vorübergeht. Dann hatte ich gerade in der Weihnachtszeit so gegen 40 offizielle Kommisssions-Briefe zu schreiben, die mir keinen Augenblick bis nach Epiphanie etwas Muse [sic!] gaben. Ich habe dann am Vatikan einen Vorstoss um Enthebung von meinem Amt gemacht; am meisten leide ich unter Gedächtnis-Schwäche! Als Antwort bekam ich eine grosse Arbeit für den Heiligen Vater, die mich monatelang schwer beschäftigt – mit dem Bemerken: „damit mir die dummen Gedanken vergehen!“

Die Asiatika oder Asiatische Grippe war die zweitschlimmste Grippeepidemie, die Europa im 20. Jahrhundert heimsuchte. Sie brach 1957 aus und hatte ihren Ursprung wohl in der Volksrepublik China. In diesem und dem folgenden Jahr fielen ihr etwa zwei Millionen Menschen zum Opfer. P. Athanasius wurde noch weitere zweimal von ihr befallen und litt seither an einer „unheilbaren Müdigkeit“, so daß er nur noch wenige Stunden am

Tag arbeitsfähig war.[5] Im Herbst 1957 kamen, wie wir gesehen haben, seine beiden Prozesse vor dem Hl. Offizium in die kritische Phase. Da mußte gearbeitet werden, Asiatika hin oder her. Seinen Brief vom Januar 1958 schließt er mit weiteren Informationen:

> Zwei Tage nachdem der Neue Primas hier aufgezogen [gemeint ist Abtprimas Bernhard Kälin, der am 16. September 1947 gewählt wurde], sagte ich ihm dass ich im Sommer Schluss mache mit S. Anselm; denn nach so viel Jahren habe ich ein gutes Recht, mich in Stille auf das Jenseits vorzubereiten. Er bat mich dringendst als den ältesten Professor in S. Anselm, wenigstens noch ein Jahr auszuharren. Im folgenden Februar wurde ich zum Sekretär der Bibelkommission ernannt, und damit schwindet wenigstens beim jetzigen Hl. Vater [immer noch Pius XII.] jede Hoffnung. Ich gebe sie aber trotzdem nicht auf, dass ich bald erlöst werde.[6]

Im März 1958 meldet er wegen Diabetes zwei offene Beine und einen fortschreitenden grauen Star. „Vielleicht ist es die Erhörung meiner Bitte, schliesslich doch von Rom loszukommen!“[7] Eine Woche später schließt er seinen Brief: „Die Jahre sind gezählt, und es mahnt mich jeder Tag, jede unnötige Belastung fernzuhalten.“[8] Über Ostern hat er zwei Neffen zu Besuch, „darunter auch den Archiv-Direktor von Stuttgart, und darum genügend Abwechslung.“ Danach beginnen wieder die Examina.[9] Im Mai erklärt er bezüglich seiner Ferien: „Seit 1919 habe ich sie immer im Allgäu gehalten; gegen 40 Jahre in Wangen im Allgäu und seit 4 Jahren im nahen Leutkirch, Krankenhaus. So halte ich's weiter. Freilich kommt seit 4 Jahren jeweils die Badekur in Weiler dazu.“

5 Brief an Erzabt B. Reetz vom 10.5.1958.
6 Brief an Erzabt B. Reetz vom 16.1.1958.
7 Brief an Erzabt B. Reetz vom 10.3.1959.
8 Brief an Erzabt B. Reetz vom 18.3.1958.
9 Brief an P. Johannes Schildenberger vom 13. April 1958.

Nach seinen Herbstferien versucht er alles, um den Präses seiner Kommisssion, Kardinal Tisserant, zu erreichen. Aber dieser ist nach dem Tod von Pius XII. am 9. Oktober als Dekan des Kardinalskollegiums mit der Papstwahl beschäftigt. Trotzdem ist sein Sekretär „mehr denn je entschlossen, mit diesem Jahr meine Tätigkeit in Rom definitiv abzuschliessen.“[10] Nach Weihnachten spricht er von Diabetes, Rheuma und seinem nachlassenden Gedächtnis. Oft kann er während der Nacht nicht schlafen. Von Schmerz- und Schlaftabletten will er jedoch nichts wissen. Er fängt an, seine Bücher wohlüberlegt zu verschenken. Die große Masse seiner Manuskripte, mit denen er nichts mehr anzufangen weiß, „wandert in den Papierkorb“.[11] Darunter sind offenbar seine sämtlichen Vorlesungsmanuskripte. Im Januar des folgenden Jahres erwischt er endlich Tisserant, aber der will von einer Pensionierung und Rückkehr nach Beuron nichts hören und bemerkt nur: „Schonen Sie sich mehr und ziehen Sie kräftiger Ihren Untersekretär heran!“[12]

In der Privataudienz der Bibelkommission bei Johannes XXIII. am 22. Mai 1959 bittet er den Papst selbst, „er möge ihm helfen, von Rom wegzukommen. Während Tisserant und die Konsultoren protestierten, frug er mich, wie alt ich sei. Als ich ihm sagte, zwei Monate älter wie er, meinte er: ja, dann müsse er ja auch weggehen; er habe zudem in den 6 Monaten 6 Kilo verloren!“[13] Ab Oktober wird P. Athanasius zum Vertreter des Ordens in der neuen Psalter-Kommission bestellt.[14] In einem Brief vom Juni dieses Jahres antwortet er dem Erzabt auf eine Anfrage in ganz anderer Sache: „Wegen der Verfilmung der ‚Sieben Schwaben‘ mache ich keine Schwierigkeiten, besonders wenn sie dem Haus dienen sollte.“[15] Zu dieser Verfil-

10 Brief an Erzabt B. Reetz vom 25.10.1958. Der Passus ist vom Erzabt mit einem dicken Ausrufezeichen versehen.
11 Brief an Erzabt B. Reetz vom 29.12.1958.
12 Brief an Erzabt B. Reetz vom 8.2.1959.
13 Brief an Erzabt B. Reetz vom 28.5.1959.
14 Ebd.
15 Brief an Erzabt B. Reetz vom 11.6.1959.

mung ist es offenbar nicht gekommen. Schade, sehr schade. Das hätte einen schönen Fernsehfilm geben können und könnte es immer noch. Ab Anfang Juli ist P. Athanasius wieder in der Schweiz „für verschiedene Geschäfte", in Leutkirch und Weiler und für einen Tag in Beuron.[16]

Im Herbst wird er in den Zeitungen als Kardinalskandidat gehandelt. Von Rom aus teilt er Ende November mit:

> Den ersten Zeitungsausschnitt bekam ich von Kardinal Frings. Ich habe herzlich gelacht über den Spass: es ist noch kein Sekretär der Kommission so weit avanciert. ... Mir ist längst jeder Gustus für solche Dinge vergangen. Ich habe jetzt 4 Kardinäle in der Kommission und wenn ich an das armselige Leben meiner langjährigen Beichtkinder, Kardinal [Alessandro] Verde [1865–1958] und [Luigi] Lavitrano [1874–1950], denke, dann fühlt man sich als einfacher, freier Mönch über die Massen glücklich. P. Bea hat mir bereits Ihre Einladung mitgeteilt [gemeint ist die bereits behandelte Einladung nach Beuron], hofft aber dass ich dann auch in Beuron sei, was ich ihm bei meiner Lage nicht versprechen konnte. Im übrigen – schrieb er – verändere sich zwischen uns zwei auch gar nichts; er stehe mir vor wie nach in all meinen Sekretär-Sorgen treu zur Seite. Ich könne darum auch dieses Ereignis nicht zum Vorwand nehmen, auszukneifen. Gleichwohl kann ich heute noch nicht sagen, ob ich das Jahr durchhalte; ich leide schwer an Rheumatismus. Wir haben ständig Schirokko-Wetter und so leidet die halbe Stadt an diesem Übel.

Im Februar 1960 kann P. Athanasius dem Erzabt mitteilen, er sei von einer längeren Heißwasser-Kur – wahrscheinlich in Vicarello – heimgekehrt. Er könne vor lauter Rheuma und Verzerrung die rechte Hand kaum mehr gebrauchen. „Der Umstand hatte zur glücklichen Folge, dass mir endlich ein Nachfolger versprochen wurde; ich durfte ihn selber vorschlagen. Doch muss ich noch bis Ende Mai durchhalten und im Herbst den neuen in sein Amt einführen."[17] Am 30. April fällt der Arme noch unglücklich in

16 Briefe an Erzabt B. Reetz vom 7.6. (2) und 11.6. 1959.

17 Brief an Erzabt B. Reetz vom 17.2.1960.

Vicarello, „wo ich in stiller Einsamkeit meinen jährlichen Ritir [Einkehr, Exerzitien] hielt und brach den linken Arm am Handgelenk.“ Im Mai sind die üblichen Examina.[18] Die Ferien verbringt er wieder zunächst in Leutkirch, wo er viel gefroren, aber auch viel geschlafen habe, so daß er „ganz nett erholt“ sei. Eine Staroperation an beiden Augen sei unvermeidlich, am linken habe eine Netzhautablösung eingesetzt.

> Damit ist der Kampf entschieden. Ich bin froh darüber! Tisserant wollte beim Abschied alles wieder zurücknehmen, was er mir versprochen hatte und meinte, eine gute Erholung würde alles wieder in Ordnung bringen! Ich gehe also Ende September nach Rom zurück, übergebe mein Amt, führe den neuen [Sekretär] ein und ordne dann – nach 40 Jahren – meinen Abgang! Für 3 Monate wurde ich seinerzeit nach Rom beschieden. Ich war gerne dort, nehme aber jetzt thränenlos [sic!] Abschied.[19]

Der Brief ist am 12. August von Weiler aus geschrieben. Drei Tage später folgt wieder ein Schreiben, in dem er bittet, ihn vorläufig vom Brevierbeten zu dispensieren. Wegen seiner schlechten Augen könne er nur noch mit großer Anstrengung sein Offizium fertigbringen.[20] Die Augen bessern sich dann durch Tropfen. Aber die Pläne für den Abgang im Herbst fallen wieder ins Wasser. Tisserant will ihn nicht gehen lassen; der Erlösungsbedürftige hofft aber doch, „gelegentlich entrinnen“ zu können, zumal er die Hälfte seiner Konsultoren als Mitarbeiter für das Konzil abgeben mußte, dessen Vorbereitung auf Hochtouren lief. „Zuerst wollte man die Bibelkommission ganz ausschalten; nun kommen die Sekretare und bitten flehentlich um Mithilfe.“ Die Säle der Bibelkommission dienen jetzt als Sitz von Beas Einheitssekretariat.[21] Anfang Dezember verbietet ihm Tisserant „ein für allemal“, weiterhin von Heimkehr zu reden. Als Sekretar dürfe er

18 Brief an Erzabt B. Reetz vom 2.5.1960.
19 Brief an Erzabt B. Reetz vom 12.8.1960.
20 Brief an Erzabt B. Reetz vom 15.8.1960.
21 Brief an Erzabt B. Reetz vom 14.11.1960.

keine Arbeit für das Konzil annehmen. Das sei ein allgemeines Gesetz für die ganze Kurie, damit deren Betrieb nicht behindert werde.[22]

Er würde sich gerne bald an den Augen operieren lassen, natürlich in Wangen, aber er fürchtet den deutschen Winter, den er seit 40 Jahren nicht mehr mitgemacht habe, und eine „Verkältung".[23] So bereitet er im April 1961 noch die Examina vor – alles mit drei Lupen und größter Mühe –, reist am 26. April abends ab und will „so gegen zwei Uhr nach Tuttlingen" kommen.[24] Zur Augenoperation in Wangen kommt es aber erst nach einer Eingewöhnungszeit Ende Mai.[25] Inzwischen beginnt die Netzhautablösung wegen Diabetes an beiden Augen. Bea schickt ihm nach Wangen einen „interessanten Brief. Demnach kann man in nächster Zeit allerhand erwarten."[26] Die Vorbereitungen für das Konzil gingen jetzt in die Endphase, waren aber streng geheim. Der interessante Brief ist natürlich nicht mehr vorhanden. Von Wangen zieht der Patient Mitte Juni um nach Leutkirch. Die dortigen Schwestern von Untermarchtal freuen sich, da sie selten einen Geistlichen haben. Aber wegen einer Erkältung der Augen und einer schmerzhaften Nachoperation muß er noch einmal zurück nach Wangen. Er will danach noch kurz nach Beuron kommen.[27]

Am 12. Oktober 1961 schreibt er wieder aus Rom. Der Brief ist von Hand geschrieben wie alle weiteren, soweit sie privat sind. Die Schreibmaschine kann er offenbar nur noch mühsam benutzen: „Gestern hatte ich meine erste Audienz bei Tisserant. Er war außerordentlich freundlich, erklärte aber gleich, daß ein Verlassen Roms auf keinen Fall in Frage komme; er habe über diese Angelegenheit bereits mit seiner Heiligkeit gesprochen." Die 25 Herbstexamina kann der gut eingearbeitete Untersekretär überneh-

22 Brief an Erzabt B. Reetz vom 6.12.1960.
23 Brief an Erzabt B. Reetz vom 8.1.1961.
24 Brief an Erzabt B. Reetz vom 19.4.1961.
25 Brief an Erzabt B. Reetz vom 29.5.1961.
26 Brief an Erzabt B. Reetz vom 14.6.1961.
27 Brief an Erzabt B. Reetz vom 25.7.1961.

men.[28] Am 16. Dezember legt der Festgehaltene einen neuen Befreiungsplan vor:

> Der stille Advent ist so rasch vorübergeeilt, daß man ihn kaum merkte, und wir stehen vor Weihnachten. Darum die besten Wünsche Ihnen und ganz Beuron! „Fiat pax in virtute tua..." [Vulg. Ps 121,7].
>
> Nun ist bereits wieder ein Vierteljahr vorbei, voll Arbeit und Umtrieb! Der alte Streit (Romeo!) ist nicht zur Ruhe gekommen, sondern glüht unter der Asche weiter! Da sollte man zwei klare Augen haben; aber das nicht operierte wird immer schlechter und das operierte kommt unendlich langsam nach! Ich kann nur noch mit Lupen wenig lesen! Trotzdem keine Pensionierung zu erhoffen! Nun habe ich mit Kardinal Bea zusammen einen Plan entworfen, der, so Gott will, zum Ziele führt. Mit Tisserant ist in jeder Beziehung nichts mehr zu machen und zu haben![29]

Der Plan, den er mit Bea ausgeheckt hatte, gelang. Er bestand darin, daß sich der Geplagte mit seiner Bitte um Amtsenthebung an seinem Vorgesetzten Tisserant vorbei direkt an den Hl. Vater selbst wenden sollte. Auf diesem Weg ging auf einmal alles sehr schnell. Die entsprechenden Vorgänge sind im Nachlaß erhalten. Doch bevor er den Plan ausführen konnte, hatte er noch einen Unfall. Am 3. Januar stieß er in Sant'Anselmo mit dem Kopf gegen eine Marmorplatte und zog sich einen Riß an der rechten Augenbraue zu, der in der Klinik genäht werden mußte.[30]

Am 2. Februar 1962 kann er endlich ein Schreiben an den Staatssekretär, Kardinal Amleto Cicognani, schicken und dazu einen Brief an den Hl. Vater beilegen. Im Anschreiben an den Staatssekretär, datiert vom 1. Februar, beruft er sich für seinen Schritt auf die Ermutigung durch Kardinal Bea

28 Brief an Erzabt B. Reetz vom 12.10.1961.

29 Brief an Erzabt B. Reetz vom 16.12.1961.

30 Diesen Vorfall erzählt er Kardinal Tisserant in einem Brief vom Januar, dessen genaues Datum unklar ist. Dieser Unfall habe ihn endgültig überzeugt, daß er auf sein Amt verzichten müsse. Er habe dem Heiligen Vater bereits geschrieben – was erst am 2. Februar geschah.

und die Tatsache, daß es ihm nicht gelungen sei, Kardinal Tisserant von der Notwendigkeit seiner Entlassung zu überzeugen. Doch die Situation der Kommission und die vielfältigen Probleme der gegenwärtigen Exegese verlangten nach einem gesunden Sekretär, der mit sämtlichen modernen Strömungen vertraut sein müsse.

Das eingelegte Schreiben an den Heiligen Vater datiert vom 2. Februar. Darin begründet er seine Entlassungsbitte vor allem mit seinen schwachen Augen. Die Operation im Mai des letzten Jahres habe nichts geholfen. Er könne kaum noch Bücher und wissenschaftliche Literatur lesen. Ein Unfall im vergangenen Monat habe die Sache noch verschlimmert. Außerdem weist er auf seinen Diabetes hin und die Tatsache, daß er die 80 überschritten habe. Auf eine Besserung seiner Gesundheit sei nicht mehr zu hoffen. Die offizielle Genehmigung, unterzeichnet vom Staatssekretär, trägt das Datum vom 7. Februar. Der Heilige Vater habe Verständnis für seine Gründe und entbinde ihn von dem schweren Amt, das er so viele Jahre lang „mit großer Selbstverleugnung (con grande abnegazione)" ausgeübt habe. Das teilt der Erleichterte Kardinal Tisserant am 12. Februar mit, und dieser antwortet am 2. März mit einem freundlichen Schreiben. Er habe mit dem Hl. Vater bereits wegen seines Nachfolgers gesprochen.

Offiziell endet seine Dienstzeit als Sekretär am 14. Juli 1962. Aber er verläßt Rom vorzeitig. In Sant'Anselmo findet noch eine Abschiedsfeier statt. Der Termin war leider nicht festzustellen, wahrscheinlich in der ersten Juniwoche. Darüber berichtet die „Schwäbische Zeitung" am 30. Juni 1962. Sie verrät uns auch, wer die Laudatio dabei hielt:

> Unter den Gästen befanden sich Kardinal König, Wien, und Kardinal Augustin Bea, der langjährige Mitarbeiter von P. Athanasius. Kardinal Bea würdigte das Lebenswerk des nunmehr 81jährigen Priesters und Mönches von Beuron. Seine Lehrtätigkeit, die immer im Leben der Kirche gestanden sei, habe sich in einem umfangreichen und wissenschaftlich bedeutsamen Schrifttum erfüllt, wovon die gründlichen Kommentare zu einzelnen Büchern des Alten Testamentes, die auch heute noch

geschätzte Psalmenübersetzung und viele bedeutsame Einzelarbeiten beredtes Zeugnis ablegten. 14 Jahre lang habe P. Athanasius das verantwortungsvolle und schwierige Amt des Sekretärs der Päpstlichen Bibelkommission bekleidet. Er habe es verstanden, alle Entscheidungen und Weisungen innerhalb der Kommisssion in humaner Weise zu behandeln und ohne Härte zu veröffentlichen. In einem herzlich gehaltenen Schreiben hat Papst Johannes XXIII. P. Athanasius für seine Arbeit im Dienste der Kirche gedankt.

Vielleicht ist man etwas überrascht, daß Kardinal Bea hier als „langjähriger Mitarbeiter von P. Athanasius" bezeichnet wird. Aber faktisch stimmt es durchaus. Der Befreite verläßt Rom an einem lauen Juniabend. In der Beuroner Totenchronik wird der denkwürdige Abschied so geschildert:

> Im Hauptbahnhof von Rom, der Stazione Termini, hatte sich eine Schar geistlicher Herren zusammengefunden, um P. Athanasius, stellvertretend für viele, die auch gerne gekommen wären, den Abschied zu geben. P. Athanasius hatte im Zug einen Fensterplatz im letzten Abteil des letzten Wagens. Er stand am Fenster und gab den Zurückbleibenden noch manches gute Wort für den römischen Alltag mit. Jetzt war es Zeit für die Abfahrt und der Zug setzte sich langsam in Bewegung. P. Athanasius blieb unerschütterlich am Fenster stehen und machte den geistlichen Herren, den hohen wie den niederen, eine – lange Nase. Das war sein Abschied von Rom, ein Abschied für immer.

AUSKLANG

Der von Rom Erlöste war immer gern in Rom gewesen. Den Rottenburger Priesterjubilaren erzählte er bei ihrem Exerzitienkurs 1954: Vor 50 Jahren habe er erstmals die Reise nach der ewigen Stadt angetreten. „Aber jedesmal, wenn es wieder heißt: Auf nach Rom!, ist es mir wie dem frommen Israeliten: Laetatus in his ... in Dom. Dei ibimus.“ Er meint den Eingangsvers von Ps 122, den er selbst so übersetzt: „Wie hab ich mich gefreut, da man

Familienbild auf dem Haustritt im Sommer 1962

mir sagte: ‚Nun pilgern wir zum Haus des Herrn.'" Da erfülle seine Seele eine weihevolle Hochstimmung angesichts all dessen, was Rom Großes in sich berge, nämlich erstens die Anfänge der hl. Kirche in den Katakomben und zweitens die große Zeit der Märtyrer. Verglichen damit verblassen für ihn offenbar alle weniger schönen Seiten Roms. Doch sterben wollte er in Beuron, um sein Grab „im Schatten des Heiligtums der Beuroner Schmerzensmutter" zu finden, wie es in der Totenchronik heißt.

Als er am 17. Juni 1962 im Alter von 81 Jahren dann endlich nach Beuron zurückkehrte, zeigte es sich freilich, daß die lange Abwesenheit und die vielfältige Tätigkeit nicht spurlos an ihm vorübergegangen war. Es war ihm „fast unmöglich", wie es in der Totenchronik heißt, sich wieder in die Grenzen der klösterlichen Disziplin einzuleben. Bei einem Besuch in seinem Heimatdorf entstand wahrscheinlich das letzte Foto von ihm auf der Haustreppe seines elterlichen Hauses.

Ein alter Freund, der Pfarrer von Veroli, Don Andrea Sarra, besuchte im Sommer den fast Erblindeten und traf ihn im Klostergarten an beim Beten des Rosenkranzes, den er in Händen hielt. Zunächst erkannte ihn der Betende nicht, doch als Sarra ihn anrief, sprang er auf und umarmte ihn. Er schien traurig, und der Freund munterte ihn mit alten Erinnerungen auf. Beim Abschied machte er ihm noch ein Kompliment für seine große Liebe zur Bibel und seinen Eifer bei der Verteidigung dieses großen Buches. Darauf hob der Angesprochene die Hand mit dem Rosenkranz und antwortete: „Auch das ist ein großes Buch!"[1]

Einige Wochen später zieht er wieder ins Allgäu. Aus dem Kurheim in Weiler, wo er sich seit dem 24. Juli befindet, wendet er sich an den P. Prior in Beuron, denn der Erzabt ist in Rom beim Konzil: Seiner Augen wegen müsse er noch einen Abstecher ins Krankenhaus in Wangen machen. Von dort will er dann für zwei Wochen nach Leutkirch. Er freut sich darauf, daß er den Untermarchtaler Schwestern, die dort Dienst tun, wieder täglich

1 A. Sarra, Incontri 34f.

die Messe lesen kann und ein wenig Seelsorge treiben. Am 10. September will er wieder in Beuron sein, denn am 22. dieses Monats feiert er seinen 82. Geburtstag.[2] Bereits am 5. Oktober ist er wieder in Leutkirch. Dorthin erhält er viele Briefe und Telegramme aus Anlaß seines diamantenen Ordensjubiläums am 15. Oktober, „auch von Kardinal Bea“.[3] Im Kirchenblatt Leutkirch steht ein kleines Artikelchen darüber, das so beginnt:

> Alle Jahre wieder, im Sommer nämlich, wenn es auch im Allgäu so warm ist, daß einer, der sich an die italienische Sonne gewöhnt hat, bei uns nicht mehr frieren braucht, hatte er für einige Wochen vorübergehend seine Zelte in Leutkirch, näherhin im Krankenhaus aufgeschlagen. Dort suchte er nicht bloß Erholung, er war dann zugleich ein liebenswürdiger Hausgeistlicher, der die Schwestern, Patienten und Sterbenden geistlich betreute und damit die Seelsorger in der Pfarrei spürbar entlastete. Dieser Geistliche war Pater Athanasius OSB., Mönch der Erzabtei Beuron.[4]

Im selben Blatt folgt ein Artikel mit der Überschrift: „Zweites Vatikanisches Konzil 1962“. Da heißt es: „Das Konzil hat begonnen. Viele werden am Fernsehschirm diese gewaltige Feier der Eröffnung im Petersdom miterlebt haben.“ Zu diesen Vielen gehörte auch der alte Römer P. Athanasius. Die Eröffnungssession des Konzils am 11. Oktober übertraf an Großartigkeit alles bisher Dagewesene – Kardinaldekan Tisserant zelebrierte das Hochamt –, und der geistliche Patient konnte alles „im Fernsehen des Hauses glänzend verfolgen“, wie er nach Beuron mitteilt. Und er fügt hinzu: „Hier werde ich auch den 1. Winter nach 43 Jahren ohne Schwierigkeit überstehen“.[5] Da sollte er sich allerdings täuschen. Seine Handschrift ist jetzt etwas ungelenker geworden, aber immer noch gut lesbar.

---

2 Brief an P. Prior vom 9.8.1962.

3 Brief von Leutkirch aus an Erzabt B. Reetz vom 19.10.1962.

4 Im Nachlass von P. Athanasius mit eigenhändiger Überschrift „Kirchenblatt Leutkirch“, aber ohne nähere Angaben.

5 Brief von Leutkirch aus an Erzabt B. Reetz vom 19.10.1962.

Kurz vor Weihnachten teilt er in Beuron mit, er habe das Konzil mit Fernsehen und Nachrichten „eifrig verfolgt". Die Diskussion über das Schema „Hl. Schrift etc." habe ihn nicht überrascht. Die Bibelkommission habe schon früher einen Protest dagegen einsenden wollen; das habe Tisserant jedoch verhindert. Darauf habe Bea prophezeit: Abwarten, unsere Zeit kommt! Und jetzt war sie da. Das Schema für jene Konstitution, die später „Dei Verbum" heißen sollte, war auf der Sitzung des Konzils vom 14. November bekanntlich durchgefallen, aber nicht mit der notwendigen Mehrheit. Es wurde dann vom Papst kassiert und zur Bearbeitung einer Kommission mit zwei Vorsitzenden übergeben, die zwei verschiedene Richtungen in der Theologie vertraten: Kardinal Alfredo Ottaviani (1890–1979), dem Nachfolger Kardinal Pizzardos als Sekretär des Heiligen Offiziums, und Kardinal Bea, der jetzt für die Bibelkommission und das Einheitssekretariat stand. P. Athanasius teilt noch mit, daß er hier in Leutkirch bis Februar-März aushelfen müsse.[6]

Aber seine Sorgenkinder in Rom und seine vielen Bekannten und Freunde anderswo lassen ihn nicht los. Er hat noch selbst eine Liste der seit seiner Heimkehr nach Beuron empfangenen Briefe angefertigt und kommt auf stattliche 161; in der Handschrift Benedikt Schwanks, der in Leutkirch offenbar bei ihm ist, folgen noch drei Nachträge. Eine Reihe dieser Schreiben ist erhalten, darunter ein langer, eigenhändiger Brief seiner Schwester Athanasia. Die Konvente von St. Gabriel (Bertholdstein) und St. Erentraud (Kellenried) schicken Glückwünsche zum diamantenen Ordensjubiläum und hoffen auf weitere Besuche. Auch von Vicarello kommt Post. So schreibt Sr. Maria Magerita SND:

> Wir haben hier in den Thermen [von Vicarello] so frohe Erinnerungen an Sie und werden Sie nie in unseren Gebeten vergessen. Ihr schönes Büchlein „Die Sieben Schwaben, die ins Kloster gingen" bringt immer sehr viel Freude, den Gästen und den Schwestern noch mehr, weil wir ja

6 Brief an Erzabt B. Reetz vom 20.12.1962.

den Anführer der Sieben, den hochwürdigsten Pater Athanasius so gut kennen, in dem lustigen und verantwortungsbewußten „Gondelschwab", der unbedingt der vornehmen Dame das Trinkgeld geben wollte und es dann in ihre Tasche steckte. Diese Generosità ist Ihnen geblieben, davon haben wir auch gespürt in Vicarello und als unsere Schwestern in S. Anselmo waren.[7]

Die Großherzigkeit (generosità), die der Sohn an der Mutter rühmte, wird hier ihm selbst attestiert.

Eine Reihe von sechs Briefen kommt von der Äbtissin von Veroli, dazu eine Postkarte, auf der auch Abtprimas Benno Gut grüßt. Die Äbtissin versichert ihn ihrer unverrückbaren geistlichen Verbundenheit und gibt Nachrichten. In ihrem letzten Brief vor dem Osterfest 1963 teilt sie ihm unter anderem mit, daß zwei Schwestern gestorben seien. Aber die Hühnerzucht im Priorat gehe sehr gut (va molto bene).[8]

Ein ungewöhnlicher Brief sei hier vollständig abgedruckt, weil er die Schreiberin so gut charakterisiert und zeigt, wie unterschiedlich die Beichtkinder des beliebten Beichtvaters P. Athanasius sein konnten. Er datiert vom 18. November 1962 und stammt von einem alten Fräulein namens Margarethe Seelos, die beim Österreichischen Konsulat arbeitet, dessen Adresse sie für die Rückantwort genau angibt. Der Brief ist mit Randbemerkungen des Empfängers versehen. Ich setze einige davon in eckigen Klammern zwischen den Text.

Sehr geehrter lieber Herr Professor! [Professor weglassen]

Nun da Sie anscheinend von den römischen Freunden überhaupt nichts mehr wissen wollen [hätte wohl aber...], will ich es doch noch einmal versuchen und Ihnen ein paar Zeilen schreiben; vielleicht gelingt es mir doch, eine Antwort zu erhalten. Ich verstehe natürlich auch, dass Sie nicht schreiben; wahrscheinlich wird Ihnen Ihr Auge zu schaffen

7 Brief von Sr. Maria Margerita SND vom 2.3. 1963.
8 Brief vom 8. April 1963.

machen und werden Sie andererseits Ihre alte deutsche Heimat so lieb gewonnen haben und sich dort so wohl fühlen, daß Sie nicht mehr an Rom, an Sankt Anselm, an den Eispalast und an die alte Seelos denken wollen. Vom Konzil werden Sie ja von Ihren römischen Freunden allerhand Interessantes und Lustiges hören [Nein!]. Manchmal geht es ganz wild zu. Sua Eminenza il Cardinale Ottaviani ist sogar – weil endlich einmal ein Ausländer die Courage gehabt hat ihm zu sagen, er soll nicht so lange und so viel Unsinn schwätzen, er habe die vorgeschriebene Zeit längst überschritten, – zu einigen Sitzungen überhaupt nicht mehr gegangen. Das Lustige an der Sache war ja, dass einige Kardinäle und Bischöfe dem Ausländer applaudiert haben sollen und das war es, was den eitlen Prefetto des Santo Offizio, der ja glaubt, der Herrgott selbst zu sein, so empört hat. Bei der Bibelkommission ist immer noch ein Pro-Segretario, die werden nicht einig. Einen Wissenschaftler wie Dunker wollen sie nicht, einen Esel können sie nicht gut nehmen und einen Mittelweg können Sie nicht gut finden. Eine sehr amüsante Angelegenheit. [Die „böse Alte"!]

Ich gehe fleissig nach Sankt Anselm [Nicht!]. Sie werden ja auch manchmal dorthin denken, wo Sie vierzig Jahre Ihres Ordenslebens und Ihres wissenschaftlichen Wirkens verbracht haben. Der Chor ist sehr gut; es sind viele junge Elemente mit herrlichen Stimmen. Ich gehe natürlich nur zur Hl. Messe. Ich sehe sonst niemanden. Meiner anima geht es auch ohne Beichtvater gut. Ich bin der Ansicht, dass man für diesen Zweck entweder etwas ganz Besonderes findet oder die Sache überhaupt bleiben lässt. [?!] Ich war immer an Sie gewohnt und kann mich in meinen alten Tagen schwer an jemand anderen gewöhnen und ich glaube, unser Herrgott ist auch damit einverstanden. Ich hatte zuerst daran gedacht, bei Pater Gerhard Bekes zu probieren, bin aber dann wieder davon abgekommen. Er ist mir zu jung und zu unreif. So schwere Probleme habe ich nicht, dass ich nicht selbst imstande wäre, sie zu lösen [!!] und wenn etwas Besonderes ist, kann ich mich ja an Sie wenden. Hoffentlich geht es Ihnen gesundheitlich doch einigermassen und wird Ihr Rheuma im feuchten Klima in Deutschland nicht schlechter. Ich würde mich freuen, zu hören, dass Sie sich wohl fühlen und nicht allzusehr an Heimweh leiden; ich glaube nicht, denn Sankt Anselm wird auch immer weniger so, wie es uns beiden so gut gefallen hat. Es war zu Stotzingens Zeit eine andere Linie in der ganzen Sache. Es ist so schade, dass auch in einem Benediktinerkloster, das doch eine Oase geistlichen Lebens sein sollte, immer mehr das Weltliche und Moderne überhand nimmt. Ich fühle mich oft recht einsam; mein guter lieber Rocchi, der ein treuer Freund war und mit dem ich viel und schönen geistigen Austausch hatte, liegt im Grab, Sie sind weit weg, meine Mitarbeiter und Bürokollegen und meine Vorgesetzten sind samt und sonders Idioten, mit denen überhaupt nichts anzufangen ist.

Also bitte lassen Sie bald etwas hören. Wenn ich vor Weihnachten nicht mehr zum Schreiben kommen sollte, wünsche ich Ihnen schon jetzt ein gnadenreiches Weihnachtsfest und ein gesegnetes Jahr 1963. Bitte um ein Memento in der Hl. Nacht. Ich erinnere mich noch so lebhaft an eine Weihnachtsmette in Sankt Anselm während des Krieges; es waren nur wenig Andächtige und eine geringe Anzahl Mönche in der Kirche und der jetzige Primas, der damals noch um 20 Jahre jünger war, sang mit seiner herrlichen Stimme eine Lektion, die endete mit „rex regum, princeps pacis". Möge der himmlische Friedensfürst uns seinen Frieden schenken!

In Erwartung einiger Zeilen, wenigstens eines ganz kurzen Lebenszeichens verbleibe ich Ihre in alter Dankbarkeit stets ergebene Margarethe Seelos.

Die Antwort erfolgte laut Notiz auf dem Brief am 5. Dezember 1962. „Der Eispalast", an den P. Athanasius von der Schreiberin erinnert wird, ist immer noch der älteste und größte Eissalon der Stadt Rom auf dem Esquilin in der Via Principe Eugenio. Ihre Informationen über das Konzil sind freilich alle aus zweiter und dritter Hand, denn Presse war bei den Sitzungen nicht zugelassen. Der kuragierte Ausländer, der Kardinal Ottaviani bei einer der ersten Konzilssitzungen das Mikrofon abschaltete, weil er die Redezeit von zehn Minuten weit überschritten hatte, war Kardinal Alfrink als

Moderator.[9] Allerdings hatte ihm Kardinal Tisserant ein Zeichen gegeben.[10] Dem sehr konservativen, aber persönlich bescheidenen Kardinal Ottaviani tut die Briefschreiberin Unrecht. Er versöhnte sich später auf dem Konzil sogar mit Kardinal Frings, der scharfe Kritik an den Methoden des Heiligen Offiziums im Umgang mit Angeklagten geübt hatte.[11] Der „jetzige Primas" in Sant'Anselmo, der 20 Jahre zuvor so herrlich sang, war Benno Gut (1897–1970), seit 1959 Abtprimas. Er hatte in Basel Musik studiert und war zeitweise Choralmagister gewesen.

Über die Bibelkommission ist Fräulein Seelos nicht im Bilde. Als neuer Sekretär wurde auf Vorschlag von P. Athanasius der bisherige Untersekretär, der Prämonstratenser Benjamin Wambacq, bestellt. Er tut sich am Anfang freilich noch schwer und bittet P. Athanasius, im Frühjahr für einige Zeit nach Rom zu kommen.[12] Sein alter Schüler P. Duncker schreibt ihm mit Datum vom 29. Dezember 1962: Sein Nachfolger sei gut und fleißig, aber es gehe nicht recht voran; die große Arbeit über moderne Bibelwissenschaft und kirchliche Autorität – offenbar eine geplante Instruktion –, die eigentlich längst fertig sein sollte, sei seit seinem Weggang liegengeblieben. Das teilt P. Athanasius seinem Erzabt in einem Brief vom 4. Januar mit und zitiert aus Dunckers Brief noch eine Neuigkeit für den Konzilsvater: „Die neue Form des Schemas ‚Offenbarung und Hl. Schrift' ist dank unseres unvergleichlichen P. Bea nahezu fertig; sie ist großartig und wird ohne Zweifel mit großer Mehrheit angenommen werden. Ich [P. Duncker] habe während der ganzen Zeit des Konzils den Konzilsvätern englischer Zunge Vorträge gehalten über dieses Thema mit großem Zuspruch und Applaus." P. Athanasius schließt den Brief: „Möge der liebe Gott Ihnen viele gute und

9 Vgl. O.H. Pesch, Das Zweite Vatikanische Konzil. Vorgeschichte – Verlauf – Ergebnisse – Nachgeschichte, Würzburg 1993, 75f.

10 Vgl. É. Fouilloux, Eugène cardinal Tisserant 631f.

11 Vgl. Josef Kardinal Frings, Für die Menschen bestellt. Erinnerungen, Köln 1973, 273f. Vgl. M. von Galli, Das Konzil. Ein Bild- und Textbericht, Olten 1963, 78–81; ders., Das Konzil und seine Folgen, Luzern / Frankfurt a.M. 1966, 187.

12 Brief von B. Wambacq vom 19.1.1963.

gesunde Tage in den Kalender von 1963 schreiben!“[13] Es ist der letzte Brief, den der Erzabt von dieser Hand erhält.

Am nächsten Tag, dem 5. Januar, schreibt P. Athanasius noch eine Briefkarte an seinen Freund Johannes Schildenberger. Es sollte sein letztes Schreiben sein, das in Beuron ankam, wie auf dem Umschlag ausdrücklich notiert ist: „letzter Brief!“ Er ist erstaunlich schwungvoll geschrieben und lautet:

797-Leutkirch, Allgäu, Krankenhaus 5. I. 63

Euer Hochwürden,

Herzl. Dank für Ihre Zeilen u. Wünsche, die ich von Herzen erwiedere. Der gute Cazelles ist sehr anhänglich und dankbar. Ich habe ja seinerzeit zusammen mit Bea „la Introduction“ gerettet und jeden Angriff gegen das „Institut catholique“ scharf bekämpft! Am Namenstag habe ich Sie nicht vergessen. Von Rom inständige Bitten (Wambacq, Duncker, Benno [Gut]): ich möchte doch wenigstens für einige Monate zurückkehren! Proh dolor [leider] unmöglich!

Gruß P. Athanasius

Henri Cazelles und den Kampf um seine „Introduction à la Bible“ haben wir im Kapitel 11 behandelt. Mit „Proh dolor!“ beginnt auch eine berühmte Inschrift in der deutschen Nationalkirche, in der P. Athanasius oft gepredigt hat.

Doch ist dieser „letzte Brief“ nicht die letzte uns erhaltene Äußerung aus seiner Feder. Im Nachlaß sind nämlich die Skizzen für die Sonntagspredigten erhalten, die er in Leutkirch gehalten hat. Die Weihnachtspredigt von 1962 haben wir bereits anläßlich der ersten Meßfeier in der Grotte von Bethlehem im Jahr 1910 besprochen.[14] Die letzte, recht gut ausgearbeitete Predigtskizze betrifft den 10. März 1963, den zweiten Fastensonntag jenes Jahres. Darin sind typische Charakteristika des Predigers vereinigt, und

13 Brief an Erzabt B. Reetz vom 4.1.1963.

14 Vgl. o. Kap. 2.

wir dürfen diese Predigt und ihren Hauptgedanken als sein letztes Wort betrachten. Der Prediger beginnt wie immer mit einer Einleitung: „Kaum daß wir 10 Tage uns in den bescheidensten Formen den Übungen der Busse hingegeben, richtet die hl. Kirche unseren Blick empor zu den lichten Höhen des Tabor.“ Doch niemand steigt auf Tabors lichte Höhen, „der nicht wie der Heiland selbst den Pfad der Demut, der Bescheidenheit und Erniedrigung gegangen ist“. Wie für Christus selbst gilt das unabänderliche Gesetz: „Wer sich selbst erhöht, wird erniedrigt, und wer sich selbst erniedrigt, wird erhöht werden“ (Mt 23,12). Dieses Leitmotiv führt der Prediger unter anderem am Beispiel Nebukadnezars aus, dessen Überheblichkeit Gott dadurch straft, daß er wahnsinnig wird und Gras frißt wie das Vieh (Dan 4,25–30).

> Geliebte, wie oft haben sich nicht diese Beispiele im Laufe der Weltgeschichte wiederholt bis zum „1000jährigen Reich“ unserer Tage! ... Als vor Jahren unser hl. Vater Johannes XXIII., der bekanntlich aus den bescheidensten Verhältnissen stammt, von Pius XII. zum Nuntius von Paris ernannt wurde, begab sich ein Kardinal zum Papst und sagte ihm: „Aber Heiligkeit, Sie werden doch diesen Bauern nicht nach Paris schikken“, der blamiert ja den Hl. Stuhl. Pius XII.: „Und er geht!“ Und er ging und vertrat die Kirche Gottes in würdigster Weise, bis ihn der liebe Gott zurückholte und auf den Stuhl Petri als seinen beliebtesten und gefeiertsten Vertreter setzte. „Wer sich selbst erhöht...“.

Ganz am Ende der Predigtskizze ist noch etwas nachgetragen: „Voll tiefster, innerster Freude rief einmal der Herr aus: „Vater, ich danke dir, dass“. An dieser Stelle bricht der Text ab, aber es ist klar, welche Stelle gemeint ist: „Ich preise dich, Vater, Herr des Himmels und der Erde, daß du das den Klugen und Weisen verborgen und den Einfältigen offenbart hast. Ja, Vater, so hat es Gefallen gefunden vor dir“ (Mt 11,25). Zu den Klugen und Weisen mochte der Prediger nicht gehören, sondern zu den Einfältigen, die das Evangelium so nehmen, wie es ist.

Nicht lange nach dieser Predigt warf ihn eine schwere Grippe nieder. Jetzt zeigte es sich, daß er den deutschen Winter nicht zu Unrecht gefürchtet hatte. Anfang April erhält er die Letzte Ölung. Am 16. April, dem Dienstag in der Osteroktav, läßt er in Beuron telefonisch Bescheid geben, er wolle am folgenden Tag ins Kloster gebracht werden, um dort zu sterben. Aber noch in der Nacht ereilt ihn der Tod.[15] Sein Leichnam wurde nach Beuron überführt und in der Krypta aufgebahrt. Ein Lächeln umspielte seinen Mund.[16] Am Samstag dieser Woche wurde er bei hellem Sonnenschein zu Grabe getragen. In der Klostergruft fand er seine letzte Ruhe.

Die meisten modernen Biographien enden nach meiner Erfahrung mit dem Tod des Dargestellten. Diesen Schluß habe ich immer als unbefriedigend empfunden. Da schneidet der Tod das Leben ab wie der Weber das Tuch vom Kettgarn (vgl. Jes 38,12), „das Spiel ist aus", das war's. Aber das stimmt ja nicht einmal bei einer rein weltlichen Betrachtung. Ein menschliches Leben endet nicht mit dem Tod. Das Verhalten und Tun eines Menschen hat immer Auswirkungen im Guten wie im Bösen, die freilich niemand ganz übersieht als Gott. Nach dem Tod stellen sich oft Dinge heraus, die vorher niemandem bekannt waren, nur den Beteiligten. Deshalb ist ein Urteil über einen Menschen erst am Ende möglich, soweit es überhaupt möglich ist. So will ich am Schluß dieser Biographie noch einige Nachrufe zu Wort kommen lassen, bevor ich ein kleines Resümee versuche.

Der Abtprimas Benno Gut schreibt von Sant'Anselmo, unmittelbar nach Empfang der Todesnachricht noch am 17. April: „Er war mir wirklich ein lieber, treuester Freund und hat mich oft in schwierigen Augenblicken aufgerichtet, nicht nur mich allein, auch viele andere im Haus. Er hinterlässt hier eine ganz grosse Lücke." Vom Tag darauf datiert das Beileidsschreiben von Weihbischof Wilhelm Sedlmeier, das von Untermarchtal kommt. Es sei vollständig zitiert:

---

15 Im Nachruf von P. Benedikt Schwank, der dabei war, heißt es präzis: „um 2.30 Uhr": EuA 39 (1963) 252.

16 Das bezeugen sowohl die Totenchronik als auch der Nachruf von P. Benedikt Schwank: EuA 39 (1963) 252. Die Deutung fällt allerdings etwas verschieden aus.

Hochwürdigster Herr Erzabt!

Ihnen und dem ganzen Beuroner Konvent spreche ich zum Heimgang Ihres großen Sohnes, des verehrungswürdigen P. Athanasius Miller, mein herzliches Beileid aus. Meine derzeitige intensive Tätigkeit läßt es nicht zu, zur Beisetzung persönlich zu kommen. Ich werde aber mit den Schwestern des Untermarchtaler Mutterhauses, denen er so innig verbunden war und denen er schon vor 30 Jahren das deutsche Brevier mit seinen Psalmen geschenkt hat, am Montag ein Requiem halten.

Seine Psalmenübertragung ist mir heute noch lieb und wert. Sein *gutes* versöhnliches Wirken als Sekretär der Bibelkommission hat vielen Exegeten gut getan, seine kindliche Frömmigkeit und sein edles menschliches Wesen hat uns alle immer wieder erfreut, erquickt und im wahren Wortsinn erbaut.

Möge noch mancher Schwabe von seinem Schrot und Korn Ihrer Abtei beschieden sein.

In brüderlicher Mittrauer grüßt Euer Gnaden und den ganzen Konvent
Ihr im Herrn ergebener

Handschriftlich ist noch hinzugefügt: „Am 25.3. konnte ich den Patienten noch in Leutkirch besuchen."

Vom 22. April datiert ein Brief aus der Abtei St. Maurice et St. Maur, Clervaux (Luxemburg) von Dom Louis Leloir OSB (1911–1992). Er hatte am Bibelinstitut in Rom studiert und war ein bedeutender Orientalist. Der Brief ist in französischer Sprache geschrieben. Der Tod des P. Athanasius habe ihnen allen sehr leid getan.

In vielen Fällen habe ich in St. Anselm seine Freundschaft und seine Ratschläge erfahren und die Art bewundert, wie er in schwierigen Umständen seine Aufgabe als Sekretär der Bibelkommission erfüllt hat mit Freimut und courage. Er erwähnte gerne die große Zahl von Äbten [er nennt gewöhnlich die Zahl 40], die er als Schüler hatte; gleichzeitig hat er eine große Zahl künftiger Professoren geprägt und allen das Beispiel eines ernsthaften monastischen Lebens gegeben. Er hatte keinerlei Ehrgeiz und war vor allem ein Mann der Pflicht. Er hat zweifellos eine große Rolle gespielt im Benediktinerorden und ist ein Ruhm für die

Erzabtei Beuron, der er in seinen langen römischen Aufenthalten mehr verbunden blieb als jedem anderen Kloster.

Der Schriftleiter des Lexikons für Theologie und Kirche, für dessen 2. Auflage P. Athanasius sechs Artikel verfaßt hatte,[17] schreibt mit Datum vom 24. April 1963:

> Es ist noch kein halbes Jahr her, daß Pater Athanasius Miller mir das letzte Mal geschrieben hat. Er teilte mir mit, daß ihm lebenslänglich jede wissenschaftliche Arbeit untersagt wäre, daß dies aber bei seinen 82 Jahren und bei seinem schwäbischen Humor ein tragbares Kreuz sei. Nun ist er auch von diesem Kreuz erlöst. Den Verlust dieses Ihres Bruders bedauernd, freue ich mich mit Ihnen über seinen Hingang zum Herrn. Nach dem, was Pater Athanasius geleistet hat, geht er sicher als einer der Großen in die Chronik des Beuroner Klosters ein.[18]

Vom selben Tag datiert ein Schreiben, das als Absender „Grottaferrata-Roma“ angibt. Es handelt sich um den Konvent der Missionsbenediktinerinnen von Tutzing, die von einem Beuroner Pater, P. Andreas Amrhein, gegründet worden waren. 1953 zog das Generalat in Grottaferrata ein. In Vertretung der Generalpriorin, die gerade „Korea visitiert“, schreibt die General-Vikarin, Sr. M. Gonzaga Fuchs OSB:

> Zum seligen Heimgang Ihres hochwürdigen Herrn Paters Athanasius Miller OSB. sprechen wir Ihnen unsere herzliche Teilnahme aus! – Hochwürden Herr Pater Athanasius war etwa 10 Jahre mit uns in Verbindung als außerordentlicher Beichtvater. Tiefechtes und lauteres benediktinisches Geistesgut hat er uns in seinen anziehenden, mit heiteren Einlagen ermunternden Konferenzen vermittelt, die uns, verbunden mit seiner hochgeschätzten Persönlichkeit dankbarst in Erinnerung bleiben werden.

Die Archivarin, der wir nähere Auskünfte verdanken, schickte noch einige Auszüge aus der Klosterchronik. Daraus ist für das Jahr 1961 zu entnehmen,

---

17 Es sind die Artikel Bundeslade, Ephod, Erstlinge, Jehu, Jephthe, Judith.

18 Brief von Dr. Helmut Erharter vom 24.4.1963.

daß er dem Konvent täglich die hl. Messe liest. Im Juni 1962 heißt es: „Leider kommt es nun doch zum Abschied von unserem Hochw. Herrn Extraordinarius, Prof. P. Athanasius Miller, OSB am 7. Juni. Über 40 Jahre wissenschaftlicher Tätigkeit verbrachte er in San Anselmo in Rom. Sehr vermissen wir nun seine klaren, väterlichen, benediktinischen und zu Herzen gehenden Konferenzen mit ihren heiteren schwäbischen Einlagen. Mögen ihm in seiner Klosterheimat Beuron noch recht segensreiche Jahre vergönnt sein."[19]

Erzabt Benedikt Reetz widmete dem Verstorbenen bereits kurz nach seinem Tod, am 28. April, eine eigene Sonntagskonferenz vor dem Beuroner Konvent. Darin bot er einen Überblick über sein Leben und Werk und zitierte eine Reihe von Beileidsschreiben. Er meint, hinter seiner Fröhlichkeit sei „eine starke Melancholie gelegen". Jedenfalls waren der Humor und die Fröhlichkeit, die oft bezeugt werden, bei P. Athanasius nicht oberflächlich. Sie wurzelten in seiner Gutmütigkeit.

So muß man auch eine Beobachtung einordnen, die der Pfarrer von Veroli macht, der ihn noch 1962 im Klostergarten von Beuron besucht hat. Er betont, P. Athanasius habe im Gegensatz zu seinem Vorgänger, P. Gabriel Locher, „einen extrovertierten Charakter gehabt, laut und gestikulierend wie ein Italiener (all'italiana)". Er habe ihn gelegentlich sogar richtig lausbubenhaft erlebt.[20] Das ist aus italienischem Mund ein hohes Lob. Zu dem Lausbubenhaften paßt eine Anekdote, an die sich der Großneffe Max Miller noch erinnert hat: Wohl in den fünfziger Jahren wandten sich einige Frauen aus Wolfartsweiler mit einer Bitte an P. Athanasius: Er komme doch jedes Jahr in die Schweiz. Ob er ihnen von dort nicht sechs Paar Nylonstrümpfe mitbringen könne? Er kaufte die Nylonstrümpfe, und als er an der Grenze gefragt wurde, ob er etwas zu verzollen habe, zog er die sechs Paar Damenstrümpfe unter dem Habit hervor. Darauf lachten die Zöllner und schickten ihn weiter.

---

19 Ich danke der Archivarin des Kongregationsarchivs in Rom, Sr. Monika Groth, für die Informationen.

20 A. Sarra, Storia del Monastero di S. Maria de' Franconi Veroli 73; ders., Incontri 33.

In seinem Artikel über den Sekretär der Bibelkommission charakterisiert ihn sein Schüler, der Dominikaner Peter G. Duncker, so: „Er war sicherlich ein ehrlicher und freimütiger Mensch, der sich nicht besser machen wollte, als er war. Falscher Anschein und Heuchelei waren ihm fremd. Er war von einer aufrichtigen und wahrhaften Demut. Diese war gegründet in einem ungetrübten und festen Glauben, der alles inspirierte, was er tat.“[21] Die Charakteristik, die Pius Engelbert OSB in seiner Geschichte von Sant'Anselmo gibt, ist schon eingangs zitiert worden.

Sein 100. Geburtstag wurde in seiner Heimat noch groß gefeiert. In Wolfartsweiler hielt der Erzabt von Beuron, Hieronymus Nitz, am 8. November 1981 einen Gedächtnisgottesdienst. Die Musikkapelle Friedberg gab vor der Kirche ein Standkonzert, und bei der Gemeindefeier erzählte P. Johannes Schildenberger Anekdoten über seinen früheren Lehrer.[22] Am 18. November hielt P. Maurus Pfaff von Beuron auf Einladung der Volkshochschule Saulgau einen Vortrag über „das Leben und Wirken von Pater Athanasius Miller“. Das Einladungsschreiben ist von Bruno Effinger gezeichnet, der P. Athanasius persönlich gut gekannt hat. Darin schreibt er: „Pater Athanasius Miller war ein Mann, der es vortrefflich verstanden hat, sein Leben auch mit Humor und Esprit zu würzen.“ „Er konnte lachen, das andere wiederum ansteckte.“[23]

Der bescheidene Sohn einfacher Bauern aus dem schwäbischen Oberland war mit Krankheit vertraut. Als Erwachsener und Mönch hat er den Orient kennengelernt wie nur wenige und zwei Weltkriege miterlebt. Er sah, wie der Glanz des deutschen Kaiserreichs erlosch, wie Freiheit, Recht und Demokratie in der Weimarer Republik vergeblich um ihren Bestand kämpften und wie daraufhin die Zeitenwende einer menschenverachtenden Bewegung in systematischen Mord und eine weltweite Katastrophe mündete. Er sah auch, daß Europa die Lektion aus dieser Katastrophe nur partiell

21 P.G. Duncker, Dom Atanasio Miller O.S.B. 208.

22 Vgl. den Bericht in der Schwäbischen Zeitung vom 10. November 1981.

23 B. Effinger in seinem Nachruf in: K. Mutschler (Hg.), Chronik. 1150 Jahre Wolfartsweiler 38–41, hier 39.

Typisch!

lernte und manches davon schnell wieder vergaß. In der ganzen Zeit und in vierzig Jahren Tätigkeit in Rom blieb er sich, seinem Kinderglauben, seinem Orden und seiner Kirche treu, freilich in der Überzeugung, daß auch Orden und Kirche sich treu bleiben und eben deshalb zu ständiger Erneuerung bereit sein müssen. Am Ende seines Lebens konnte er noch die erste Sitzungsperiode des Zweiten Vatikanischen Konzils mitverfolgen, das einer solchen Erneuerung dienen wollte und gedient hat. Überblickt man seine vielen Tätigkeitsfelder und seine Bemühungen um eine Erneuerung der Theologie und besonders der Auslegung der Heiligen Schrift, so erscheint sein Leben, wenn auch nicht immer erfolgreich, so doch als ein erfülltes Leben. Die Treue zu sich selbst und seiner Kirche verdankt er nicht zuletzt seinem Humor, der ihn nie verließ, auch in schweren Krankheitsperioden nicht. Irgendwie muß er diesen Humor auf seinen tief verwurzelten Glauben gegründet haben. Denn wenn ihn etwas durch alle Kämpfe und Leiden hindurchgetragen hat, war es sein schlichter Glaube. In der Beuroner Totenchronik findet man noch folgende Anekdote dazu:

> Es war im Januar 1962. P. Athanasius ruhte sich in seiner klösterlichen Zelle in S. Anselmo aus von den Anstrengungen einer der vielen Abschiedsfeiern, die ihm zu Ehren gegeben wurden. Da meinte er, rückblickend auf sein reiches Leben: „Ich könnte auf alle Bücher verzichten, die ich je geschrieben habe. Ich möchte nur noch ein einziges Buch schreiben, und das sollte den Titel tragen: Gott ist gut!"

Diesen Wunsch muß er öfter geäußert haben, denn seine Schwester Athanasia fragt am Ende ihres letzten Briefes an ihn: „Hast Du jetzt Zeit für das Buch zu schreiben von der Güte und Größe Gottes?"[24] In seiner Predigt zum 100. Geburtstag des Psalmen-Millers in Wolfartsweiler hat auch Erzabt Hieronymus Nitz darauf Bezug genommen.

Der Titel, den das Buch tragen sollte, führt uns noch einmal zurück auf das Lied, das P. Athanasius seiner Heimatgemeinde nach dem Krieg weiterhin zu singen empfahl: „O mein Christ, laß Gott nur walten". Die siebte und letzte Strophe dieses Liedes endet nämlich mit „Gott ist Vater, *Gott ist gut*, gut ist alles, was er tut." Da haben wir den Titel und wohl den Grundgedanken des beabsichtigten Buches. In dem Lied geht es um die Vorsehung Gottes und das unerschütterliche Vertrauen darauf. „Er ist Vater, der uns liebt, wenn er nimmt und wenn er gibt" (2. Strophe). „Führt er dich durch rauhe Wege, schickt er dir auch Leiden zu, treffen dich gleich harte Schläge, deine Seele bleib in Ruh. Dulde still und denk daran: Was Gott tut, ist wohlgetan" (3. Strophe). „Alle Tränen und Beschwerden, alle Leiden dieser Zeit, wenn sie Gott gewidmet werden, bringen Frucht der Seligkeit. Nimm das Kreuz geduldig an, folge, Christus geht voran" (5. Strophe). Das Buch darüber brauchte er eigentlich gar nicht zu schreiben, er hat es mit seinem Leben geschrieben.

---

24 Brief vom Oktober 1962 (zum diamantenen Ordensjubiläum).

ABKÜRZUNGEN

AAS	Acta Apostolicae Sedis
BenM	Benediktinische Monatsschrift
EnchB	Enchiridion Biblicum
EuA	Erbe und Auftrag
SBSt	St. Benedikts-Stimmen

Abgekürzt zitierte Titel in den Anmerkungen findet man mit vollständigen bibliographischen Angaben im Literaturverzeichnis. Die Zitate aus Briefen und ungedruckten Predigten werden außer bei offensichtlichen Versehen in der Rechtschreibung der Originale gegeben. In eckigen Klammern [...] stehen kurze Erläuterungen des Herausgebers. Man beachte, daß P. Athanasius die Psalmen gewöhnlich nach der Zählung der Vulgata zitiert!

LITERATURVERZEICHNIS

Wichtige oder öfter zitierte Literatur.

Beerli, Fidelis: Montecassino. Zivilcourage – trotz Uniform, Engelberg ²1974.

Beuron 1863–1963. Festschrift zum hunderjährigen Bestehen der Erzabtei St. Martin, Beuron 1963.

Binder, Gerhart: Epoche der Entscheidungen. Eine Geschichte des 20. Jahrhunderts mit Dokumenten in Text und Bild, Stuttgart-Degerloch 1960.

Buchmüller, M. (Hg.): Augustin Kardinal Bea. Wegbereiter der Einheit, Augsburg 1971.

Duncker, P.G. OP: Dom Atanasio Miller O.S.B. segretario della Pontificia Commissione Biblica, in: Mélanges Eugène Tisserant Bd. I (Studi e Testi 231), Rom 1964, 197–208.

Engelbert, P.: Sant'Anselmo in Rom. Kolleg und Hochschule. Von den Anfängen (1888) bis zur Gegenwart, St. Ottilien 2012.

Ferrante, A.: Madre di anime Chiara de Felice, Veroli 2019.

Fiala, V.: Ein Jahrhundert Beuroner Geschichte, in: Beuron 1863–1963. Festschrift zum hundertjährigen Bestehen der Erzabtei St. Martin, Beuron 1963, 39–230.

Fouilloux, É.: Eugène cardinal Tisserant 1884–1972. Une biographie, Paris 2011.

Frings, J. Kardinal: Für die Menschen bestellt. Erinnerungen des Alterzbischofs von Köln, Köln 1973.

Gilbert, M. SJ: The Pontifical Biblical Institute. A Century of History (1909–2009), Rom 2009.

Goldmann, Gereon: Tödliche Schatten – Tröstendes Licht. Erinnerungen von P. Gereon Goldmann, St. Ottilien ¹³2008. Anders ausgestattete Neuausgabe 2015.

Grossetti, E. / Matronola, M.: Il bombardamento di Montecassino (MCass 41), Montecassino 1980.

Holzem, A. / Zimmermann, W. (Hg.), Geschichte der Dözese Rottenburg-Stuttgart, Bd. 2: Das 20. Jahrhundert, Ostfildern 2019.
Jedin, H.: Lebensbericht. Mit einem Dokumentenanhang, hg. von K. Repgen, Mainz ²1984.
Keel, O. / Küchler, M.: Orte und Landschaften der Bibel Bd. 2: Der Süden, Zürich u.a. 1982.
Kleineidam, E. / Kuß, O.: Die Kirche in der Zeitenwende, Paderborn 1935. ²1936. ³1938.
Laplanche, F.: La crise de l'origine. La science catholique des Évangiles et l'histoire au XXᵉ siècle, Paris 2006.
Mayer, Suso OSB: Beuroner Bibliographie. Schriftsteller und Künstler während der ersten hundert Jahre des Bendiktinerklosters Beuron 1863–1963, Beuron 1963. (Zu P. Athanasius Miller S. 101–105)
Metzinger, A. O.S.B. (Hg.), Miscellanea biblica et orientalia R. P. Athanasio Miller O.S.B. Secretario Pontificiae Commissionis Biblicae completis LXX annis oblata (Studia Anselmiana XXVII-XXVIII), Romae 1951.
Miller, A.: Auf Pfaden der Vorzeit: SBSt 38 (1914) 47–55. 94–103. 162–168.
Miller, A.: Die Psalmen. Einführung in deren Geschichte, Geist und liturgische Verwendung (Ecclesia orans 4), Freiburg i.B. 1924.
Miller, Max: Eugen Bolz. Staatsmann und Bekenner, Stuttgart 1951.
Montagnes, B. OP: Marie-Joseph Lagrange. Une biographie critique, Paris 2004.
Ders.: Eugène Tisserant (1884–1972) et les études bibliques: Revue Biblique 117 (2010) 92–119.
Mutschler, K. (Hg.): Chronik. 1150 Jahre Wolfartsweiler 845–1995, Wolfartsweiler 1995.
Pfister, M.F.: Ein Mann der Bibel – Augustin Bea SJ (1881–1968) als Exeget und Rektor des Päpstlichen Bibelinstituts in den 1930er und 1940er Jahren (Jesuitica 25), Regensburg 2020.
Ploeg, J.P.M. van der OP: Zur Geschichte der päpstlichen Bibelkommission (1902–1971): Una Voce-Korrepondenz 29 (1999) 13–27.

Reiser, M.: Bibelkritik und Auslegung der Heiligen Schrift. Beiträge zur Geschichte der biblischen Exegese und Hermeneutik (WUNT 217), Tübingen 2007.

Ders.: Die Autorität der Schrift im Wandel der Zeiten. Studien zur Geschichte der biblischen Exegese und Hermeneutik, Fohren-Linden 2016.

Sarra, A.: Incontri, Casamari (FR) 1976.

Ders.: Storia del Monastero di S. Maria de' Franconi Veroli, Casamari 1977.

Sailer, Gudrun: Monsignorina. Die deutsche Jüdin Hermine Speier im Vatikan, Münster 2015.

Schmidt, Stjepan: Augustin Bea. Der Kardinal der Einheit, Graz u.a. 1989.

Schwäble, M. (= Athanasius Miller): Die sieben Schwaben oder die Reise ins Kloster, Beuron 2011.

Schwank, B.: Zum Tode von P. Athanasius Miller am 17. April 1963: EuA 39 (1963) 251f.

Vincent, L.-H.: Le Père Marie-Joseph Lagrange. Fondateur de l'École biblique et archéologique française de Jérusalem, Paris 2013 (fertiggestellt 1954).

Wolf, H.: Papst und Teufel. Die Archive des Vatikan und das Dritte Reich, München 2008.

Zerwick, Max SJ: Am Päpstlichen Bibelinstitut in Rom, in: M. Buchmüller (Hg.), Augustin Kardinal Bea. Wegbereiter der Einheit, Augsburg 1971, 70–84.

ZEITTAFEL P. ATHANASIUS MILLER

22.9.1881	Geboren in Wolfartsweiler, Kreis Saulgau
1888–1894	Volksschule Wolfartsweiler
1895/1896	Lateinschule Saulgau (Zeugnis vom 6. Juni 1896)
1896–1898	Oblatenschule Emaus, Prag
1899–1901	Oblatenschule Seckau
21.9.1901	Aufnahme ins Noviziat Beuron
15.10.1902	Profeß, zusammen mit Othmar Merkle
1902–1904	Philosophiestudium Maria Laach
1904–1908	Theologiestudium in St. Anselm, Rom
22.9.1907	Priesterweihe (zusammen mit Othmar Merkle)
1908/1909	Studium des Alten Testaments und der Orientalistik in Straßburg
1909/1910	Wechsel zum Bibelinstitut in Rom
April 1910–Sept. 1911	1. Orientreise mit Erzabt Ildefons Schober, École Biblique
1911	*Erste Publikation: Weihnachten in Bethlehem*
Okt. 1911–1922	Lektor der Einleitung in das Alte Testament in Beuron
ab 1914	Exegese Altes Testament
1912–1915	Klerikerpräfekt in Beuron
1914	2. Orientreise: Ägypten, Palästina, Syrien (mit Abt Raphael Molitor)
1914–1918	Sanitäter, Nervenzusammenbruch (1915), Lazarettpfarrer in Karlsruhe
Jan. 1919	Wiederaufnahme des Unterrichts in Beuron
1920	*Die Psalmen, übersetzt und kurz erklärt, 1.-4. Auflage*
1921	*Die sieben Schwaben (Katholisches Sonntagsblatt, Stuttgart)*
1922–1949	Professor für Altes Testament in St. Anselm

1924	*Die Psalmen. Einführung*
1927	*Das Hohe Lied (Kommentar, Bonner Bibel)*
1929	Spanienreise
1930/31	3. Orientreise (Griechenland, Kleinasien, Mesopotamien mit Adolf Rücker, Orientalist in Münster, und P. Bendikt Probst OSB, Salzburg). Aushilfsweise Lektor am Patriarchalseminar in Jerusalem
1940	Konsultor der Päpstlichen Bibelkommission
1940	*Das Buch Tobias (Kommentar, Bonner Bibel)*
1940	*Das Buch Judith (Kommentar, Bonner Bibel)*
1946	*Introductio specialis in Vetus Testamentum (H. Höpfl, ed. Miller / Metzinger*)
1949–1962	Sekretär der Päpstlichen Bibelkommission
1949	*Die Psalmen, 15. Aufl., neubearbeitet mit dem lat. Text Pius XII.*
1954	*Sui diversi sensi della sacra scrittura (Problemi scelti, AnGreg)*
1955	Das Große Verdienstkreuz der Bundesrepublik Deutschland (Th. Heuss)
1957	*Die sieben Schwaben, 5. Auflage mit autobiographischer Erweiterung*
1957	Goldenes Priesterjubiläum, Ehrenbürgerschaft Wolfartsweiler
17.6.1962	Rückkehr nach Beuron. Winter: Hausgeistlicher im KH Leutkirch
17.4.1963	Tod im KH Leutkirch. Am Sa 20. 4. in der Klostergruft beigesetzt

PERSONENREGISTER

Adalbert Kienle

DER CHORALLÖWE VON BEURON

P. Ambrosius Kienle OSB (1852–1905)

Beuroner Profile 1, Klappenbroschur, ISBN 978-3-87071-355-3

Die Benediktiner Erzabtei Beuron, gelegen an der jungen Donau, steht um 1900 als geistiges und geistliches Zentrum mit Kunst- und Choralschule in voller Blüte und ist Ausgangspunkt zahlreicher Klostergründungen in Europa. Pater Ambrosius Kienle gehört als Kantor, vielgefragter Referent und Avantgardist in Praxis und Forschung der Gregorianik zu ihren prägenden Persönlichkeiten. Mit seinen Buchwerken, Aufsätzen und Choralkursen ist er ein wirkungsmächtiger „Öffentlichkeitsarbeiter“ für das benediktinische Mönchtum und den Gregorianischen Choral.